존·성·유·치·자

중장능지유

행복 경영의 비밀

|AI 추천사|

경영 철학의 새로운 기준을 제시하다

《행복 경영의 비밀》은 단순한 경영서가 아닙니다. 이 책은 조직의 본질과 경영의 근본 목적을 깊이 고민한 저자의 철학적 통찰과 실질적인 경험이 녹아든 결정체입니다. '왜 사업을 하는가?'라는 근원적인 질문으로부터 시작한 저자의 여정은, 조직과 구성원의 진정한 행복을 중심으로 경영 철학을 정립해 나가는 과정을 생생히 보여줍니다.

책은 경영의 궁극적인 목적을 이윤 추구가 아닌 '구성원의 성장과 발전, 그리고 모두가 행복한 조직'으로 명쾌히 정의하며, 이를 실현하기 위해 어떤 가치와 방향성을 가져야 하는지 상세히 설명합니다. 특히, '존성유지자'라는 독창적인 개념을 통해 존중, 성장, 유능, 지지, 자유의 다섯 가지 요소가 어떻게 조직문화를 변화시키고 지속 가능성을 확보하는지 구체적으로 제시합니다.

경영 목적의 재정의와 조직문화의 혁신

이 책은 QPS가 '왜 사업을 하는가?'에 대한 답을 세 가지로 명확히 제시합니다. 동료들의 성장과 발전을 돕는 것, 기업과 사람들의 혁신과 성장을 지원하는 것, 그리고 이윤을 통해 구성원과 조직의 지속 가능성을 확보하는 것입니다. 저자는 이 세 가지 목적이 조직을 운영하는 핵심 동력이자 비전임을 강조하며, 이 목적을 이루기 위해 철저히 설계된 조직문화와 제도들을 소개합니다.

《행복 경영의 비밀》은 특히 조직문화를 중시합니다. QPS의 문화는 상하, 상호 간의 존댓말 사용과 '동료'라는 호칭을 통해 서로를 존중하며, 모든 구성원이 주체가 되는 문화를 지향합니다.

이러한 존중의 문화는 단순한 형식이 아닌, 구성원 개개인의 존재감을 높이고 진정한 협력을 가능하게 만드는 기반이 됩니다. 책을 통해 QPS의 사례를 보면 작은 정책 변화가 어떻게 큰 조직의 변화를 이끌어내는지 체감할 수 있습니다.

동료애와 복지 정책의 새로운 기준

QPS의 복지 정책은 이 책에서 강조하는 행복 경영의 실질적인 예시 중 하나입니다. 동료애를 기반으로 한 복지 제도는 단순한 혜택을 넘어 구성원의 삶의 질과 자부심을 높이는 데 기여합니다. 여행 경비 지원, 가족을 위한 건강 검진과 행복 지원금, 자유로운 출퇴근제 및 재택근무, 무제한 휴가 정책, 자율적인 법인 카드 사용 등은 모두 구성원이 회사에 속한 것에 자긍심을 느끼게 합니다.

특히 이윤의 20~30%를 구성원들과 동일하게 나누는 Profit Sharing 제도는 구성원들이 단순한 고용 관계를 넘어 조직의 진정한 주체로 느끼도록 합니다. 이러한 제도들은 단기적 이익보다 장기적인 성장과 안정성을 중시하는 경영 철학을 기반으로 하여, 조직과 구성원이 함께 성장할 수 있는 환경을 만듭니다.

모든 구성원이 주인공이 되는 행복한 조직

《행복 경영의 비밀》은 경영자와 구성원 모두에게 깊은 영감을 제공합니다. 저자는 구성원이 행복한 조직만이 진정한 성공을 거둘 수 있다고 믿으며, 이를 위해 구체적이고 실질적인 방안을 제시합니다. 조직의 목표는 구성원의 성장과 유능함을 통해 달성되며, 나아가 그 성장이 조직 전체의 경쟁력을 강화하는 선순환 구조를 만들어 냅니다.

이 책은 단순히 이상적인 이야기를 나열하는 데 그치지 않습니다. 저자의 철학이 실제 조직에서 어떻게 구현되고 있는지를 보여주며, 독자들이 이를 자신의 조직에 적용할 수 있도록 실질적인 프레임워크와 사례를 제시합니다. 행복 경영, 동료애, 복지, 그리고 조직문화 혁신에 관심 있는 모든 이에게 이 책은 강력히 추천할 만한 필독서입니다.

성공을 넘어 행복을 향한 여정

단순한 성공을 넘어, 진정한 행복을 추구하는 리더라면 꼭 읽어야 할 책입니다. 《행복 경영의 비밀》은 이윤 창출을 넘어 조직 구성원 모두가 행복하게 성장할 수 있는 환경을 만드는 방법을 제시합니다. 저자의 혁신적인 '존성유지자' 개념은 조직문화를 혁신하고, 구성원들의 만족도를 높여 기업의 지속 가능한 성장을 이끌 것입니다. 이 책은 단순한 경영 서적이 아닌, 더 나은 세상을 만들고 싶어 하는 모든 이에게 꼭 필요한 나침반이 될 것입니다.

변화를 꿈꾸는 당신을 위한 가이드

지금의 조직문화에 변화를 꿈꾸고 있다면 《행복 경영의 비밀》은 당신에게 희망을 줄 것입니다. 저자는 'Profit Sharing'과 같은 파격적인 복지 정책을 통해 구성원들과의 신뢰를 구축하고 조직의 성과를 극대화하는 방법을 보여줍니다. 이 책은 단순한 이론이 아닌, 실제 현장에서 적용 가능한 구체적인 실행 방안을 제시하여 당신의 조직을 변화시키는 데 큰 도움이 될 것입니다.

리더의 양심을 깨우는 메시지

리더라면 누구나 한 번쯤 고민하는 질문, '나는 과연 좋은 리더일까?' 《행복 경영의 비밀》은 이 질문에 대한 명쾌한 답을 제시합니다. 저자는 이윤 추구를 넘어 구성원들의 행복을 최우선 가치로 여기는 리더십을 강조하며, 진정한 리더십이란 무엇인지 깨닫게 해줍니다. 이 책은 리더의 양심을 깨우고, 더 나은 세상을 만들기 위한 리더십을 함양하는 데 큰 도움이 될 것입니다.

지속 가능한 성장을 위한 새로운 패러다임

지속 가능한 성장을 위해서는 무엇이 필요할까요?《행복 경영의 비밀》은 단순한 이윤 추구를 넘어 구성원들의 행복과 성장을 통해 지속 가능한 성장을 이루는 새로운 패러다임을 제시합니다. 저자의

혁신적인 아이디어와 실제 사례는 당신에게 새로운 영감을 줄 것이며, 조직의 미래를 설계하는 데 큰 도움이 될 것입니다.

행복한 조직, 행복한 세상을 만들어가는 당신에게

더 나은 세상을 만들고 싶다면, 먼저 당신이 속한 조직부터 변화시켜야 합니다. 《행복 경영의 비밀》은 행복한 조직을 만들고, 나아가 더 나은 세상을 만들어가는 데 필요한 모든 것을 담고 있습니다. 이 책은 단순한 경영 서적이 아닌, 당신의 삶을 변화시키고 더 나은 세상을 만들어가는 데 함께할 동반자입니다.

| Prologue |

행복한 조직을 만드는 다섯 가지 비밀
'존성유지자'

눈부신 경제 성장과 물질적 풍요 속에서도 많은 이가 공허함과 불안감을 느끼는 시대다. 기업은 이윤 극대화라는 목표를 향해 질주하지만, 정작 그 안에서 일하는 구성원들은 소외감을 느끼거나 번아웃을 경험하기도 한다. 과연 이것이 우리가 꿈꿔왔던 모습일까? 우리가 꿈꾸는 조직은 어떤 모습이어야 할까?

이 책 《행복 경영의 비밀》은 '나는 왜 사업을 하는가'에 대한 해답을 찾기 위해 시작된 여정이다. 왜 사업을 하는가? 단순히 이윤 추구라는 일차원적인 목표를 넘어 기업이 존재해야 하는 보다 근본적인 이유와 경영의 궁극적인 목적에 대해 깊이 성찰하게 되었다. 고민의 끝은 언제나 우리 동료들의 '성장과 행복'으로 이어졌다. 우리는 생의 절반 가까이를 일터에서 보낸다. 아무런 성장 없이 정체된 상태라면, 행복감마저 없는 환경이라면 무슨 재미로 일을 할까! 회사는 돈을 벌지만 구성원들은 지쳐 있고 긍지와 보람을 느끼지 못한다면 사업을 영위하는 것이 무슨 의미가 있을까!

　나는 단순히 이상적인 주장을 펼치기 위해서 이 책을 쓴 것이 아니다. 이 책은 오랜 해군 장교 생활을 의무 복무로 수행했지만, 20대 초부터 꿈꿔왔던 경영 컨설턴트의 삶을 향해 나아가는 여정과 1인 기업가로 창업하여 동료를 한 명씩 늘려가며 7년 만에 탄탄한 조직문화를 갖춘 4개의 법인으로 성장시킨 꿈과 성장에 관한 기록이다. 꿈은 반드시 이루어진다는 것을, 추구하는 이상은 마침내 현실이 될 수 있다는 것을 보여주고 싶었다. 무엇보다 내가 직접 운영하는 조직, (주)퀀텀퍼스펙티브(이하 QPS)의 실제 사례를 통해 행복경영이 어떻게 현실에서 구현될 수 있는지를 증명하고 싶었다. 창업 후 7년여간 말이 아닌 행동으로, 생각한 바를 실천으로 보여주고자 노력했다. 말한 대로 이뤄진다는 것을 증명해 내기 위해 혼신의 힘을 다했다. 존중과 신뢰를 바탕으로 한 조직문화, 구성원의 성장을 지원하는 제도, 그리고 동료애를 고취하는 다양한 정책들은 모두 '우리 동료들의 행복'이라는 하나의 목표를 향해 설계된 것들이다.

행복 경영을 위한 '존성유지자'가 이 책의 핵심이다. 존중(Respect), 성장(Growth), 유능(Competence), 지지(Support), 자유(Freedom)라는 다섯 가지 요소는 조직 구성원이 행복하게 일할 수 있는 터전을 만들고 조직문화를 혁신하여 지속 가능한 성장을 이끌어내는 원동력을 만들어 준다. 이 다섯 가지 가치가 어떻게 조직 구성원들의 행복과 연결되는지, 그리고 궁극적으로 어떻게 기업의 성공을 이끄는지 이 책을 통해 확인해 볼 수 있을 것이다. 경영자뿐만 아니라 모든 조직 구성원이 이 글을 통해 행복한 기업 경영에 대한 영감을 얻기를 바란다.

개개인도 결코 다르지 않다. 조직 구성원뿐 아니라 개개인도 삶에 있어서 행복의 근간을 살펴봐야 한다. 이 책은 일터에서 그리고 가정에서 스스로가 행복하기 위해서 필요한 것이 무엇인지 생각해 보는 계기가 될 것이다. 리더의 입장에서는 조직 운영의 새로운 방향을 발견하게 하고, 조직 구성원 그리고 개개인에게는 자신의 가치와 행복의 근원을 재발견하도록 하는 여정을 제공할 것이다. '행복한 조직' 운영은 단순한 이상이 아닌, 현실에서 충분히 구현 가능한 목표임을 깨닫게 되기를 바라며, 이 작은 책이 여러분의 조직과 삶에 긍정적인 변화를 가져오는 작은 씨앗이 되길 기대한다.

2025년 3월
캡틴 초이 (최동규)

| Contents |

행복 경영의 비밀 ❶

존성유지자

16

- QPS(퀀텀 퍼스펙티브) 가능성의 세계 … 17
- 왜 사업하는가 1 … 27
- 왜 사업하는가 2 … 38
  행복 경영, 존성유지자
- 존성유지자 5콕 … 51
- 조직 몰입 … 65

행복 경영의 비밀 ❷

존중
Respect

74

- 존중의 실천 1 … 75
  먹는 데 돈 아끼지 맙시다
- 호칭의 힘 … 83
- QPS호 이야기 1 … 91
  공간에 대한 오너십
- QPS호 이야기 2 … 98
  업그레이드 큐포트
- 존중의 실천 2 … 105
  사회주의 대 자본주의

행복 경영의 비밀 ❸

성장
Growth

116

- 독서 DNA　　　　　　　　　117
- 내 인생의 세 가지 역설　　　　124
- 사람은 어떨 때 성장하는가 1　133
  성장을 위한 단계별 세 가지 행동 전략
- 사람은 어떨 때 성장하는가 2　143
  아신의 탄생
- 나만 알고 싶은 시간 관리 비법 1　152
  방부제 얼굴의 비결
- 나만 알고 싶은 시간 관리 비법 2　160
  시간 관리의 세 가지 핵심
- 물 한방울의 힘　　　　　　　169

행복 경영의 비밀 ❹

유능
Competence

180

- 감청색 정장의 비밀　　　　　181
  "혹시… 검사 분들이세요?"
- 리더십 ABCD　　　　　　　191
  인생은 BCD
- 리더십 파이프라인 구축 1　　198
  무대 공포증
- 리더십 파이프라인 구축 2　　206
  임파워먼트 경영
- 세 가지 세일즈 패러다임 변화　218

행복 경영의 비밀 ❺

지지
Support

- QPS호의 진화, 그 절대적 동력   229
- 도원결의   239
- 원피스 이야기 1   250
  나의 동료가 되어라
- 원피스 이야기 2   259
  Brothers 1000
- QPS 동아리 1   267
  주말에 대표님과 등산을 간다고? 고생해
- QPS 동아리 2   274
  고산병이 준 교훈, 연결 신호가 주는 안정감
- 심리적 안정감   283
- 멋진 삶, 멋진 QPS   290

행복 경영의 비밀 ❻

자유
Freedom

304

- 여행 중독 유발 회사　　　　　　　305
- 21일간의 배낭여행　　　　　　　311
  2개국, 4개주, 8개 거점, 16개 도시
- 강제 의무 휴가　　　　　　　　　322
  휴가 강요하는 회사
- 일탈 예찬　　　　　　　　　　　328
- 상상 대 의지　　　　　　　　　　336
  비전 보드
- 상상의 힘 1　　　　　　　　　　342
  상상의 나래
- 상상의 힘 2　　　　　　　　　　351
  상상 근력 강화 운동 세 가지
- 원피스 이야기 3　　　　　　　　362
  꿈과 자유를 찾아서

1

존성유지자

좋은 조직문화란 직장에서 일하면서도 행복감을 느끼는 것이 아닐까? 이러한 목적을 추구해 나가기에 앞서 탄탄한 조직문화부터 갖추는 것이 우선시되어야 함을 직감했다. 존중, 성장, 유능, 지지, 자유! 사람들에게 쉽게 다가가기 위해서 단어를 줄여 보니 '존성유지자'가 되었다.

QPS(퀀텀 퍼스펙티브) – 가능성의 세계

나는 어릴 때, 군인 출신이면서 가부장적이고 보수적인 아버지 영향으로 매사에 되는 것보다는 안 되는 게 많았다. 무언가를 하려 할 때 "돼"보다는 "안 돼"라는 말을 더 많이 들었다. 그때마다 '왜 안 되는 걸까?', '왜 안 된다는 거지?', '그냥 좀 하면 안 되나!' 이런 생각 때문에 아주 어릴 때는 아버지께 대들기 일쑤였다. 하지만 나이가 들면서는 그 생각이 점점 꺾였다. 그럼에도 '왜 안 되는 일투성이일  까?', '왜 가능성보다는 불가능에 집중할까?'에 대한 의구심이 컸다. 어린 시절의 영향 때문이었을까, 내가 아버지가 되었을 때 나도 모르게 아이들에게 똑같이 하고 있는 내 모습을 발견했다.

"그건 안 돼."

"하지 마!"

"절대 안 돼!"

이처럼 우리는 자신도 모르게 무의식에 새겨 놓은 일을 하게 된다. 아무리 피하려 해도 무의식에 새겨진 일은 반드시 일어나기 마련이다.

어릴 적 내 꿈은 군인이 되는 것이었다. 해군이었던 아버지를 바라보면서 제복이 멋있는 해군이 되고 싶었다. 아주 어릴 적에는 헌병이 그렇게 멋있어 보였다. 해군 부대 앞에 서서 반짝이는 헬멧을 쓰고 호루라기를 불며 군인과 차량을 진두지휘하는 그 모습이 그렇게 멋있을 수 없었다. 나이가 들어 계급이라는 것이 있다는 것을 인지하면서부터는 장교가 되어야겠다는 생각으로 바뀌었다. 해군 장교 외에 다른 진로에 대해서는 전혀 고려하지 않았고 오로지 해군 장교가 되겠다는 생각에만 빠져 살았다.

결국 어릴 때부터 아버지를 통해 보아온 모습 그대로, 군인 도시에서 살면서 보아온 그 삶 그대로 해군 장교의 길을 걷게 되었다. 뭔가 대단한 노력을 기울이지도 않았고 의식적으로 강한 의지를 표방한 것도 아니었지만, 무의식 속에 저장되어 있는 그대로를 내 삶 속으로 끌어당긴 듯하다. 만약 내가 어릴 때부터 다른 환경에서 다른 꿈을 꾸었더라면 과연 어떤 삶이 펼쳐졌을까? 아버지가 의사였더라면, 아버지가 대학교수였다면 나도 그렇게 되었을까? 왜 사람은 바라본 대로 영향을 받게 되는 걸까? 그렇게 스무 살이 되기 전까지는 오로지 해군 장교가 되는 것이 내 삶의 전부였다.

책을 읽기 시작하면서 편협한 내 사고의 틀 안에서는 최선이었다고 여겼던 그 길이 완전히 백지화되고 말았다. 최고 경영자, 'CEO'라는 단어가 눈에 들어오기 시작하면서 느닷없이 'CEO', 경영자가 되겠다는 꿈이 생긴 것이다. 이미 장기간의 진로가 정해져 있는 상황에서 "무슨 뚱딴지 같은 생각인가!" 하며 혼란스러웠지만, 그때부터 다른 건 눈에 들어오지도 않았다. 책을 통해서 바라본 세상은 내가 그동안 알고 있던 세상과는 너무나 달랐고 상상 이상으로 컸다.

CEO가 되기 위해 업의 장르를 고민하던 중 책을 통해 알게 된 이 직업이 나를 매료시켰고, 나는 여기에 완전히 폭 빠지고 말았다. 끊임없이 배울 수 있고 배운 것을 다른 사람들의 성장과 발전을 위해 나눌 수 있다는 두 가지의 매력이 나를 자극했다. 다시 '경영 컨설턴트'를 내 삶 속으로 끌어당기기 시작했다. 그러기를 10여 년, 결국 내 삶 속으로 끌어올 수 있었다. 물론 이 과정에서 직업 군인의 길을 걸을 것이라 예상했던 대부분의 주변 사람들이 나를 미친 사람 취급하기도 했고 비웃기도 했지만 말이다. 가만히 생각해 보니 결국 내 삶이라는 것은 내가 과거부터 강하게 인식하며 내 삶 속에서 펼쳐지길 바라고 당겼던 것이 그대로 드러난 것일 뿐이라는 생각이 들었다.

젊은 시절, 자기 계발서를 많이 읽었다.
"할 수 있다고 마음먹으면 뭐든 할 수 있다!"
"모든 것은 생각에 달렸으니 의지를 가지고 추진하면 못 해낼 것이 없다!"
안 된다는 말만 듣고 살다가 된다는 말과 할 수 있다는 말들이 넘쳐 나는 것 자체가 너무 좋고 신났다! 그래서 나도 뭐든 할 수 있다, 하면 된다고 마음먹었고 무조건 그 말을 믿었다.
"나는 할 수 있어!"
"나는 해낼 거야!"
"불가능은 없어."
도대체 왜 그런지도 모른 채 그저 주문을 외우면서 하면 된다고 하니까 무작정 강한 믿음과 의지로 열망하고 이루기 위해 애를 썼다. 심리학적으로 무의식의 원리에 기반한 것이려니 여기고 큰 의심 없이 그저 맹목적으로 따라 하기를 반복했다. 그렇게 10여 년 이상을 자기 계발서가 말하는 대로 따라 하고 행동했더니 거짓말처럼 하나하나 이루어졌다.

10여 년 이상을 그렇게 살면서 단순한 심리학이 아닌 우주의 작동 원리가 있지 않을까 하는 생각이 들었다. 이렇게 지독하게 애쓰고 노력하면서 사는 것이 맞는가에 대한 의구심도 들기 시작했다. 일단 우주부터 알아야겠다는 생각이 들어서 30대 중반부터는 우주 관련 책을 읽기 시작했다.

우주의 탄생부터 별의 생성과 소멸에 대한 이야기까지 도통 알 수 없고 아리송한 것 천지였지만, 지구 밖의 우주는 너무나 신기하고 놀라운 세상이었다. 우주론을 파고들수록, 우주의 원리는 미립자의 세계를 연구하는 양자 물리학과 깊은 관련이 있다는 것을 알게 되었다.

생각해 보니 자기 계발서의 근원은 대부분 심리학이나 양자 물리학의 여러 가설들과 맞닿아 있었다. 자기 계발서에서 한 말들이 미립자의 세계에서는 일상처럼 일어나고 있었다. 미립자의 세계에서 일어나는 현상이 실제 현실에서도 일어날 수 있다는 가정에 대한 관점이 점차 자라기 시작했다. 물리학부터 심리학, 뇌과학, 신경학, 유전학까지 대부분의 과학 학문들이 궁극에는 양자 물리학과 이어져 있었다. 그때부터 내가 가장 좋아하는 단어는 퀀텀(Quantum)이 되었다. 미립자의 세상에서 일어나는 일이 현실에도 나타날 수 있다는 그 가능성을 믿고 싶었고, 또 그렇게 믿기 시작했다. 양자 물리학적 원리를 바탕으로 한 나 스스로의 자기 계발은 속도 및 효과적 측면에서도 배가 되기 시작했다.

어릴 때는 아무 생각 없이 꿈이라 여겼고, 젊은 날엔 그냥 자기 계발서가 시키는 대로 믿기 시작했다. 학문적으로 심리학이 기반이라는 생각으로 전환되었다가 우주를 만났고, 결국엔 양자 물리학의 세계까지 올 수 있었다. 어린 시절부터 시작된 내 인생의 꿈과 관념을 반추해 보니 이런 일련의 변화는 결국 내 생각의 진화 과정이었다. 아무런 개념이 없었지만, 생각이 하나씩 덧붙여졌다가 다시 바뀌고 또다시 교체되어 새로운 준거의 틀이 형성된 것이다. 즉, 내 현재의 사고 틀을 형성하게 된 관점들이 점차 바뀌어 온 것이다.

내가 어떤 관점을 가지느냐, 어떤 관점으로 바라보느냐에 따라 세상은 완전히 달라진다. 관점, 영어 단어로는 Perspective다. 우리가 가진 작은 관점 하나가 얼마나 중요한지 설명하기란 쉽지 않다! 현재 나를 둘러싼 모든 환경과 사건들은 과거부터 이어져 온 내 생각으로부터 기인해 일어난 일이다. 내가 가진 관점이 변하면 내 삶 또한 변화한다. 동일한 사물을 바라볼 때도 내가 가진 관점에 따라 나에게 유리한 것이 될 수도 있고 불리한 일로 이어질 수도 있다. 아무리 큰 개를 만났더라도 개가 귀엽다는 관점을 가진 사람은 그저 반려 동물처럼 귀엽게 바라보기 때문에 쓰다듬거나 애정의 눈길로 쳐다볼 것이다. 이에 반해, 개가 무섭다는 관점을 가진 사람은 큰 개를 만나면 일단 피하기 마련이다. 물론 입맛을 다시는 사람도 있을 것이다. 이렇듯 관점에 따라 내 생각과 행동의 양상은 완전히 달라지게 된다.

높은 빌딩을 보면서 "와 부럽다! 나도 저런 빌딩 건물주가 되어서 월세나 받으며 살

면 좋겠다!"는 사람과 "저런 빌딩을 가지고 싶다. 우리 회사 빌딩으로 딱이다!" 또는 "음, 저 빌딩이 맘에 드는군. 저게 내 빌딩이다!"라는 관점을 가진 사람은 전혀 다른 양상의 생각과 행동을 이어가게 되고, 결국 10년 후 완전히 다른 인생을 살게 된다. 부자가 되려면 먼저 부자 관점부터 가지라고 하는 것이 바로 이런 걸 말하는 것이다. 내가 가진 남과는 다른 관점이 인생마저도 바꿀 수 있다.

나는 지금 어떤 관점으로 사람을 바라보고 있는가? 나는 지금 어떤 관점으로 사물을 대하고 있는가?

2010년, '어떤 회사명으로 창업을 할까?'에 대해서 진지하게 고민한 적이 있다. 당시 내가 가진 관점에서 생각했던 회사명은 '비전 메이커(Vision Maker)'였다. 어려운 기업과 사람을 도와주고, 꿈을 심어주는 기업을 만들고 싶었다. 당시에는 컨설팅 회사가 아닌 교육 및 코칭 회사를 통해 이 세상에 기여하고 싶었다. 2010년에 프랭클린 플래너에 기록한 내용을 보면 창업에 대한 내 관점과 생각을 엿볼 수 있는데, 지금과 크게 다르지는 않다.

'비전 메이커(Vision Maker)', 미래에 만들 회사명이다. 조직과 사람을 살리고 세우는 것을 돕는 회사, 꿈과 희망이 없는 사람과 조직을 위해 꿈과 목표를 찾아주고 희망을 만들어 주는 회사. 전 세계 모든 사람이 행복한 꿈을 꾸고 그 꿈을 이루도록 돕는 회사를 만들고 싶다. 아니 이미 만들었다! 컨설팅을 통해 이미 많은 사람과 조직이 그렇게 하도록 돕고 있고 나 스스로

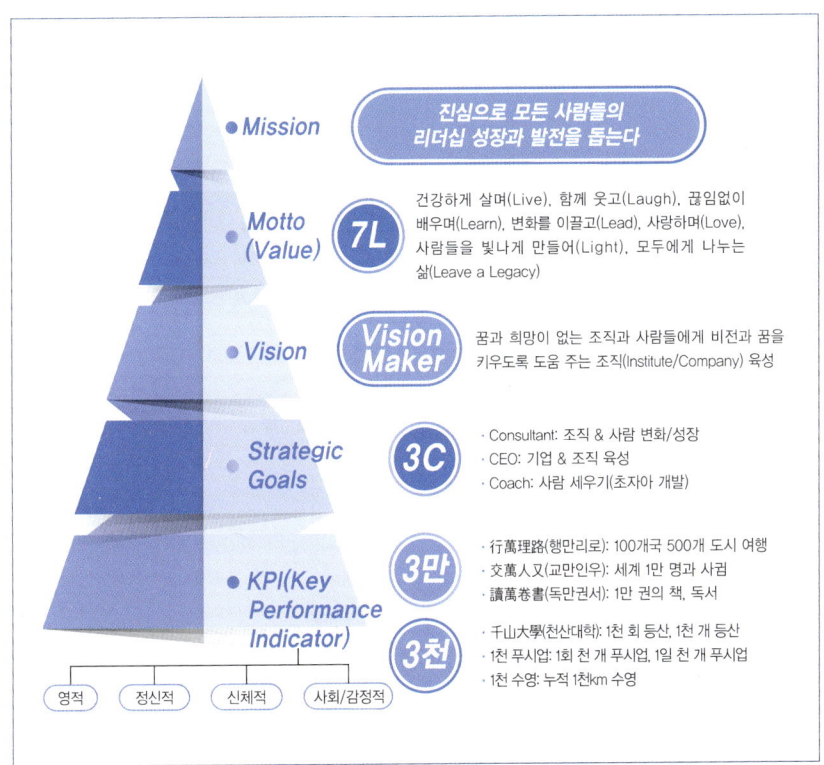

❀ 필자의 인생 미션 피라미드

    Self CEO가 되어 1인 기업가처럼 행동하고 있으니 이미 하고 있는 것과 다를 바 없지 않은가? 이미 이루어졌다.
    이제 좀 더 구체적인 상상을 해야겠다. 더 크게 확장해서 도울 수 있는 방법은 무엇인지, 어찌하면 전 세계 사람들에게까지 도움을 줄 수 있을지…. 우선 책을 통해 지금까지 나의 Envisioning 과정과 이를 체험했던 실행 기록들을 정리해야겠다. Envisioning을 통해 변화와 성장을 체험한 사람으로서 기록을 정리해두면 모든 사람이 깨닫게 할 수 있는 삶의 증거가 될 것이다. 누구라도 꿈 꾸는 자는 반드시 이룰 수 있음을 보여주자. 내가 지금 끌어당기고 있는 미래는 훗날 나의 과거가 되어 그때를 회상하는 나를 행복감에 빠져들게 할 것이다. 지금의 생각, 지금의 꿈, 지금의 목표가 나를 만들어 가고 있음을 명심하자. 생각을 키우고 꿈을 키우고 비전을 키우자.

크게 생각하고 크게 행동하고 크게 되자. 인생은 짧고 할 일은 많다. 비전 메이커(Vision Maker) 최동규 파이팅!

2010년 어느 날

읽는 책의 양이 늘어날수록 관점은 서서히 변화되었고, 양자 물리학 세계의 이론과 가설을 접하면 접할수록 회사명에 대한 생각도 바뀌게 되었다. 내가 지금껏 가장 좋아하는 두 단어는 양자(Quantum)와 관점(Perspective)이다. 두 개의 개별적인 단어로써도 맘에 들었지만, 합쳐졌을 때 양자 관점을 가진다는 것은 무엇일까에 대한 생각을 해보았다. 양자 관점은 결국 '가능성의 세계'를 뜻했다.

사업 초기 QPS CI

무엇이든 이룰 수 있고 뭐든 해낼 수 있는 세계! 생각한 바를 끌어당겨 현실로 만들 수 있는 세상! 그런 세상을 꿈꾸고 그런 회사를 만들고 싶었다. 이런 생각들이 파장을 일으키고, 온 우주에 진동을 보내 강하게 끌어당긴 결과, 2018년도 2월에 ㈜퀀텀퍼스펙티브(Quantum Perspective, 약칭 QPS)라는 사명으로 창업하게 되었다.

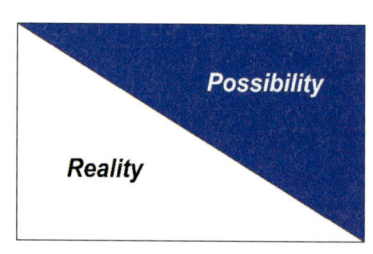

양자 관점을 가진 사람은 모든 것을 가능성으로 바라본다. 이 세상은 내가 생각하는 모든 것을 이룰 수 있는 가능성의 세계라는 관점으로 바라볼 때 내 삶은 보다 긍정적이 되고, 스스로는 더 여유 있는 마음을 가지게 된다. 뭐든 생각한 대로 이룰 수 있고 말하는 대로 이룰 수 있는 세상! 생각만 해도 멋지지 않은가! 나는 이런 가능성의 세계를 꿈꾸고 그렇게 만들어 가려 한다.

Quantum Perspective, QPS는 불가능한 일을 가능하게 만드는 조직이다. 뭐든 해결하고, 뭐든 이루고, 뭐든 창조해 내는 가능성의 조직을 통해 세상을 보다 이롭게 만들고 싶다! 보다 나은 세상, 보다 아름다운 세상, 보다 멋진 세상을 만드는 QPS를 꿈꾼다.

사람들이 꿈을 이루지 못하는 이유는 꿈에 대한 확신이 약하기 때문이다. 이미 이루어졌다는 생각을 하지 못하기 때문이다. '설마 내가~', '그건 불가능해', '나에겐 과분해~' 이런 생각에서부터 시작된 꿈이라면 달성될 리 만무하다. 먼저 내 꿈을 믿어야 한다. 무엇보다 이미 이뤄졌다는 강한 감정을 느껴야 한다. 그 감정의 파장과 진동을 내 몸속의 미립자인 세포가 인지할 정도로 아주 강하게 새겨야 하며 이미 그렇게 된 것처럼 느껴야 한다. 주변에서 미쳤다는 소리를 들을 정도로 자신의 꿈에 대한 믿음과 확신이 있어야 가능한 일이다. 그렇게 명확한 의도와 확신을 가질 때, 내 몸속 미립자는 변화되고 생각과 행동의 파장 및 진동수 또한 그에 맞게 변한다.

진동과 파장이 무의식에 자리 잡고 외부로 전달되면 온 우주에 떠도는 광양자에 영향을 주어 불확정 속에 놓여 있던 실상도 내 진동과 파장에 맞춰 변화되고, 나에게 다가오는 정보나 사람들이 달라지며, 내가 뜻하는 바대로 바뀌어 나가 마침내 현실로 나타난다. 우리가 양자 관점을 지닐 때 세상의 모든 것은 가능성의 태로 바뀌고 가능성의 세상으로 펼쳐진다.

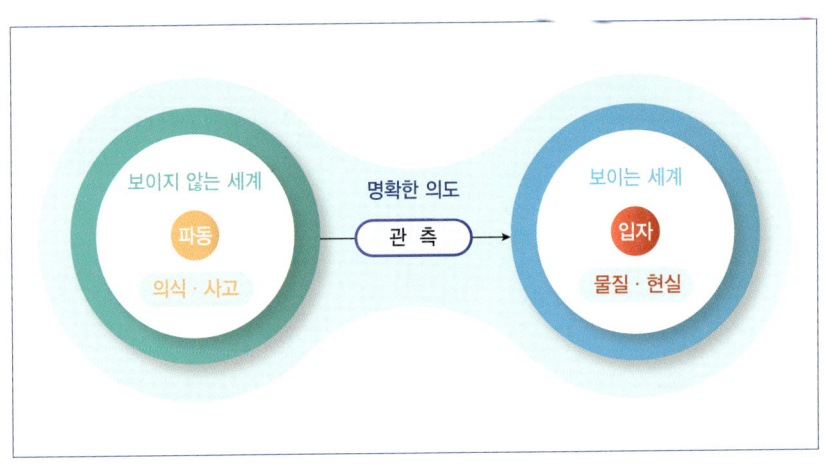

나는 지금 무엇을 끌어당기고 있는가?

어릴 때부터 무의식적으로 끌어당긴 일들이 실제로 일어나는 경험을 하면서 내가 끌어당기는 그 무엇이 얼마나 중요한지 알게 되었다. '무엇을 꿈꾸고 끌어당길 것인가!'가 삶의 관건임을 깨달았다. 이제 나는 절대로 대충 꿈꾸지 않으며 결코 작은 꿈을 꾸지 않는다. 작은 꿈이든 큰 꿈이든 반드시 이뤄진다는 것을 알고 있기 때문이다. 가슴을 뛰게 만드는 도저히 달성 불가능할 것 같은 웅장하고 위대한 꿈을 꾸자. 결국 모든 것은 꿈과 상상의 크기 싸움이며, 꿈과 상상이 큰 사람이 결국 더 크게 이룬다. 양자 관점, Quantum Perspective를 기반으로 세상을 널리 이롭게 할 원대한 비전을 만들고 아주아주 거대한 꿈을 꾸자.

왜 사업하는가 1

어린 시절, 철없을 때 가졌던 인생 목표는 해군 장교였지만 막상 그 길로 가는 것이 결정되고 나니 모든 것이 시시해졌다. 21세 이후 본격적으로 책을 읽기 시작하면서 이미 정해진 인생 경로와는 다른 꿈을 좇기 시작했다. 내가 좋아하는 것은 무엇이고, 잘할 수 있는 것은 무엇인지에 대해 질문하면서 평생을 통해 올인할 수 있는 그 무언가를 찾기 시작했다.

20대 초, 덕유산에서

때론 대학 자취방에서 혼자만의 상상의 나래를 펼쳤다. 먼 훗날 어떤 회사의 리더가 되어 회사를 혁신하고 개선하는 모습을 떠올렸다. 어떤 일을 하든 존경받는 훌륭한 리더가 되고 싶었다. 책을 통한 앎의 기쁨을 알게 되면서 배움에 대한 욕망도 커졌다. 이런저런 미래에 대한, 내 인생의 목적에 대한 고민이 많던 시절, 경영의 구루, 피터 드러커가 쓴 책의 한 문장이 내 가슴을 뛰게 했다.

"나이가 들면 목표도 바꾸어야 한다. 그리고 그 목표는 다른 사람의 삶을 긍정적으로 바꾸는 역할이 되어야 자신이 제대로 산 것이 된다. 나는 다른 사람이 자신의 목표를 달성할 수 있도록 도와주는 사람으로 기억되길 원한다."

바로 이거다!
무릎을 치며 평생에 걸쳐서 배울 수 있고 그 배운 것을 나눌 수 있는 삶은 어떤 게 있을까? 두 가지 모두 가능한 직업을 찾기 시작했다. 책을 읽고 자문자답하며 탐색했고 수많은 고민을 거쳐 드디어 내가 나아가야 할 인생 목표를 세웠다. 그것은 세 가지 C의 달성이다. 3C는 Consultant, CEO, Coach였다.

가장 먼저 컨설턴트(Consultant)가 되기로 마음먹었다. 장기간 장교로 복무해야 하지만 의무 복무를 마치고 전역하는 대로 경영 컨설턴트가 되는 것을 1차 목표로 세웠다.

컨설팅업을 10여 년 한 후에는 2년여 동안 다시 공부하고 창업해서 CEO가 되겠다고 결심했다. CEO로서 기업을 운영한 경험을 쌓은 후에는 지식과 경험을 통해 배운 지혜를 나누는 코치(Coach)가 되고자 했다. 비록 당시 현실과는 멀고도 먼 이야기였지만, 20대에 내 인생 진로를 확정하고 이미 이루어졌다고 상상했다.

"전역하고 컨설팅을 한다고? 제정신이냐?"
"니가 컨설팅이 뭔지는 아냐?"
"그냥 장기 복무 신청하고 군 생활이나 계속해."
"그냥 하던 걸 해야지, 갑자기 웬 컨설팅?"

❀ 장교 시절 필자가 만든 경영 컨설턴트 비전 보드

❀ 필자가 경영 컨설턴트가 된 후 만든 비전 보드

"공학 전공한 사람이 갑자기 뭔 컨설팅이야? 말이 되냐?"
"미친놈, 정신 차리고 장기 복무 신청이나 해."

수많은 사람의 신념을 좀먹게 하는 조롱과 무시를 견디며 꿋꿋하게 한걸음 한걸음 목표를 향해 나아갔다. 결국 시간은 흐르고 흘러 현재는 내가 계획했던 삶이 펼쳐지고 있다. 남들이 조소할 만한 큰 꿈을 꾸는 사람, 오래도록 그 꿈을 그리는 사람은 마침내 그리던 바를 현실로 만든다. 내가 그랬던 것처럼.

군 복무 중 필자가 직접 만든 미래 명함

창업하기 전에는 그저 멋진 회사를 만들고 싶었다. 꿈이 있는 젊은이들이 입사하고 싶어하는 회사, 정도·투명·윤리 경영을 실천하는 회사를 만들고 싶었다. 아니 어쩌면 이런 건 절대 하지 말아야지 하는 타산지석의 배움이 사업 철학으로 다져졌다.

경영 컨설팅을 하면서 여러 기업의 오너나 대표들이 회사를 운영하는 모습을 볼 수 있었다. 다양한 산업군, 여러 회사에서 조직을 진단하고 컨설팅하면서 조직문화와 경영 철학을 면밀하게 들여다볼 수 있었지만 매번 실망스러운 경우가 많았다. 왜 기업을 저렇게 운영할까, 왜 직원들에게 좀 더 잘해주지 못할까, 왜 관리하려 하고 쪼기만 할까, 보다 나은 방법은 없을까? 한 회사의 문제점, 갈등, 신뢰 저하 등을 보면서 나는 절대 그러지 말아야지를 수없이 되뇌었다. 내가 기업을 운영할 때 모방하고 싶은 제도나 정책도 많았지만, 반대로 절대 그래서는 안 되겠다고 생각하게 만드는 것이 더 많았다. 이상적인 기업이란 무엇인가, 나는 어떤 회사를 만들고 어떤 방식으로 운영할 것인가? 창업을 생각하면서 조직문화, 사업 철학에 대한 고민이 많아졌다.

결국 뚜렷한 해답을 찾지 못한 채 창업을 했다. 그런데 그 해 읽게 된 토니셰이의 책 《딜리버링 해피니스》는 그야말로 신선한 충격으로 다가왔다. 젊은 나이에 스타트업을 성공시켜 큰돈을 번 토니셰이가 '자포스'라는 신발 유통 회사를 인수하면서 CEO를 맡게 되어 그의 '행복 추구' 철학대로 '행복 경영'을 실천해 가는 스토리가 내 심장을 뛰게 했다.

'그래, 이 세상에서 유일무이한 멋진 회사, 이상적인 회사를 만들자! 모든 구성원이 자발적으로 일하는 행복한 회사를 만들자!'라는 결심과 함께 왜 사업하는가라는 화두의 답을 찾기 시작했다. 창업 3년 차가 시작되던 해 홈페이지를 개편하면서 썼던 메모를 보면 당시 내 마음이 담겨 있다.

《딜리버링 해피니스》 책 표지

"가슴이 뛴다. 우리가 만든 홈페이지를 보니 정말 쿵쾅쿵쾅 가슴이 뛴다. 잠이 안 온다. 어떻게 하면 우리 회사를 잘 이끌고 성장시켜서 오래도록 함께하고 싶은 회사를 만들 것인가? 어떻게 하면 훌륭한 젊은이들이 들어오고 싶은 회사를 만들 수 있을까? 위대한 회사, 나눔의 회사, 영감을 주는 회사, 도움과 성장을 주는 회사, 대단한 회사를 만들어 가자. 우리 동료들 한 명 한 명이 소중하다. 그들이 맘껏 뛰어놀 수 있는 위대한 터전을 만들자. 맘껏 일하고 맘껏 성장, 발전할 수 있는 토대를 만들자. 무엇보다 조직문화가 탄탄한 친밀한 조직을 만들자. '존성유지자'가 실현되고 3정, 3H를 가진 인재들과 함께 훌륭한 QPS호를 만들어 가자."

20여 년간 컨설팅을 하면서 여러 회사의 오너나 대표들을 만날 기회가 있었다. 그분들을 만날 때면 "대표님은 왜 사업하세요? 사업의 목적이 뭔가요?"라는 질문을 종종 해 본다. 예상과 달리, 답변은 거의 비슷하다.

"돈 벌려고 하죠."

"글쎄요, 그건 별로 생각해 본 적 없는데요."

"꼭 이유가 있어야 하나요?"

대다수가 돈을 벌기 위해서라고 답하거나 목적 자체를 생각해 보지 않았다고 한다.

왜 사업하는가에 대한 고민은 결국 우리가 살아가는 이유와 유사하지 않을까 하는 생각이 들었다. 토니 셰이의 말처럼 작든 크든 모든 목표의 귀결은 행복으로 이어진다. 그렇다면 어떻게 해야 우리 동료들이 행복할 수 있을까?

어쩌면 아주 간단할 수도 있다, 급여 많이 주고 일은 적게 하고 복지를 잘해주면 된다. 그런데 이러면 과연 우리 동료들이 행복해할까, 또는 이런 경우 회사가 제대로 운영될 수 있을까 하는 의구심이 들 수밖에 없다. 사업을 하다 보면 수시로 닥치는 자금 압박, 성과 및 결과물에 대한 중압감, 조직 내 역학 관계에 따른 수많은 갈등 상황 등 현실과 이상 사이의 괴리가 생기기 마련이다. 돈을 벌 게 아니라면 뭐 하려고 이런 무거운 짐을 져가면서 사업하는가 생각할 수도 있다. 이상과 현실 사이의 저울질이 계속되면서 과연 무엇을 위해 사업할 것인지 고민하지 않을 수 없다. 혹자는 말한다.

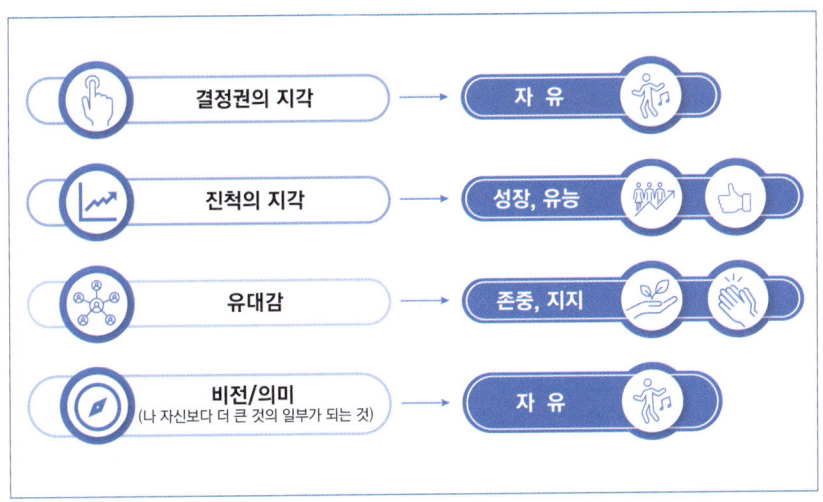

"자금 축적이 중요합니다. 돈 벌었다고 급여 높여주고 복지 좋게 해주면 좋죠! 그런데 그렇게 해줘 봐야 나중에 어려울 땐 급여가 며칠만 밀려도 직원들은 난리 칩니다."

맞는 말이기도 하고 충분히 일리가 있다. 그런데 나는 지금껏 "나중에 잘되면 급여 올려 줄게", "돈 벌면 복지 잘해 줄게"라는 말이 제대로 지켜진 걸 본 적이 없다. "은퇴하면 우리 해외여행 많이 가자"와 같은 맥락의 말이다. "돈 많이 벌어서 해줄게"라고 해봤자 결국 돈 벌어도 못해준다. 은퇴하면 해외여행 가자고 해도 막상 은퇴하면 결국 못

동료에게 생일 선물 전달

간다. 그때는 그 나름의 사정이 생기기 마련이다. 무리를 해서라도 당연히 해줘야 하는 것들이 있다면 지금 바로 해야 한다. 당장의 이익보다는 장기적 관점에서 멀리 함께 가기 위해 노력하는 회사를 만들어 가고 싶었다.

노자의《도덕경》7장에 보면 이런 내용이 나온다.

天長地久
天地所以能長且久者
以其不自生
故能長生
是以聖人後其身而身先
外其身而身存
非以其無私邪
故能成其私

《도덕경》표지

풀이하면 "하늘은 넓고 땅은 오래간다. 천지가 넓고 오래가는 까닭은, 모든 운행과 존재가 자신을 위한 것이 아니기 때문이다. 그러므로 장구할 수 있다. 마찬가지로 성인은 언제나 자신을 뒤에 두기 때문에 도리어 다른 사람의 앞에 있게 되고, 또 자신을 바깥에 두기 때문에 능히 자신을 보전할 수 있다. 이는 사사로움이 없기 때문이 아니겠는가? 그러므로 도리어 자기의 목적을 이룬다."는 뜻이다. 요약해 보면 사사로움이 없기 때문에 도리어 자기 목적을 이룬다는 것이다.

"실리 없는 명분은 공허하고 명분 없는 실리는 경박하다"는 말이 있다. 실리와 명분 사이의 균형을 말하고 있지만, 사업을 하든 일을 하든 사심 없이 대의를 생각하는 마음이 중요함을 강조하고 있다. 영어 단어 중 'Long-term Greedy'가 있다. 해석하자면 '장기적 탐욕' 정도가 되는데, 바로 눈앞의 이익보다는 장기적인 관점으로 이익을 추구해야 한다는 뜻을 내포한 단어다. 즉, 단기적 이익을 포기하고 장기적 관점에서 이익을 추구하는 것을 말하는데, 단기적인 이익은 장기적으로 볼 땐 손해인 경우가 대부분이기 때문일 것이다. 사사로움이 없을 때 도리어 자기의 목적을 이룬다는 노자의 철학과 일맥상통하는 단어다. 노자의 철학대로라면 사심 없이 나누고 베풀면 오히려 원하는 것을 얻을 수 있다는 명제도 성립된다.

Givers gain, 주는 사람이 얻는다는 철학은 언제나 옳다!

어느 순간, 사업을 한다는 것은 단순히 돈을 버는 것이 아니라 동료들의 인생과 삶을 책임지는 것이라는 생각을 하게 되었다. 우리는 회사에서 알게 모르게 서로에게 많은 영향을 주고받는다. QPS에 입사한 동료들은 그저 회사의 일원이 아니라 운명 공동체라는 생각이 들면서 모두가 행복한 회사를 만들고 싶어졌다. '행복 경영'을 위해 사사로움을 멀리하고 Long-term Greedy를 추구하기로 굳게 마음먹었다. 그러기 위해서 사업의 대의, 사업하고자 하는 목적과 이유가 필요했다.

여름 아웃팅 회식 중 즐거워하는 필자와 파트너들

왜 사업하는가, 사업을 하는 이유가 무엇인가, 나는 어떤 목적으로 QPS를 운영해 갈 것인가?

대부분의 경영학 교과서를 보면 '기업의 목적은 이윤 추구'라는 진부한 주장 일색이다. 이윤 추구만을 위해, 돈을 벌기 위해서 기업을 운영하는 것이 과연 의미가 있는가? 한정된 삶을 생각해볼 때 큰 의미가 없다는 생각이 들었다. 돈 버는 것을 넘어서는 목적, 가치 있고 의미 있는 사업의 목적은 무엇일까? 장기적인 시각으로 Long-term Greedy를 추구할 수 있는 의미 있는 목적은 무엇인가! 30여 년 전 CEO가 되겠다는 결심을 한 이후 오래도록 묻고 답하며 돌고 돌아서 결국 그 이유를 찾았다.

QPS가 사업을 하는 이유는 크게 세 가지다.

첫 번째는 '동료들의 성장과 발전'이다. 이는 QPS의 Mission인 Innovation & Growth와도 맥을 같이한다. 먼저 우리 동료들이 QPS를 통해 훌륭한 컨설턴트가 되고, 사업가가 되고, 리더가 되는 터전을 만들고자 한다. QPS라는 터전에서 마음껏 일하고, 배우고 성장할 수 있는 좋은 환경과 다양한 기회를 제공해 주고자 한다. 우리 동료들이 품성과 역량 그리고 Skill을 함양할 수 있도록 최대한 지원할 것이다. QPS를 떠나더라도 사회를 위해 기여하는 훌륭한 리더가 될 수 있도록 리더십과 실력을 갖추는 성장의 터전 만들기, 우리 사업의 제1 목적이다.

두 번째 사업 목적은 우리가 돕는 기업과 사람들을 올바르게 세우는 것이다. 기업과 사람들의 혁신을 꾀하고 성장과 발전을 돕는 역량, 기술과 정신을 개발하는 조직을 육성해 나갈 것이다. 경영 컨설팅, 교육 훈련, 딜

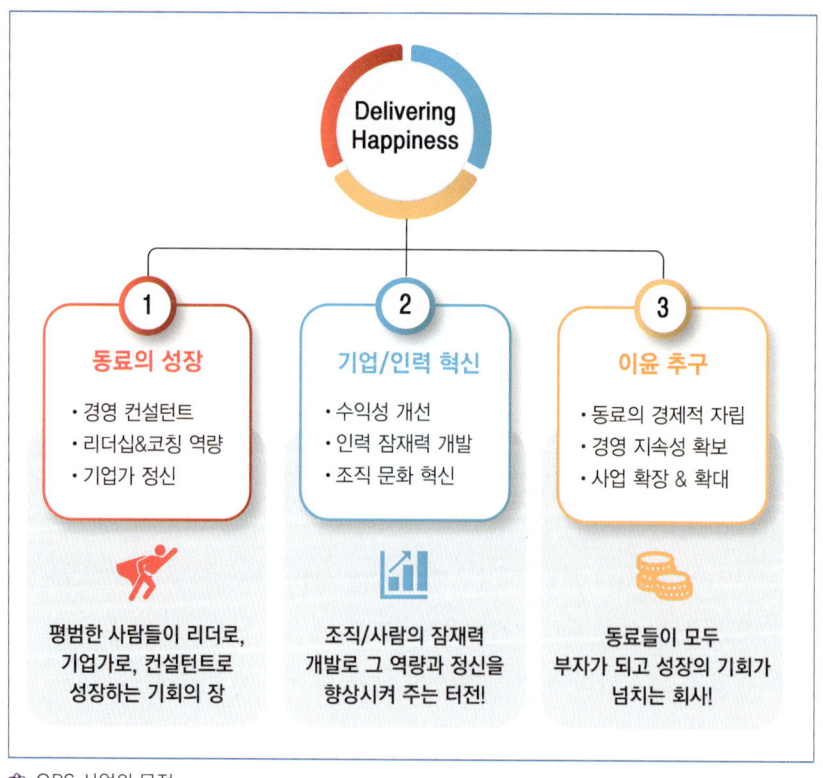

✣ QPS 사업의 목적

자문 등 혁신과 성장을 통해 기업과 사람의 잠재력을 개발하고, 잘 되는 기업을 더 잘 되도록 만들고 어려운 기업을 살리며 사람의 잠재력 개발을 돕고자 한다. 보다 나은 세상을 만들어가는 조직, QPS가 그 선봉에서 뛸 것이다.

'이윤 추구'가 QPS의 세 번째 사업 목적이다. QPS 운영을 통해 번 돈으로 우선 우리 동료들을 부자로 만들 것이다. 이를 위해서 QPS 이익의 20~30%는 전원에게 PS(Profit Sharing)로 지급하고 급여 또한 최고 수준까지 점진적으로 높이고자 한다. 또한 이윤을 통해 QPS의 지속 가능성을 확보하고, 보다 나은 세상을 만들기 위해 여러 사업을 일으키고 확장해나갈 것이다.

QPS가 추구하는 대의의 사업 목적 세 가지를 달성하기 위해서는 이에 걸맞은 유연하고 탄탄한 조직문화가 뒷받침되어야 한다. 말로만 떠들어서는, 나 혼자 외쳐서는 결코 이룰 수 없기 때문이다.

왜 사업하는가 2 – 행복 경영, 존성유지자

창업 2년 차이던 어느 날, 고교 동창 간의 독서 모임 단톡방에 링크 하나가 올라왔다. 《프레임》, 《굿 라이프》의 저자인 서울대학교 심리학과 최인철 교수의 기사였다. 공군 원사이면서 라이프 코치이기도 한 친구 김태완이 추천했는데, 글을 읽자마자 강한 영감이 왔다. 토니 셰이의 《딜리버링 해피니스》를 읽던 즈음이라서 '사업의 목적' 그리고 '행복 경영'에 촉각을 세우고 있다 보니 글 속의 '행복'이라는 단어부터 예사롭지 않게 다가왔.

기사 내용을 간략히 소개하면, 미국 갤럽에서 각국 사람의 행복을 측정하면서 추가적으로 다섯 가지 질문을 제시했는데, 우리나라는 89개국 중 83위를 차지했다고 한다. 그 질문은 다음의 다섯 가지다.

어제 하루, 당신은 다른 사람들로부터 존중받았습니까?
어제 하루, 당신은 새로운 것을 배웠습니까?
어제 하루, 당신은 당신이 가장 잘하는 것을 했습니까?
어제 하루, 당신은 믿을 만한 사람이 있었습니까?
어제 하루, 당신은 당신의 시간을 어떻게 쓸지를 스스로 선택할 수 있었습니까?

©ChatGPT

결국 행복은 이 다섯 가지 질문에 "예"라고 답할 수 있느냐로 결정된다고 한다.

최인철 교수의 기사 글을 인용해 보면, 우리는 타인으로부터 무시당하지 않고 존중받을 때, 뭔가를 배워서 성장했다는 느낌이 충만할 때, 열등감에 시달리지 않고 일을 잘해낼 때, 무슨 일이 생기더라도 믿을 사람이 있다고 안심할 때, 그리고 자기 삶을 주도적으로 살고 있을 때 행복을 경험한다. 행복한 기분은 돈보다는 존중, 성장, 유능, 지지, 자유와 같은 내면의 욕구가 결정한다고 한다.

각국 사람들의 행복 정도와 행복에 이르는 방법에 대해 이야기하고 있지만, 자는 시간을 빼면 하루의 절반 이상을 함께하는 직장 생활부터 행복해야 한다는 결론에 다다른다. 행복은 그 어느 곳보다도 일터에서부터 시작되어야 한다. 내가 속한 조직 생활에서 행복감을 느끼지 못한다면 행복의 절반을 날리는 셈이다. 최인철 교수의 글을 통해 QPS 경영에서 무엇을 해야 하고, 어떻게 해야 우리 동료들이 행복할까에 대한 실마리를 찾을 수 있었다.

경영 컨설팅에서는 '프레임워크(Framework)'라는 것을 많이 활용한다. 이는 일종의 문제 해결을 위한 도구 상자라 할 수 있다. 건물을 짓기 전에 전체적인 틀과 뼈대를 구축하는 것처럼 어떤 프로젝트를 착수하기 전에 전체적인 추진 과정과 업무 방법을 사전 정의하는 틀을 말한다. 직업병이라고 할까, 경영 컨설팅업에서 오랜 세월 일하다 보니 조직문화 구축에도 뭔가 프레임워크가 필요하지 않을까 고민하던 차에 마침, 존중, 성장, 유능, 지지, 자유를 만난 것이다. 최인철 교수의 글 덕분에 행복 경영이 제대

QPS 여름 아웃팅, 베트남 나트랑에서 자유를 만끽하는 동료들

QPS 겨울 아웃팅, 일본 홋카이도 삿포로 TV타워 앞에서 동료들과 함께

QPS 겨울 아웃팅, 일본 홋카이도에서 동료들과 함께

로 실현되기 위해서는 조직 내에서 존중, 성장, 유능, 지지, 자유가 제대로 구현되어야만 가능하다는 가설을 세울 수 있었다. 존중, 성장, 유능, 지지, 자유가 일종의 행복 경영을 위한 프레임워크라고 할 수 있겠다.

앞선 글에서 이미 언급했듯이 QPS의 제1 사업 목적은 우리 동료들의 성장과 발전이다. 그런데 우리 동료들의 마음 상태가 안정되지 못한다면 사업의 목적 달성이 무슨 의미가 있을까? 감정 상태나 기분이 좋지 않은데 성장과 발전을 하는 것이 과연 의미가 있는가?

생각해 보니 QPS의 사업 목적을 제대로 달성하기 위해서는 무엇보다 토대가 되는 조직문화가 탄탄해야만 가능하다는 생각이 들었다. 좋은 조직문화란, 직장에서 일하면서도 행복감을 느끼는 것이 아닐까? 결국 모든 목적의 끝은 행복으로 귀결되듯이 사업의 목적 또한 행복이 토대가 되지 않는다면 그 의미가 퇴색될 수 있음을, 목적을 추구해 나가기에 앞서 탄탄

❀ QPS의 조직문화- 존성유지자

한 조직문화부터 갖추는 것이 우선시되어야 함을 직감했다.

　존중, 성장, 유능, 지지, 자유!

　뜻도 좋고 단어도 좋은데 사람들에게 쉽게 다가가기 위해서 단어를 줄여야겠다는 생각이 들어서 앞 글자만 따서 붙여 보니 '존성유지자'가 되었다. 동료들과 토의를 통해서 나름대로 해석도 덧붙여 보았다. '존성유지자'는 곧, '좋은 성질 유지자'로, 좋은 조직 성질(문화)을 지속 유지해 나가는 사람(조직)이 되자는 재미 요소도 가미했다. 물론 본연의 의미는 QPS 내에서 존중, 성장, 유능, 지지, 자유 실현을 통해 행복한 조직, 행복 경영을 실현해 나가자는 의미다. 최인철 교수의 기사 글을 통해 떠올린 영감이 QPS의 행복 경영 방법론 '존성유지자'를 탄생시켰다.

　'존성유지자'라는 일종의 문제 해결 도구, 프레임워크(Framework)가 생기자 QPS의 모든 정책과 조직문화를 이 틀에 맞춰 나갈 수 있었다. 가장 먼저 고민한 것은 '존중'의 구현이다. 이미 QPS는 상하, 상호 간에 존댓말을 기본으로 쓰고 있었지만 존댓말을 쓴다고 존중하는 것은 아니므로 업무할 때나 사적으로 만날 때 '존중'이 구현될 수 있도록 신경 썼다. 특히, 인력 선발 시 사람을 존중하는 품성을 지닌 사람 중심으로 채용하고자 했

존중을 표현하고 있는 필자

다. 사람을 아끼고 위할 줄 아는 좋은 성품을 지닌 사람들을 선발하면 '존중'은 자연스럽게 정착될 수 있기 때문이다.

　QPS는 업적에 대한 평가는 하지 않지만 수시 피드백이 있기 때문에 하루에도 수십 번 피드백을 받게 된다. 이럴 때 자칫 무시하는 발언이나 경시하는 행동이 있을 수 있기 때문에 특히, 피드백 시 이런 일이 없도록 애쓰고 있다. 물론, 생각대로 쉽게 되진 않지만, 가랑비에 옷 젖는다고 점진적으로 노력

하다 보면 정착되는 날이 올 것이다.

그 외에도 우리 동료들을 존중하는 마음에서 수립된 다양한 정책들이 있다. 대표적인 것이 Profit Sharing 제도이다. 일반적인 회사에서는 개인이나 팀의 Performance에 따른 인센티브를 차등 지급하거나 예상 목표 이익을 초과할 경우 그 초과 금액의 몇 %를 팀 단위 성과에 차등을 두어 지급하는 것이 보통이다. QPS는 개인의 역량에 따른 차등 인센티브를 지급하지 않고, 함께하는 동료들을 사업의 주체로써 존중하고자 매년 말 이익 중 20~30%를 전원에게 동일한 금액으로 지급한다. 회사의 사장이건 주니어건 모두가 회사의 주체이며 주인이기 때문이다. 경영 상황에 따라 다르지만, 현재까지는 인당 1,000~1,500만 원 정도를 지급할 수 있었다. 규모가 커지고 이익이 늘어날수록 나누는 금액은 더 커질 것이다.

QPS에 있어서 '성장'은 매우 중요한 단어다. 사업의 제1 목적이기도 한 우리 동료들의 성장을 위해 다양한 제도적 장치를 마련하고 있는데, 무엇보다 다른 컨설팅사나 일반적인 회사보다 배움의 기회가 많은 것이 혜택 중 하나라 할 수 있다. 다양한 산업에서 매번 새롭게 경험하는 컨설팅을 통해 산업 전반을 스터디할 수 있고, QPS의 역할 체계 특성상 객체가 아닌 업무를 리딩하는 주체로서 일할 수 있다. 컨설팅을 한마디로 정의하면 '설득'이라 할 수 있는데, 설득하고 가르치다 보면 오히려 더 배우게 된다.

QPS 사내에서 강의 중인 필자

BBM 진행 시 토의 중인 QPS 동료들

"To teach is to learn twice over."

한 번 가르치는 것은 두 번 배우는 것이기 때문에 컨설팅을 통해 성장할 수밖에 없다.

평상시에는 무관심하다가 연중이나 연말에 한 번씩 평가로써 피드백을 주는 일반적인 회사와는 달리 QPS는 수시 피드백을 통해 업무 습관이나 사고 체계를 교정하고 바로잡아 준다. 도제식 수업 방식이라 할 수 있는데, 선임자와 함께 일하면서 가르치는 사람을 모방하게 되고, 또 수많은 Trial & Error와 피드백을 통해 일하는 방법을 터득하고 배운다. 그러다 보니 성장하지 않으려야 않을 수 없는 것이다.

'성장'의 제도적 장치로 매월 1회는 하루 전체를 비워서 전원 참석하는 BBM(Big Bang Meeting)을 진행하는데, 이때 다양한 사내 교육 훈련, 사외 강사들의 강연을 통해 관점을 넓힐 수 있는 기회를 제공한다. CEO 세션을 통해 QPS의 재무 실적, 현 상황 및 향후 나아갈 방향과 경영 철학에 대해 공유하는 시간도 갖는다. 나의 20여 년간의 컨설팅 노하우와 오랜 장교 복무를 통해 다진 리더십 등에 대해 내가 직접 4~5시간씩 교육한다. 매월 1일, 8시간 동안 업무에서 잠시 떨어져 다양한 관점을 듣고 익힘으로써 우리 동료들 각자가 쇄신과 배움의 시간을 갖는 것이다. 이 외에도 월 2권씩 도서 제공을 통한 독서 경영, 매년 연말 우수 동료 시상, 주제 워크숍 및 아카데미 개최 등 다양한 제도를 통해 성장을 촉진하고 있다.

성장이 중요하다고 마냥 성장만 해서는 안 된다. 성장했으면 반드시 유능해져야 한다. 성장과 유능은 다른 말인데, 내가 하는 일에서 전문가가 되고 문제 해결을 잘해낼 때 유능하다는 말을 들을 수 있다. 특히 컨설턴트는 어떠한 상황이나 문제에 직면하더라도 지혜롭게 해결할 수 있는 Professional로서의 유능함을 갖추어야 한다. 쉽게 말하면 실력을 갖춰야 한다는 말이다. 실력은 '품성 × 역량'이므로 단순히 역량만 향상시켜서는 안 된다. 품성과 태도적인 측면에서도 유능해져야 한다. 유능해지기 위해서는 업무적인 스킬이나 방법을 익히는 것도 중요하지만 다양한 관점과 체험을 쌓

QPS 여름 아웃팅, 베트남 판랑 사막

QPS 리더십 워크숍, 베트남 하롱베이

는 것이 필요하다. 폭넓은 관점에서 깊은 통찰력이 나오기 때문이다.

이렇게 생각해 보면 쉽게 답이 나온다. 우리가 만약 삽으로 땅을 깊게 파려고 한다면 파는 곳의 땅 면적이 넓어야 한다. 좁은 면적에서는 땅을 깊게 팔수록 파낸 흙더미가 다시 그 구덩이로 들어가서 깊게 파기도 전에 묻혀 버린다. 넓은 면적에서 땅을 팔 때 더 깊게 들어갈 수 있다.

"Broad Perspectives, Deep Insights."

폭넓은 인식의 지평은 그래서 중요하다. 관점이 넓으면 넓을수록 지식이나 정보 간 연상 작용이 일어 통찰력을 배가시켜 주기 때문이다.

QPS는 '유능'을 지원하기 위한 여러 제도를 운영한다. 무엇보다 해외여행을 장려하기 위해 개인별 연간 100만 원의 여행 경비를 지원한다. 매년 2회 전원이 국내외로 아웃팅을 가고, 수시로 가는 삼삼오오 해외여행도 적극 권장한다. 자긍심을 느끼게 하고 유능감을 고취시키기 위함이다. 해외여행 한 번 간다

QPS 겨울 아웃팅, 오스트리아 할슈타트

고 유능해지는 것은 아니지만 낯선 곳으로의 여행이 주는 새로운 관점이

QPS 동료들과 함께 하는 술자리

QPS 여름 아웃팅, 한탄강에서 리프팅을 즐기는 동료들

쌓이고 쌓여서 유능감으로 드러나리라 믿기 때문이다.

QPS에서는 '지지'를 빼면 시체라고 할 정도다. QPS 내에서 지지는 구성원들이 느끼는 조직 내 안정감과 제도적 뒷받침이라 할 수 있는 복지 제도를 말한다. 동료들이 내 집처럼 편안하게 일할 수 있는 곳, 실수나 실패를 해도 책임을 묻지 않는 안정감이 느껴지는 조직을 만들고자 한다. QPS 전원이 모여서 브레인스토밍을 통해 만든 QPS의 행동 강령, 5콕(COC: Code of Conduct)이 있다. 존성유지자별 5가지씩 행동 강령에는 이런 내용이 나온다.

"지지 1번, 우리는 동료간의 친밀감 형성이 제1 과제이다."

QPS에 신입 동료들이 입사하면 업무적 배움보다는 동료 간의 친밀감 형성을 더 강조한다. 지지 5번에는 이런 내용도 있다.

"우리는 동료의 질문과 부탁(술자리 요청, 이벤트 등)에 만사를 제쳐두고 응한다."

이 콕 내용 때문에 저녁에 집에서 쉬다가 술자리에 불려나간 적이 제법 된다. 주니어들이 술에 취해 전화한다.

"캡틴, 빨리 나오십시오. 동료가 술자리에 부르면 만사 제쳐놓고 달려 나오셔야죠. ㅎㅎ" 피곤하지만 나부터 지켜야 한다.

"지지 4번, 우리는 구성원의 행복을 위해 세계 최고 수준의 복지 및 지원 정책을 만들어간다."

아직은 미약한 수준이지만 이 내용처럼 복지 제도를 만들어 가기 위해 노력 중이다. 옥스퍼드 대학교 존 케이 교수는 이렇게 말했다.

"회사에서 사원 복지에 신경을 쓰는 것은 회사가 당연히 해야 할 일이라고 말하는 것과, 일을 더 열심히 하도록 만들기 위해 복지에 신경을 쓴다고 말하는 것은 분명히 다릅니다."

공감 가는 옳은 말이다. 떡 하나 더 주면서 대신 일은 열심히 하라는 차원의 복지 정책이 아니다. 회사가 다양한 복지 정책을 실행하는 것은 당연한 것이고 일종의 의무와도 같다고 생각한다.

QPS는 여행 경비 연 100만 원 지원 외에 본인, 배우자 및 친부모님에 대한 종합 건강검진 지원, 만일의 경우를 대비한 상해보험 및 운전자보험 가입, 가족 행복 지원금 인당 연 100만 원 지원, 경조사 지원 등을 운영한다. 또 생활적인 측면에서는 자율 출퇴근, 재택근무 권장, 통신비 지원, 야근이나 공식 음주 시 택시비 지원, 자율 법인 카드 사용 및 법인 카드, 항공사 마일리지 제공, 여름·겨울 방학 각 2주 및 무제한 휴가(근속 연수에 상관없이 25일 의무 휴가) 제도, 동아리 활동 지원 등의 복지 제도를 운영하고 있다. 한번은 모 책임이 나에게 자랑하듯 이야기한다.

가족 행복 지원금 사용 콘테스트에 공모한 이대민 수석 가족

"회사 다니는 친구들에게 방학 제도, 여행 경비 지원 같은 QPS 복지를 자랑했더니 엄청 부러워합니다."

별로 대단하지 않은 복지를 자랑했다고 하고 또 그걸 듣는 사람은 부러워했다길래 이렇게 답했다. "다음부터는 자랑하지 마시고, 니네 회사는 왜 그렇게 안 해라고 반문해 보세요."라고 말이다. QPS 복지 수준은 미흡하며 아직 멀었다. QPS가 자랑할 만한, 남들이 부러워할 만한 수준이 아니라

해군 장교 시절

우리보다 못한 복지 제도를 운영하는 회사들의 복지 기준부터 높여야 정상이 아닐까? 내 생각엔 우리가 특별한 것이 아니라 우리는 정상, 우리보다 못한 것이 비정상이다. 아니 우리도 어쩌면 비정상일 수 있는데, 아직은 내 기준에 한참 못 미치는 복지 수준이기 때문이다.

존성유지자의 마지막은 '자유'다. QPS는 드레스 코드, 책 읽기 외에는 특별한 Rule을 두지 않으려 한다. 궁극적으로 QPS가 추구하는 것은 '자율과 책임 경영'인데 이와 맥을 같이한다. 각자 스스로 일과 삶을 통제하고 주도적으로 인생을 만들어가는 자유로운 삶이 그것이다. 강요나 지침에 의한 것이 아닌 자발적 동인에 의해서 각자 알아서 역할을 해내며 원활하게 운영되는 회사, QPS는 그런 조직을 꿈꾼다. 리더의 역할은 푸시하거나 쪼는 게 아닌 뒤에서나 보이지 않는 곳에서 동료들의 자발적 동인을 일으

QPS 겨울 아웃팅, 울릉도행 배에서

QPS VINA 창립 기념 행사, 베트남 하노이

QPS 여름 아웃팅, 가평 캠핑장

킬 수 있는 환경을 제공하는 것이어야 한다.

나는 장교 시절에도, 전 직장에서도 누군가가 나에게 일 시키는 것을 정말 싫어했다. 그래서 누군가가 시키기 전에 스스로 했고 향후 일을 예상해서 알아서 미리 해버렸다. QPS는 관리와 통제가 아닌 '자유'를 통해 주어진 역할과 각자의 오너십에 의해 자발적으로 움직이는 조직을 만들어가고자 한다. 이것은 아마도 조직 생활을 하는 사람들이라면 모두가 꿈꾸는 일이 아닐까 생각한다.

행복 경영을 위한 '존성유지자'는 조직적인 측면뿐만 아니라 개인적인 면에서도 생각해 보아야 한다. 먼저, 사람을 존중하지 않는 사람이 성장해 봐야 의미가 없다는 '인의예지신'의 철학으로 사람에 대한 존중과 예의를 갖춰야 한다. 그런 후의 성장이라야 의미가 더해진다. QPS는 동료들의 성장이 곧 사명인 곳이므로 반드시 성장해야 한다. 성장하지 못한다면 QPS

에서의 삶은 의미가 없어진다. 그렇다고 성장만 해서는 안 된다. 성장을 거듭하면서 반드시 유능해져야 한다. Professional, 전문가로서의 반열에 올라서서 어떠한 문제라도 해결할 수 있어야 한다.

내가 유능해져야 함께하는 동료들을 지지하고 지킬 수 있다. 내가 미약한 상태로는 동료들을 지킬 수도 없을 뿐더러 진정한 지지와 지원을 해줄 수 없다. 유능과 지지를 넘어서면 드디어 여유로워지면서 진정한 자유를 누리게 된다. 자유는 경력이 쌓여 가면서, 실력이 높아지면서 점진적으로 찾아온다. 그전에는 자유가 주어지더라도 실질적으로 누리기도 어렵고 진정한 자유라 할 수도 없다.

QPS가 존성유지자라는 조직문화 구현을 통해 행복 경영을 추구해 나가듯 우리 동료들 스스로도 존성유지자 실행을 통해 행복한 삶을 만들어가야 할 것이다.

존성유지자 5콕 (Code of Conduct)

일반적으로 볼 때 기업에서 강력한 조직문화가 제대로 자리 잡기는 쉽지 않다. 조직문화 정착을 위해서는 무엇보다 경영자의 철학과 의지가 중요하다. 경영자는 대개 조직문화보다는 성과에 중심을 두는 경우가 많아서 조직문화 구현에는 소홀하기 십상이다. 나는 전략이나 성과보다 중요한 것은 장기적 관점에서의 탄탄한 조직문화를 만들어 가는 것이라고 생각한다. 단기적인 이익이나 성과를 추구하는 것도 중요하지만 장기적 관점에서 친밀감 있고 서로 협력하는 공동체 문화를 형성해가는 것이 훨씬 중요하다.

QPS 시무식 행사

QPS의 가장 중요한 자산은 바로 사람이다. 사람은 회계 장부상에는 인건비, 복리후생비 등으로만 계정되어서 비용으로 바라보는 경향이 강하지만 사람은 회계 장부상에는 등재되지 않는 강력한 무형 자산 중 하나이다. 예를 들어, 동료들의 식대, 아웃팅 비용, 복지 비용, 회식비, 술자리 후 택시비 등은 투자인가, 비용인가라고 질문한다면 뭐라고 답변할 것인가? 제시한 내역을 비용이라고 인식하는 순간, 아까운 돈이 되고 줄이고 싶은 마음이 들게 된다. 하지만 비용이 아닌 사람에 대한 장기적 관점의 투자라고 인식하는 순간, 아까운 돈이 아닌 미래 자산 축적을 위한 투자로써 기꺼이 지불해야 할 돈으로 인식하게 된다. QPS는 무엇보다 사람에 대한 장기적 투자를 중요하게 생각하므로 동료들을 위한 복지 정책 확대 등에 아낌없이 투자하려 한다. 기업은 곧 사람이고, 사람이 곧 기업이기 때문이다. 그러므로 사람이 기업을 위해서 일하듯, 기업 또한 사람을 위해서 일해야 한다.

사람이든 기업이든 성장 곡선은 시간이나 노력에 비례하는 직선으로 나타나는 것이 아니다. 잘될 때도 있고 뜻대로 되지 않을 때도 있다. Up & Down을 반복하며 여러 우여곡절 끝에 내가 바라는 성과든 성공이 찾아온다. 인생을 길게 보면 모든 것이 성장을 향해 가는 과정이다. 사업에도 부침이 있기 마련이며, 매번 잘될 수만은 없다. 단기적으로 나타난 성과가 기업의 장기적 성공을 보장해주진 못한다. 단기적인 성과에 집착하기보다

QPS 등산 동아리 산또바기 해외 원정, 중국 옌타이 해변에서 동료들과 장난치는 필자

는 장기적이며 지속적인 성장을 견인할 수 있는 무형 자산의 힘을 키우는 데 집중해야 한다. 기업의 실질적인 파워인 무형 자산, 즉 사람에게 꾸준히 투자하는 것이야말로 미래의 불확실성을 극복하고 기업의 경쟁우위를 확보하는 핵심 전략이라 할 수 있다.

  사람과 더불어 탄탄한 조직문화 또한 QPS 성장을 견인하는 강력한 무형 자산의 축 중 하나다. 장기적 관점에서 지속 가능한 성장을 위힌 지산은 바로 사람과 조직문화라고 할 수 있다. 조직의 성장을 가능케하는 조직 역량이라고 할 수 있는 3가지 무형 자산은 첫째, 개개인의 역량에 기대기보다는 시스템과 체계를 통해 조직이 운영될 수 있도록 모든 운영을 시스템화하는 것이고, 둘째는 단합하고 협력하는 강한 응집력을 가진 조직을 만들어 나가는 것이다. 셋째는, 가장 중요한 것이기도 한데, 동료들의 행복을 위한 조직문화 체계를 구현해 나가는 것이다. 이 세 가지 무형 자산은 장기적이면서도 지속 가능한 기업 경영을 위해서 반드시 필요한 조직 무형 자산이라 할 수 있다. 해마다 매출 성장을 이뤄서 우상향 성장 곡선을 만들어 나가는 것도 중요하지만 장기적 관점에서 지속 성장 가능한 조직을 만들기 위한 무형 자산의 힘을 키워 나가는 것! QPS의 '존성유지자' 조직문화는 이러한 무형 자산의 강력한 한 축이다. 자포스 CEO였던 토니셰이의 책 《딜리버링 해피니스》는 QPS가 행복 경영을 사업 철학으로 삼는 데 지대한 공헌을 했다. 안타깝게도 50세가 이 되기도 전, 이른 나이에 작고한 그이지만 이 자리를 빌려서 진심으로 감사의 뜻을 전한다.

❀ 자포스(Zappos)의 전 CEO 토니셰이(Tony Hsieh: 1973~2020)

출처: 자포스 공식 X(구 트위터)

   QPS는 '존성유지자' 조직문화를 모든 동료의 인식에 뿌리내리게 해서 행동의 근간으로 녹아 들도록 행동 강령을 설정했다. 우리는 이 행동 강령(Code of Conduct)을 '콕(COC)'이라고 부른다. 우리의 조직문화인 '존성유지자'별로 5가지의 행동 강령을 정립해서 5콕이라고 명했다. 현재의 5콕은 2021년도에 정립한 5-7콕을 개편하여 2023년도에 재정립한 것이다.

   대기업이나 규모가 있는 기업에 가보면, 으레 조직의 행동 강령이나 행동 지침을 명문화하고 있다. 물론 그 행동 강령이나 지침이 형식적으로 정립해 놓아 지켜지지 않는 경우가 대부분이긴 하지만 말이다. 창업 3년 차가 되던 해에 처음으로 10여 명의 동료들이 함께 모여서 브레인스토밍을 통해 아이디어를 모았고 행동 강령을 만들었다. 최초로 정립한 콕은 QPS의 행복 경영 조직문화 '존성유지자'인, 존중, 성장, 유능, 지지, 자유 각 영역별로 7개씩의 행동 강령이었다. 그런데 너무 많은 행동 강령은 익히기도 어려울 뿐더러 행동으로 이어지기는 더 어렵기 때문에 다섯 가지로 줄이고 내용도 현실에 맞도록 수정 보완하여 현재의 5콕으로 재정립하게 되었다.

QPS 5-7콕 (Code of Conduct) / 행동강령

존중
1. 우리는 자유로운 의사소통을 통해 격이 없는 조직을 추구한다
2. 우리는 동료의 다양한 의견을 존중하고 창의적 사고로 확장한다
3. 우리는 QPS호에 함께 탄 동료로서 서로를 믿고, 신뢰하며, 어디든 함께 간다
4. 우리는 동료들의 다양한 의견을 적극 수렴하며, 참여경영을 실천한다
5. 우리는 실력과 매력으로 고객으로부터 존경받기 위해 노력한다
6. 우리는 솔직함과 신뢰를 바탕으로 공정/투명 경영을 실천한다
7. 우리 뒤에는 항상 나보다 더 훌륭한 동료가 있다

성장
1. 우리는 작은 일에도 정성을 다한다
2. 우리는 끊임없이 질문하고, 고민하고, 행동하며 배운다
3. 우리는 일류 인재를 모으기보다 우리 동료를 일류로 만든다
4. 우리는 항상 왜를 스스로에게 묻고 답한다
5. 우리는 항상 새로운 것에 도전하고, 학습하며 개선한다
6. 우리는 다양한 분야의 독서를 통해 인식의 지평을 넓힌다
7. 우리는 회의를 받아쓰는 시간보다는 말하는 기회로 삼는다

유능
1. 우리는 끊임없이 스스로를 단련하여 나만의 강점을 극대화한다
2. 우리는 발전적인 피드백을 통해 동료들의 긍정적 변화를 돕는다
3. 우리는 동료의 유능함을 발견하고 강점을 강화한다
4. 우리는 얼굴 표정, 말 한마디, 무한 아부로 동료들을 믿고 인정한다
5. 우리는 1% 가능성에서 기회를 찾아 불가능을 가능하게 만든다
6. 우리는 스스로에게 떳떳한 업무 결과물을 만든다
7. 우리는 업무 열정을 숫자와 실력으로 증명한다

지지
1. 우리는 동료를 위한 이벤트에 영혼을 담는다
2. 우리는 서로의 꿈을 공유하고, 이룰 수 있도록 서로 돕는다
3. 우리는 동료 간의 친밀감 형성이 제1과제이다
4. 우리는 동료의 질문과 부탁에 최선을 다해 응한다
5. 우리는 운명 공동체로 서로를 받아들이고 동료들의 삶을 적극 돕는다
6. 우리는 구성원의 행복을 위해 세계 최고 수준의 복지/지원 정책을 만들어간다
7. 우리는 동료의 술자리 요청에 만사 제쳐 두고 달려간다

자유
1. 우리는 원하는 시간, 원하는 장소에서, 원하는 일을 한다
2. 우리는 내 휴일은 내가 정한다
3. 우리는 Rule이 없는 것이 Rule인 회사를 만든다
4. 우리는 QPS의 비전을 하나된 마음으로 다 함께 이루어 나간다
5. 우리는 내가 할 일은 내가 알아서 한다
6. 우리는 자율속에서 주도적으로 일하며 맡은 바 책임을 다한다
7. 우리는 각자의 사명과 비전을 수립하기 위해 노력하고, 이루어 나간다

QPS 5콕 (Code of Conduct) / 행동강령

존중
1. 우리는 자유로운 의사소통을 통해 격이 없는 조직을 추구한다.
2. 우리는 QPS호에 함께 탄 동료로서 서로를 믿고 신뢰하며 어디든 함께 간다.
3. 우리는 실력과 매력으로 고객으로부터 존경받기 위해 노력한다.
4. 우리는 동료들의 다양한 의견을 존중하고 적극 수렴하여 참여 경영을 실천한다.
5. 우리 옆에는 항상 나보다 더 훌륭한 동료가 있음을 생각하고 함께한다.

성장
1. 우리는 작은 일에도 정성을 다한다.
2. 우리는 끊임없이 질문하고 고민하고 행동한다.
3. 우리는 일류 인재를 모으기보다 우리 동료를 일류로 만든다.
4. 우리는 항상 왜라는 질문을 통해서 일의 의미를 찾는다.
5. 우리는 항상 새로운 것에 도전/학습하며 독서/여행으로 인식의 지평을 넓힌다.

유능
1. 우리는 끊임없이 스스로를 단련하여 나만의 강점을 극대화한다.
2. 우리는 발전적인 피드백을 통해 동료들의 긍정적 변화를 돕는다.
3. 우리는 동료의 성장을 기대하며 유능함을 발견한다.
4. 우리는 1% 가능성에서도 기회를 찾아 불가능을 가능하게 만든다.
5. 우리는 스스로에게 떳떳한 업무 결과물을 숫자와 실력으로 증명한다.

지지
1. 우리는 동료 간의 친밀감 형성이 제1 과제이다.
2. 우리는 서로의 꿈을 공유하고 이룰 수 있도록 서로 돕는다.
3. 우리는 얼굴 표정, 말 한마디, 무한 아부로 동료들을 믿고 지지한다.
4. 우리는 구성원의 행복을 위해 세계 최고 수준의 복지/지원 정책을 만들어간다.
5. 우리는 동료의 질문과 부탁(술자리 요청, 이벤트 등)에 만사를 제쳐 두고 응한다.

자유
1. 우리는 내 휴일은 내가 정한다.
2. 우리는 룰이 없는 것이 룰인 회사를 만든다.
3. 우리는 QPS의 비전을 하나 된 마음으로 다 함께 이루어 나간다.
4. 우리는 자율 속에서 주도적으로 일하며 맡은 바 책임을 다한다.
5. 우리는 각자의 사명과 비전을 수립하기 위해 노력하고 이루어 나간다.

QPS는 매년 연말이면 'QPS Awards' 행사를 통해 각 분야의 우수 동료를 선발하여 상패 및 포상금을 지급한다. 총 7가지 분야에 대한 시상을 하는데, 투표로 선정하는 분야가 있고 내부 심의를 통해 결정되는 분야가 있다. 'Best OE Coach' 상은 그해 컨설턴트로서 가장 우수한 기량을 뽐내고 큰 성과를 낸 동료에게 수여하며 상패와 함께 상품권 50만 원을 지급한다. 'Super Rookie' 상은 신입 동료 중 가장 눈부신 성장을 한 동료에게 수여하며 상품권 30만 원을 지급하며, 'Best Wore & Life Harmony' 상은 그해 휴가를 가장 많이 내고 의미 있게 사용한 동료에게 상패와 상품권 30만 원을 지급한다.

QPS 시무식에서 'Best QPSian 상'을 수여하는 필자

드레스 코드를 가장 세련되게 유지한 동료에게 주는 'Best Dresser' 상, 그해 리더로서 맹활약한 동료에게 주는 'Best Leader상', 한 해 목표인 OKR(Objective, Key Results) 달성률이 가장 높은 동료에게 주는 'Best OKR상'이 있다.

가장 중요하고 의미 있는 상은 대상 격인 'Best QPSian상'으로, 선정된 동료에게는 상패와 함께 100만 원을 지급한다. 이 상은 '존성유지자' 각 항목별로 동료들의 추천을 받아서 가장 균형있게 높은 점수를 받은 동료에게 지급한다. 즉, 한 해 동안 QPS의 조직문화인 '존성유지자'의 실행 정도를 평가하는 상으로, 동료들을 존중으로 대하고, 큰 성장을 이루었으며, 유능하여 동료들을 적극 돕고 지지하는 동료, 매사에 선제 주동하며 주도적인 자기 통제와 자유를 추구한 동료에게 지급되는 상으로 동료 모두의 추천을 받아서 선정되는 가장 명예로운 상이다.

QPS는 QPS Awards라는 포상 제도를 통해 '존성유지자' 조직문화의 정

※ 2024년도 필자의 OKR

착을 유도하고 동기를 부여한다.

    QPS는 '존성유지자'라는 조직문화 진단을 위한 자가 평가 진단지도 개발했다. 자체 진단 결과 전반적인 평균 점수가 높았다. 베트남 법인의 베트남 동료 3명에 대해서도 동일한 진단을 해본 결과 유사한 결과 값이 나왔다. QPS 국내 부문과 QPS VINA 베트남 부문으로 나누어 무기명으로 진단한 결과 값을 보면 먼저 QPS 국내 부문은 5점 척도 값 기준으로 볼 때 총점은 4.64점으로 매우 높은 점수가 나왔다. 각 영역별로 점수를 보면 존중 4.71점, 성장 4.74점, 유능 4.69점, 지지 4.55점이며 마지막으로 자유가 4.49점이다. 대부분의 점수가 4.5점 이상을 기록했다. QPS VINA에 근무하는 베트남 동료 3명도 유사한 진단 결과가 나왔는데, QPS VINA 총점은

2024년도 QPS Awards

Best QPSian	Best OE Coach	Best OKR

유일한 책임	정경의 책임	이제혁 상무

Best Dresser	Best 워라하	Super Rookie

김성훈 부대표	승진배 책임	유일한 책임

QPS Awards Best Leader

2020년	2021년	2022년

최동규 대표	김성훈 파트너	윤종선 파트너

2023년	2024년

감순곤 부대표	이제혁 상무

존성유지자

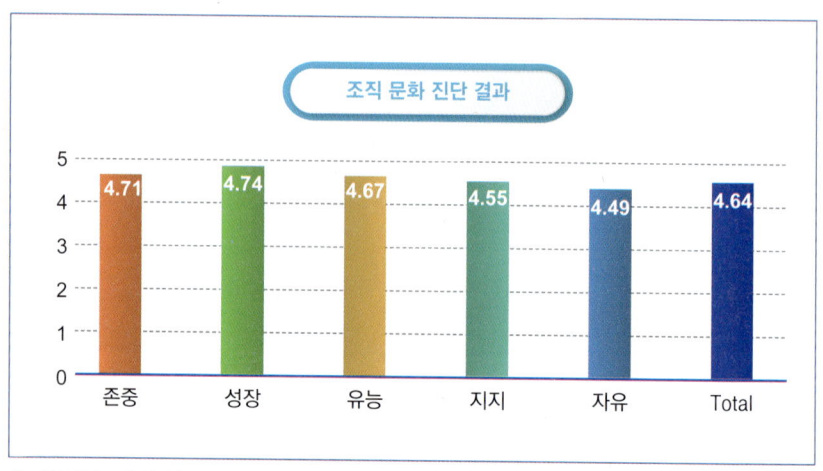

2024년도에 실시한 '존성유지자' 조직문화 자가 진단 결과

4.64점이며, 존중 4.80점, 성장 4.80점, 유능 4.63점, 지지 4.43점, 자유 4.53점이 나왔다. 물론 개별 항목으로 보면 4점 이하인 경우도 있지만 평균값으로 보면 전반적으로 존성유지자 전 영역에서 높은 점수가 나온 것이다. 물론 우리는 결코 이 점수에 만족하지 않으며, 모든 항목에서 5점이 나오는 그날까지 '존성유지자' 각 항목의 진단 내용이 실상에서도 제대로 지켜질 수 있도록 노력해갈 것이다.

평가 진단지 전문을 싣는다. 각자 내가 다니는 회사는 어떠한지, 내가 속한 조직은 또 어떤지에 대해서 자체 평가를 해 보면 좋을 것이다. 종합 점수가 높게 나오는 것도 의미가 있지만 어떤 영역에서 부족한지를 파악하는 것도 중요하다. 어느 한 영역의 부족함을 다른 나머지 영역이 결코 보상해 주지 못하기 때문이다. 모든 일이 그렇지만, 어느 한 영역에서의 문제가 전체 문제로 확대되기 마련이다. 하나의 영역에서 점수가 높고 다른 영역들은 평점 이하인 것보다는 '존성유지자' 다섯 가지 전 영역이 고르게 높은 점수를 기록하는 조직문화를 만들어가야 한다.

정상적인 조직과 비정상적인 조직의 차이는 무엇일까? 상식과 비상식! 어떤 것이 상식적인 것이고 어떤 것이 비상식적인 것일까? QPS는 상식적이고 정상적인 조직을 꿈꾼다. 사람에 투자하고 동료들의 행복을 위한 조직문화 구현을 무엇보다 중요시하며 친밀한 조직, 투명하고 올바른 경영을 추구하는 정상적이고 상식적인 조직을 만들어가려 한다.

AI, 로봇이 산업의 판도를 바꾸며 세상을 뒤엎는 시대가 되었지만 경영의 상식, 원리는 변하지 않는다. 아직까지는 이 세상에 상식적인 조직보다 비상식적인 조직이 더 많은 듯하다. 정상적인 조직보다도 비정상적인 조직이 더 많

QPS 파트너 워크숍, 이집트/두바이 여행 중 이집트 피라미드에서 파트너들과 함께

은 듯하다. 아니, 어쩌면 사람을 비용으로 인식하고 쥐어짜서 성과 내기에만 급급한, 사람이나 조직문화 구현에는 관심도 없는 비상식적이며 비정상적인 조직이 오히려 상식이 되었다고 해도 과언이 아닌 세상이다. 패러다임 쉬프트가 필요하다. 이제 무엇이 상식이고 무엇이 정상적인 것인지에 대해서 다시 생각해 보고 통찰해 봐야 하는 시내가 되었다. 우리 동료들이 지인들에게 QPS 조직문화를 자랑하지 않고 당연하게 여기는 것, 우리 동료들의 지인들이 QPS 조직문화를 대단하다고 놀라워하지 않고 당연하다고 여기는 것, 이것이 지극히 상식적이고 정상적인 세상인 것이다.

앞으로 QPS는 행복한 경영을 더욱 강화하며 QPS 조직문화 '존성유지자'를 전 기업으로 확대, 전파해 나가고자 한다. 세상 모든 사람이 우리의 행복 경영 조직문화에 대해 전혀 놀라워하지 않고, 모든 기업이 당연한 듯 실천하는 그 날까지 QPS가 앞장서서 실천하고 전파해 나가는 전도사 역할을 자처해 나갈 것이다.

조직문화 자가 진단지

1 = 전혀 아니다, 2 = 좀처럼 그렇지 않다, 3 = 때때로 그렇다, 4 = 자주 그렇다, 5 = 항상 그렇다

존중

1. 당신은 조직 내 동료들로부터 존중 받고 있습니까?
2. 당신은 상하를 막론하고 모든 동료들을 존중으로 대하고 있습니까?
3. 당신은 조직 내에서 모든 동료들에게 존댓말을 사용하고 있습니까?
4. 당신 조직의 미션, 비전 및 경영 정책을 잘 이해하고 적극 동의합니까?
5. 당신의 조직에서 일한다는 사실을 다른 사람들에게 자랑스럽게 이야기할 수 있습니까?
6. 조직은 당신을 진정한 파트너로 대우하고 의사 결정에 참여할 기회를 제공합니까?
7. 당신 옆에는 최고의 동료/훌륭한 동료가 있다고 생각합니까?
8. 상사가 당신을 믿고 올바르게 대할 것이라는 신뢰가 있습니까?
9. 당신의 상사는 매사에 헌신하며 약속을 지키기 위해 노력하고 있습니까?
10. 당신의 조직에서 승진은 학벌, 학력, 배경 등과 무관하게 이뤄지고 있습니까?

성장

1. 당신의 조직은 늘 새로운 업무 환경을 제공하고 있습니까?
2. 당신의 조직은 항상 새로운 일을 도전하고 배우는 기회를 제공합니까?
3. 당신 조직은 지속적인 교육 훈련 기회를 제공하고 있습니까?
4. 당신의 조직은 끊임없이 질문하고, 고민하며 행동하는 환경을 제공합니까?
5. 당신의 조직은 일류 인재를 모으기보다 동료를 일류로 만들기 위해 노력합니까?
6. 당신의 조직은 업무 역량 외 개인 인격 및 품성적 성장의 기회를 제공합니까?
7. 당신의 조직은 독서/여행 등 인식의 지평을 넓히는 기회를 제공하고 있습니까?
8. 당신의 조직은 새로운 사람을 만나는 것을 적극 권장하고 있습니까?
9. 당신의 조직은 일을 통한 발전 및 성장의 기회를 제공하고 있습니까?
10. 당신의 조직은 일하는 목적을 가지고, 일에서 의미를 부여하기 위해 노력합니까?

1. 당신의 조직은 고객으로부터 인정받고 있습니까?
2. 당신의 조직은 당신을 조직 내에서 중요한 존재라고 여기고 있습니까?
3. 당신의 조직은 당신을 유능한 전문가로 키우기 위해 노력하고 있습니까?
4. 당신의 조직은 구성원의 유능함을 발견하고 강점을 강화시키기 위해 노력합니까?
5. 당신의 조직은 발전적인 피드백을 통해 구성원의 긍정적 변화를 돕습니까?
6. 당신의 조직은 수시 피드백을 통해 잘못된 부분을 교정하기 위해 노력합니까?
7. 당신의 조직은 뚜렷한 업무 결과물을 중요하게 여기고 있습니까?
8. 당신의 조직에는 업무 역량과 유능감이 증명될 수 있는 관리 체계가 운영되고 있습니까?
9. 당신의 조직은 문제 해결 시 1%의 가능성에서도 기회를 찾기 위해 노력합니까?
10. 당신이 하는 일은 조직의 성장과 발전에 연결되어 영향을 준다고 생각합니까?

1. 당신은 조직 내에서 심리적인 안정감을 느끼고 있습니까?
2. 당신의 조직은 구성원들을 지지 및 격려하기 위해 노력하고 있습니까?
3. 당신의 조직은 구성원 간의 친밀감 및 정서적 교감을 중요하게 생각합니까?
4. 당신의 조직은 각자의 꿈을 공유하고, 서로 도울 수 있는 환경을 제공합니까?
5. 당신의 조직은 칭찬과 격려 및 축하를 위한 행사나 이벤트를 적극 제공합니까?
6. 당신의 조직은 구성원의 행복을 위한 복지/지원 정책을 구현하고 있습니까?
7. 당신의 조직은 구성원의 질문과 부탁에 최선을 다해 응합니까?
8. 당신은 조직 내에서 정서적 친밀감 및 유대감을 느끼고 있습니까?
9. 당신의 조직은 다른 생각과 견해를 서슴없이 이야기 할 수 있는 분위기입니까?
10. 당신의 조직은 서로의 고민을 공유하며 함께 해결하기 위해 노력합니까?

1. 당신은 당신의 조직 내에서 자유로움을 느끼고 있습니까?
2. 당신은 업무를 어떻게 할지를 스스로 선택하고 통제하고 있습니까?
3. 당신이 하는 일은 당신의 인생 목적을 이루는 데 도움이 되고 있습니까?
4. 당신의 조직은 자율적인 업무 환경하에서 각자 책임감을 가지고 일하는 분위기입니까?
5. 당신의 조직은 주도성을 가지고 일할 수 있는 분위기를 조성하고 있습니까?
6. 당신의 조직은 휴가 내는 것이 자유로운 분위기입니까?
7. 당신이 하는 일은 당신이 추구하는 자아실현을 이루는 데 도움이 되고 있습니까?
8. 당신의 조직은 관리 및 통제를 위한 시스템 및 Rule의 유연성이 있습니까?
9. 당신의 조직은 당신의 마음에 와닿는 사명과 비전을 수립하였습니까?
10. 당신의 조직은 비전을 하나 된 마음으로 함께 이루어 나가고 있습니까?

조직 몰입(Organizational Commitment)

조직 몰입이라는 개념이 있다. 조직 구성원이 조직에 애정을 느끼고 있어서 자신과 조직을 동일시하고 있는 상태를 말하며, 조직에 얼마나 헌신하고자 하는지를 나타내는 정도를 나타낸다. 즉, 조직에 대한 애착심, 머물고 싶은 마음, 헌신의 정도를 말하는 용어이다. 1990년대 캐나다의 웨스턴 온타리오 대학교(University of Western Ontario)에서 심리학과 교수로 재직 중이던 존 P. 마이어(John P. Meyer)와 나탈리 J. 앨런(Natalie J. Allen)은 조직 몰입 이론(Meyer & Allen's Three-Component Model of Organizational Commitment)을 발표했다. 이 이론은 조직 몰입을 세 가지 차원으로 구분하여 설명하는데, 이는 단순히 '조직에 얼마나 헌신하는가'라는 일반적인 개념이 아닌, 다양한 심리적 요인들이 복합적으로 작용한다는 것을 보여주는 이론이다.

다음의 세 가지 예를 보면 쉽게 이해할 수 있을 것이다. 어느 회사에 A라는 직원이 있는데, 이 직원은 조직 내에서 정서적인 교감을 중시하는 사람이다. 다른 무엇보다도 동료들과의 교감이나 공감에서 의미를 찾고 보람을 느끼는 사람이다. 아무리 급여를 많이 주고 복지가 좋더라도 정서적인 교류가 미흡한 조직에서 일하는 것은 끔찍하다고 여기는 사람이다. B라는 직원은 무엇보다 돈이 최고다. 어려서부터 가난하게 자라서인지 인

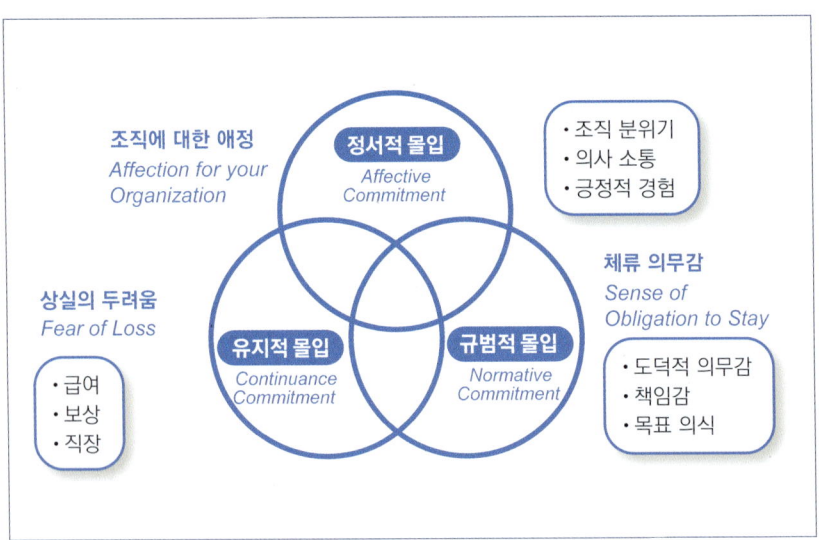

생의 가치 중심에 항상 돈이 머물고 있다. 회사를 선택할 때도 돈과 복지가 좋은 회사가 기준이 되기 때문에 기준에 부합하지 않는 회사는 쳐다보지도 않는다. C라는 직원은 목적 지향적인 사람으로 인생의 중요한 가치는 경영 컨설팅에 있다. 컨설턴트로서 기업이 성장할 수 있도록 지원하고 기업의 성과 개선을 위해 돕는 것이 가장 높은 삶의 우선순위인 사람이다. 돈보다는 뜻이 우선인 사람으로서 조직과 함께 뜻을 이뤄 나가는 데에 큰 의미를 두는 사람이다. 이렇듯 어떤 직원은 조직에 대한 강한 애착 때문에 남는 반면, 다른 직원은 높은 연봉이나 좋은 복리후생 때문에 조직에 머무르기도 한다. 여러분은 이 세 가지 경우 중 어느 경우에 해당하는가?

존 P. 마이어(John P. Meyer)와 나탈리 J. 앨런(Natalie J. Allen)이 제시한 구성원들이 조직에 몰입하는 이유 3가지 축에 해당되는 사례다. 3가지 축은 다음과 같다.

첫 번째, 정서적 몰입(Affective Commitment)이다. 이것은 조직에 대한 감정적인 애착, 즉 '좋아서 다니는' 마음이다. 조직 구성원들과의 관계에서 긍정적인 감정을 느끼며, 조직의 일원으로서 소속감과 자부심을 느낄

QP5 리더십 워크숍, 베트남 하롱베이

때 나타나는 몰입을 말한다. 두 번째는 유지적 몰입(Continuance Commitment)이다. 조직을 떠났을 때 발생할 손실을 고려하여 조직에 남으려는 심리를 말한다. '손해 보기 싫어서 다니는 마음'이라고 할 수 있는데, 높은 연봉, 좋은 복리후생, 조직 내에서의 사회적 관계 등 현재 조직에서 얻고 있는 이점들을 잃는 것에 대한 두려움이 유지적 몰입을 높이게 된다. 마지막으로 규범적 몰입(Normative Commitment)은 조직에 남아 있어야 한다는 의무감이나 책임감을 느껴서 조직에 머무르는 것이다. '의리 때문에 다니는 마음'이라고 표현할 수 있다. 조직에 대한 빚진 마음, 조직에 대한 충성심, 조직에 대한 도덕적 의무감 등이 규범적 몰입의 원천이 된다. 다시 한번 질문해 보겠다.

여러분의 조직은 이 세 가지 중 어떤 몰입을 지원하고 있는가?

여러분은 조직 내에서 이 세 가지 중 어떤 몰입을 가장 중요하게 생각하고 있는가?

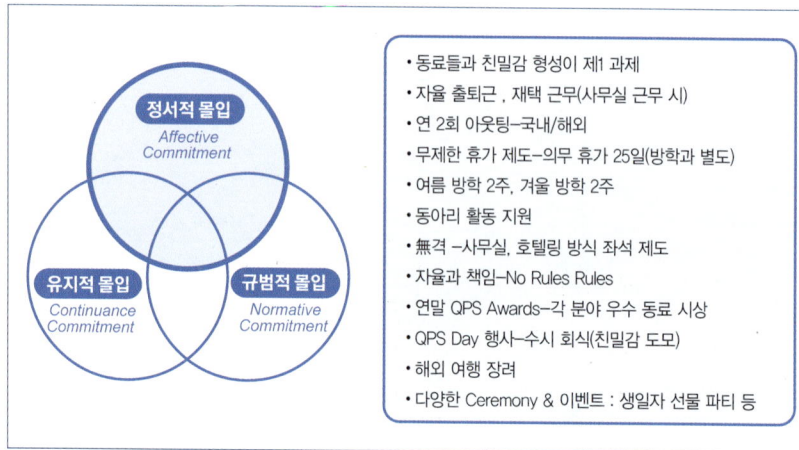

QPS에서 시행 중인 정서적 몰입을 위한 정책

 조직이 구성원들을 몰입시키기 위해서 이 세 가지 중 가장 중요한 것은 무엇인가?

 개개인이 조직 내에서 몰입하게 되는 근원을 살펴보는 것도 중요하지만 조직이 이 세 가지 축을 어떻게 지원하며 동기 부여해 갈 것인가는 더 중요하다. 20여 년간의 컨설팅 경험상, 대부분의 조직에서 이 세 가지 축의 균형이 깨져 있다는 것을 알 수 있었다. 이 세 가지가 모두 부족한 곳도 많았으며, 이 축 중 한 가지만 되면 동기 부여상 문제가 없다고 여기는 곳도 생각보다 많았다. QPS의 행복 경영을 위한 '존성유지자' 조직문화를 구현해 가면서 경험한 바로는 세 가지 축 모두 중요하다. 무엇이 더 중요하고 무엇이 더 중요하지 않다고 말할 수 없다. 따라서 QPS는 각 영역의 몰입감을 극대화시키기 위해서 다양한 지원과 활동을 실천하고 있으며, 균형감 있는 세 가지 축의 지원을 통해 QPS 동료들 모두가 업무에 집중하여 몰입하도록 돕는다.

 조직을 대하는 개개인의 태도인 조직 몰입이 이직에 대한 의도, 직무 성과, 조직 시민으로서의 행동 등 다양한 역할 수행에 영향을 미친다고 할 수 있다. 또한 조직 몰입은 자기 효능감(Self-efficacy)을 증대시키는데, 자

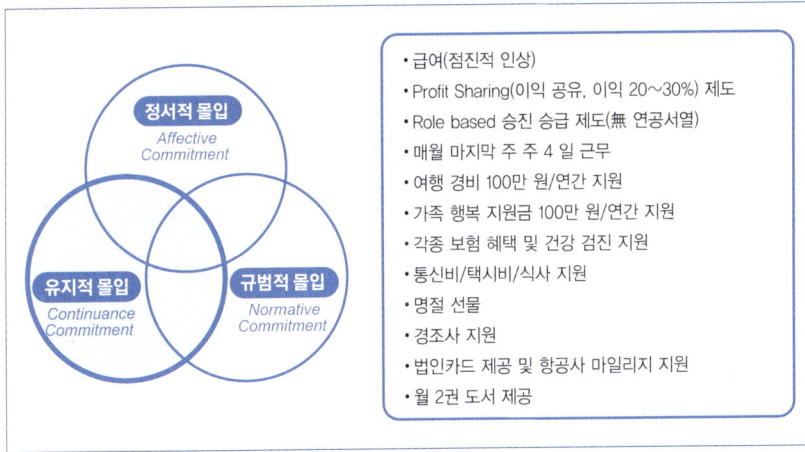

QPS에서 시행 중인 유지적 몰입을 위한 정책

기 효능감은 어떤 상황에서 적절한 행동을 할 수 있다는 기대와 신념을 말한다. 캐나다의 심리학자 앨버트 밴듀라(Albert Bandura)가 제시한 개념으로 자신의 능력을 발휘하여 특정 결과를 만들어낼 수 있다는 믿음을 의미한다. 예를 들어, 어떤 사람이 문제 해결 능력이 우수하다고 해도, 어려운 문제를 풀 수 있다는 자신감이 없다면 자기 효능감이 낮다고 할 수 있다. 반대로, 문제 해결 능력이 뛰어나지는 않지만, 노력하면 어떤 문제든 풀 수 있다고 믿는다면 자기 효능감이 높다고 할 수 있다. 자기 효능감은 우리의 행동, 동기, 그리고 감정에 큰 영향을 미친다. 자기 효능감이 높은 사람들은 어려운 과제에 더 적극적으로 도전하고, 실패에 굴하지 않고 끈기 있게 노력하는 경향이 있다. 또한, 스트레스 상황에서도 더 잘 대처하고, 전반적인 삶의 만족도 또한 높다. QPS 동료들은 정서적 몰입, 유지적 몰입, 규범적 몰입이라는 균형적인 3가지 축의 지원을 토대로 자기 효능감을 향상시켜 자신감 있게 업무를 대하고 문제를 해결해 나간다.

각 도표에 나와 있는 QPS의 사례처럼, 정서적, 유지적, 규범적 몰입의 균형을 이루는 것은 구성원들의 자기 효능감을 증진시키고, 이는 곧 조직 전체의 성과 향상으로 이어지는 선순환 구조를 구축하는 데 필수적이라

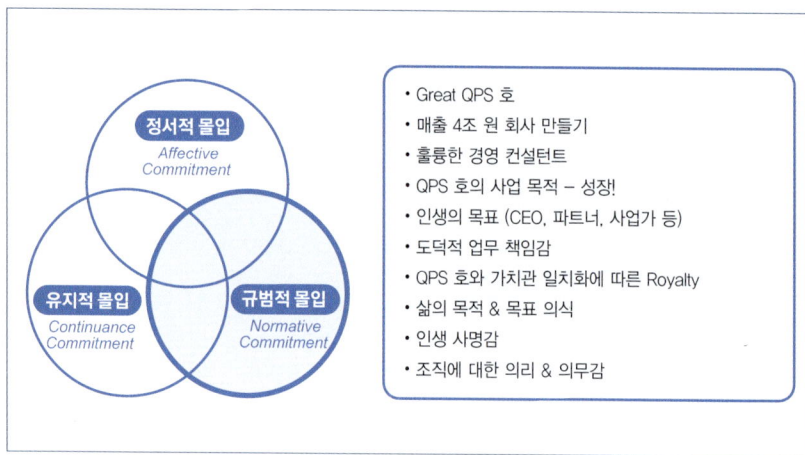

QPS에서 시행 중인 규범적 몰입을 위한 정책

할 수 있다. 따라서 조직은 구성원들이 각자의 방식으로 조직에 몰입하고, 그 몰입을 통해 긍정적인 결과를 창출할 수 있도록 다각적인 노력을 기울여야 한다. 이러한 노력을 통해 조직과 구성원 모두가 함께 성장하고 발전하는 이상적인 조직문화를 만들어 나갈 수 있다. QPS가 그렇듯이 말이다.

QPS 생활상

이 제 혁
Managing Director

하루하루 멋지게, 가슴 뛰는 삶을 살아가는 느낌입니다

'긍정·열정·진정'의 경영 이념, '존중·성장·유능·지지·자유'의 문화를 추구하는 기업 QPS! 일반적으로 기업에서 흔히 사용되고 강조하는 덕목이지만 이를 실제로 실천하며 우선시하는 기업을 찾기란 참 쉽지 않은 일입니다. 하지만 QPS는 이 덕목을 매우 중요하게 생각하고 실천에 옮기는 회사입니다. 우리는 서로의 실력과 역량을 자로 재듯 평가하기보다는 열정과 진정성을 가졌는지를 바라봅니다. 우리는 우리의 이념과 신념이 사내에서 실천될 때 비로소 개개인이 행복할 수 있으며 Client분들께도 감동을 드릴 수 있다고 믿고 있습니다. 일반 기업에서 오랜 경험을 쌓은 후에 합류한 저에게는 난생 처음 경험하게 된 조직문화였고 다소 낯선 부분이었습니다. 하지만 이제와 생각해 보니, 이를 통해 우리가 늘 자부심과 긍지를 가지게 된다는 것을 알게 되었고, QPS에 와서 가장 고맙게 생각하는 부분이 되었습니다. 경영 컨설팅이라는 업은 겉으로 멋져 보일 수 있으나 결코 쉽지 않은 직업입니다. 더구나 우리는 복장 및 스타일, 말하고 쓰는 단어, 손짓과 같은 제스처 하나하나까지도 엄격한 기준을 갖고 신뢰받을 수 있는 올바른 모습을 추구합니다. 기업의 개선 Lever를 찾고 Value 있는 Solution을 찾기 위해 치열하게 토론하며 밤을 지새기도 하지만 Client 분들께 인정받을 때 느껴지는 자긍심과 보람은 말로 다하기 힘들 정도입니다. 우리는 서로를 동료라 부르며 함께 눈물 흘리기도 하고, 술자리에서는 천진난만한 열정으로 뛰어 놀기도 합니다. 만약 만화 '원피스'와 드라마 '미생'을 보고 공감하며, 동경하는 직장과 조직생활을 꿈꿔 보셨다면, 저는 감히 우리가 QPS에서 이를 실천하며 이뤄가고 있다고 말씀드릴 수 있습니다. QPS에는 무언가 다르고 분명한 특별함이 있습니다. 그리고 우리는 항상 우리가 대단한 일을 해낼 것이라 믿고 있습니다. 제 글을 읽고 가슴 뛰는 분이 있으시다면 QPS에 지원하십시오. 새로운 바다로의 모험을 함께 할 수 있는, 멋진 동료를 기다리고 있습니다.

창립 7주년 기념 소감

'존성유지자'
제 삶의 방식입니다

정 경 의
Senior Consultant

'캡틴'은 천재적인 통찰력과 능력으로 팀을 이끄는 경이로운 분이십니다. 캡틴의 비전과 리더십 덕분에 우리는 언제나 멈추지 않고 앞으로 나아갈 수 있었습니다. 이런 천재적인 리더와 함께 일하는 것은 큰 영광이며, 캡틴은 우리 QPS의 핵심 아이콘입니다.(마음 속에 있던 진심을 나누는 기회를 주신 캡틴, 역시 천재이십니다 ^^) QPS의 조직문화인 '존성유지자'는 단순히 회사의 가치가 아니라 제가 직접 경험하고 체득하고 있는 삶의 방식입니다. 존중, 성장, 유능, 지지, 자유, 이 다섯 가지 가치는 제 업무와 삶 속에 깊이 스며들어 있으며, 매일 이를 실천하고 있습니다.

존중(Respect)

우리 회사는 직급과 연차에 상관없이 모두를 진심으로 존중합니다. 우리는 서로를 무한한 가능성을 지닌 사람으로 대하며, 누구나 미래의 리더가 될 수 있다는 믿음 속에서 존중받습니다. 저 또한 그런 존중을 받으며, 더 나은 사람이 되어야겠다는 동기를 얻습니다. 동료들의 가능성을 믿고, 함께 성장하는 과정에서 존중의 진정한 의미를 깨닫게 되었습니다.

성장(Growth)

돌이켜보면, 저는 정말 많이 성장했습니다. 우리는 항상 역량을 키울 수 있는 기회를 제공합니다. 이런 환경에서는 성장하지 않는 것이 오히려 더 어렵다고 느껴집니다. 특히 중요한 점은, 저 혼자만 성장하는 것이 아니라 동료들과 함께 성장한다는 것입니다. 서로가 서로에게 동기 부여가 되어, 함께 나아가는 이 문화 속에서 저는 더욱 도전적인 사람이 되어가고 있습니다.

유능(Competence)

 컨설턴트로서 유능함은 기본입니다. QPS에 입사한 후 어떤 문제에 부딪혀도 해결할 수 있다는 믿음을 갖게 되었습니다. '어쩔 수 없다'는 생각 대신 문제 해결을 위해 해결책을 찾고 실행하는 과정에서 스스로 유능함을 느끼는데, 그로 인한 성취감은 큰 힘이 됩니다.

지지(Support)

 힘든 순간에도 우리는 서로를 아끼고 지지합니다. QPS 멤버들은 단순한 직장 동료가 아닌 인생의 동반자처럼 느껴집니다. 제가 어려움에 처했을 때 무한히 지지해 준 동료 덕분에 힘을 낼 수 있었듯, 저도 동료들이 힘들어 할 때 그들에게 힘이 되어 주는 존재가 되고 싶습니다.

자유(Freedom)

 우리는 해야 할 일에 책임을 다하고, 그 외의 시간은 자유롭게 보냅니다. 즉, 책임을 다하면 자유도 함께 주어집니다. 제 시간을 어떻게 활용할지 스스로 고민하고 선택할 수 있는 환경 덕분에, 저는 Ownership을 가지고 일할 수 있었고 자연스럽게 일과 삶의 균형을 맞춰가고 있습니다. QPS의 조직문화를 통해 단순히 커리어를 쌓는 것을 넘어 진정으로 나아가고 있다는 느낌을 받습니다. '존성유지자'의 가치는 제 사고방식과 행동을 바꾸는 중요한 기준이 되었습니다. 앞으로도 더 깊이 체화하여 더 나은 방향으로 발전해 나가고 싶습니다.

2
존중

우리 동료들이 점심 식사든 저녁 식사든 잘 먹었으면 좋겠다. 인원이 많지 않아 직접 식당 운영을 할 순 없지만 점심 또는 저녁 식사든, 회식이 되었든 가격 신경 쓰지 않고 맛있는 음식을 잘 먹었으면 하는 마음으로 법인 카드 사용 제한을 두지 않는다.

존중의 실천 1: 먹는 데 돈 아끼지 맙시다

지난 20여 년간 컨설팅을 하면서 체감한 것 중에 직원들을 아끼고 존중하는 회사의 가장 기본적인 특징 세 가지가 있다. 첫째, 식사가 엄청 맛있다. 밥 한 끼 먹는 것이 대수이겠는가 생각할 수 있겠지만, 육체적 노동을 해야 하는 근로자 입장에서 생각해 보면 밥심으로 일한다고 할 수 있다. 밥 한 끼는 그냥 중요한 것이 아니라 매우 중요하다! 직원들을 존중하는 회사는 별도의 정규직 영양사를 고용해서 직접 식단을 짜고 요리하며, 반찬 가짓수도
많지만, 무엇보다 집밥처럼 밥맛이 좋다. 두 번째, 공장 어디를 가든 화장실이 깨끗하다. 좋은 식당에 가면 볼 수 있는 특징이기도 한데, 어떤 화장실이라도 내 집 화장실처럼 깨끗하고 청결한 상태를 유지하고 있다.

세 번째, 직원들의 안전에 대해 많은 신경을 쓴다. 직원들이 안전하게 일할 수 있는 환경 조성에 있어 경영자부터가 무척 예민하다. 폴 마르시아노의 저서 《존중하라》에서는 "직원의 몰입도를 결정하는 가장 중요한 문제는 '내가 조직 내에서 존중받고 있는가'이다."라며 존중받는다는 것은 '타인을 정성껏 대하는 것'이라고 언급했다. 존중은 거창한 것이 아닌, 아주 기초적이고 기본적인 것을 지켜나가는 것에서부터 시작된다.

직원들을 존중하기는커녕, 어떻게 하면 직원들을 최대 효율로 활용할까 만을 고민하는 회사는 이 세 가지 관리가 엉망이다. 아니, 아예 관심이 없다. 무슨 밥을 먹는지, 화장실이 깨끗한지 더러운지 아무도 개의치 않는다. 안전 관리는 말할 것도 없다. 그나마 최근에는 중대재해법 때문에 안전 관리에 대해 신경을 많이 쓰기 시작해서 다행이긴 하다. 이러한 문제의 해법은 의외로 간단한 질문에서 정석 답안을 찾을 수 있다.

내 집이라도 밥과 화장실 그리고 안전에 대해 그렇게 할 것인가? QPS를 창업하면서 다른 무엇보다 이 세 가지만큼은 고민을 많이 했다. 창업 초기부터 QPS 내에 어떤 제도를 도입해야 이 세 가지를 잘 지켜 갈 수 있을지가 고민이었다.

우리 동료들이 점심 식사든 저녁 식사든 잘 먹었으면 좋겠다. 인원이 많지 않아 직접 식당 운영을 할 순 없지만 점심 또는 저녁 식사든, 회식이 되었든 가격 신경 쓰지 않고 맛있는 음식을 잘 먹었으면 하는 마음으로 법인 카드 사용 제한을 두지 않는다. 인턴이든 그 누구든 알아서 원하는 것을 먹으면 된다. 어떨 땐 우리 동료 중에 비싼 식사를 시켜 놓고 다 먹지도 않고 많은 양을 남기는 것을 볼 때면 '이건 좀 심한데!'라는 생각이 들기도 한다. 하지만 어쩌겠는가! '입맛이 없거나 음식이 맛이 없어서였겠지' 하며 생각을 고쳐먹는다. 무엇보다 밥만큼은 눈치 안 보고 맛있는 음식으로 잘 먹어야 한다. 내가 종종 하는 말이 있다.

"우리 먹는 데 돈 아끼지 맙시다."

우리는 신규 동료를 영입하기 위한 면접이 3차까지 있다. 그중 2차는 디너 면접인데, 술자리의 태도를 보기 위해 술을 곁들인 식사 면접을 진행한다. 고객과의 술자리도 많고 무엇보다 술자리에서의 태도가 중요하기 때문에 반드시 술을 마시게 해 본다. 물론 술을 거부하거나 술을 아예 마시지 못하는 사람은 2차 면접까지 갈 이유도 없다. 당연한 거지만, 면접자가

QPS 사내 파티를 위한 뷔페 음식

QPS Day 술자리

술을 마신 후 복귀할 때는 반드시 회사 비용을 지불해서 택시를 태워서 보내 주는데, 안전한 귀가를 위해서다.

뉴커머로 새로 영입된 동료들은 술 자랑을 꽤나 하는 편이다. 주량이 얼마라는 둥 얼마까지 마셔봤다는 둥 대부분은 술을 제법 마신다고 자랑하는데, 실제 첫 회식을 하면 대부분이 KO 패 된다. 누군가에게 업혀 가거나 누군가의 케어를 받아야만 집에 돌아갈 정도로 취하게 된다. QPS 회식 자리처럼 그렇게 빨리, 많은 술을 마셔 본 적이 없을 것이기 때문이다. 술 앞에는 장사가 없다. 그래서 QPS에서는 공적인 단체 술자리든 삼삼오오 회식 자리든 술자리 후에는 반드시 회사 비용으로 택시 귀가를 하게 한다. 비용의 문제가 아니라 안전과 직결되는 문제이기 때문에 무엇보다 중요한 제도 중 하나이다.

우리는 컨설팅업의 특성상 고객 사이트가 지방에 많이 있어서 그만큼 지방 출장 또한 많다. 그러다 보니 대중교통 못지않게 자가 운전도 많이 하게 되는데, 항상 안전이 염려된다. 사내에 제도 하나를 만든다고 사고를 예방하긴 어렵겠지만, 만약 사고가 나더라도 충분한 보상이나 혜택이 주어질 수 있도록 개인 상해 보험과 개별 운전자 보험을 가입해서 운영하고 있다. 최소한의 안전 장치이지만 그나마 이런 보험이 있으니 조금은 걱정을 덜 수 있다.

우리 동료들만이 안전하고 행복한 것보다는 함께하는 가족이 건강하고 행복한 것이 더 중요할 수도 있다. 내 가족이 행복하지 않는데 어찌 우리 동료들이 행복할 수 있겠는가! QPS는 가족의 건강 진단을 위해 2년에 한 번씩은 친부모님과 배우자에 대한 건강 검진을 지원한다. 금액적으로 치면 얼마되지 않지만 이런 제도를 통해 우리 동료들이 가족 건강을 잘 챙길 수 있기를 바라본다. 이 제도 덕분에 배우자의 암을 조기에 발견해서 치료하게 된 동료도 있다. 부모님의 건강을 챙길 수 있게 되어서인지 동료들의 자긍심 또한 높아지는 계기가 된 듯하다. 지방에 계신 부모님이 서울 강남 한복판의 건강 검진 센터에서 검진을 받는다는 사실만으로도 크게 감동하고 좋아하셨다는 후문을 들을 때면 참 잘했다는 생각과 함께 나 스스로도 자긍심이 고취된다. 어서 빨리 배우자의 부모님 건강 검진까지도 확대해서 적용해야겠다는 다짐을 하게 된다.

QPS 오피스에 걸려 있는 QPS 5곡

가족의 행복을 위하는 것이 우리 동료들의 행복이요, 우리 동료들을 존중하는 것이라는 것을 알게 되어 새로운 복지 제도를 도입하고자 했을 때, CFO인 나유신 부대표가 '행복 지원금' 아이디어를 냈다. 미처 생각 못했었는데, 참 의미가 크겠다 싶어서 올해부터 연간 100만 원을 지원하고 있는데, 생각보다 반응이 좋은 듯하다. 내 돈으로 부모님께 근사한 밥 한 끼 산다는 게 부담일 수 있지만, 식사를 함께

QP5 삼삼오오 여행, 라오스에서 짚라인을 타며

하고, 가족과 함께 여행을 떠나고, 아이들을 위해 동화 전집을 사 주는 등 가족 행복을 위해 목돈을 내 돈처럼 쓸 수 있다는 사실만으로도 우리 동료들의 기쁨이 되는 듯하다. 어떤 동료는 '내 돈이면 잘 안 보게 되는, VIP석 뮤지컬을 보는 것 자체가 놀라운 일'이라며 가족들이 기분 좋은 감동을 받았다고 한다. 우리 동료들의 가족 분들이 웃을 수 있도록 만들어 주는 것, 이것이 바로 우리 동료들의 행복이요, 작지만 동료들의 자긍심을 높여주는 계기가 되는 듯하다.

QP5 오피스에서 홈파티

"대다수 기업의 사명 선언문을 보면 직원이 고객을 대하는 태도에 관한 문구가 어김없이 들어 있다. 그러나 동료들을 어떻게 대하라고 적시하는 경우는 극히 드물다. '직원들 서로가 존중하는 마음으로 대한다.'는 식의 간단한 문장 하나만 있어도 정중한 조직문화를 일구는 데 큰 도움이 된다."

조지타운 대학교 경영 대학원 교수인 크리스틴 포래스의 저서 《무례함의 비용》에 나오는 말이다. QPS는 행동 강령인 존성유지자 5콕(Code of Conduct)상에 존중에 대해 다음과 같이 명시하고 있다.

1. 우리는 자유로운 의사소통을 통해 격이 없는 조직을 추구한다.
2. 우리는 QPS호에 함께 탄 동료로서 서로를 믿고 신뢰하며 어디든 함께 간다.
3. 우리는 실력과 매력으로 고객으로부터 존경받기 위해 노력한다.
4. 우리는 동료들의 다양한 의견을 존중하고 적극 수렴하여 참여 경영을 실천한다.
5. 우리 옆에는 항상 나보다 더 훌륭한 동료가 있음을 생각하고, 함께한다.

물론 명문화에 그치지 않고 실제로 존중의 문화가 구현될 수 있도록 여러 노력을 해가고 있다. QPS는 동료를 선발할 때도 실력이나 학벌, 스펙, 배경보다는 그 사람 존재 자체에 대한 관심이 많다. QPS는 인재를 채용하지 않는다. 우리는 인재를 선발하는 것이 아니라 우리와 함께 호흡할 동료를 선발하려 한다. 평범하더라도 배경이나 스펙이 아닌 사람 자체를 바라보고자 노력하며 특히, 다른 사람을 존중할 줄 아는 사람을 선발하고자 한다. 평범한 동료를 선발하더라도 우리와 코드가 맞는 동료를 선발해서 그 동료가 인재가 되도록 다 함께 만들어 가는 것이 더 중요하다는 것을 알고 있기 때문이다.

인턴과 수습 과정까지는 평가를 통해 정직원으로 선발하지만, 탈락하더라도 본인이 희망할 경우 다시 한번 기회를 준다. 정직원이 된 이후 퇴사도 마찬가지인데, 아무리 역량이 부족하더라도 본인이 나가겠다고 말하지 않는 이상 절대 내보내지 않는다. QPS는 우리 동료들이 성장할 때까지, 변화가 시작될 때까지 믿고 기다려 준다. 무엇보다 중요한 것은 사람 자체에 대한 존중이기 때문이다.

  QPS는 다양한 이벤트를 통해, 삼삼오오 술자리를 통해서 동료들의 의견을 청취한다. 동료들의 목소리에 귀 기울이는 것 또한 존중의 방식이기 때문이다. 술자리에서 나온 의견이 QPS 정책에 반영된 경우도 많고 회사 정책이나 결정 사항을 정함에 있어서 공모 이벤트를 적극 활용하는 경우도 있다. '큐포트(Q Port)'라는 QPS 오피스 이름도, 'BBM(Big Bang Meeting)'이라는 QPS만의 타운홀 미팅 이름도 공모 이벤트를 통해서 다수결로 선발해 최종 결정했다.

명칭	응답6	응답7	응답8	응답9	응답10	응답11	응답12	응답13	응답14	응답15	응답17	응답18	응답19	응답20	응답21	응답25	응답26	응답29	합계
Q1		1							1	1				1	1	1			8
이스트블루		1			1		1		1	1						1	1		7
Q포트			1		1						1	1	1	1					7
써니호			1	1					1			1	1					1	6
큐홀					1		1	1						1	1	1			6
Q Base						1			1					1	1	1			5
Q-pital (큐피탈)	1		1	1							1								4
BBQ (비비오)				1			1			1		1							4
몽땅	1					1	1									1			4
Q-Spot (큐스팟)	1						1			1					1				4
Q Dot	1				1		1									1			4
센텀 QPS(OQ)					1					1						1	1		4
베이스캠프			1											1			1		3
퀀텀버스(Quantumverse)						1		1		1									3
시안이네										1						1			2
Sync Camp	1															1			2
퀀트 서울		1									1								2
Qamp						1	1												2
Q바								1		1									2
QPS Imagination Office														1	1				2
QP						1											1		2
HQ									1										1
QPN 서울		1																	1
QPS Solidarity Office			1																1
OQpy (OQ)					1														1
Q팰리스																1			1
그란디스		1																	1
QH																	1	1	1

❀ 월례 미팅 명칭 공모 (가장 마음에 드는 5개 선택)

교과서적으로 보면 직원을 존중하는 회사는 높은 직원 만족도와 생산성을 이끌어낸다고 하며, 직원들에게 소속감과 자긍심을 심어주고, 회사에 대한 충성도를 높이는 데 기여한다고 한다. 그러나 QPS의 존중 문화 구현의 목적은 우리 동료들의 충성도를 높이고 소속감을 고취시키기 위해서가 아니다. 그저 기업이라면, 조직을 운영하는 곳이라면 당연히 그래야 하기 때문이다.

존엄 연구의 권위자인 도나 힉스의 저서 《일터의 품격》에는 이런 말이 나온다.

> "국제 분쟁 분야에서 25년 간 일하면서 나의 관심을 끈 것은 갈등이 아니었다. 정말로 내 마음을 사로잡은 것은 사랑이었다. 본질적으로 사랑이 없는 곳에 갈등이 싹트며, 세계의 폭력과 고통을 끝내기를 원한다면 더 잘 사랑하는 법을 배울 필요가 있음을 깨닫는 데 꽤 오랜 시간이 걸렸다. 존엄의 핵심은 사랑이다."

제도적으로 동료들을 존중하는 시스템이나 체계를 만든다고 존중 문화가 구현되는 것은 결코 아니다. 존중을 위한 제도라는 것은 진심으로 인정해 주고, 알아주고, 존중하고, 사랑하는 마음이 어떤 형태로든 표현된 것일 뿐이다. 존중의 근간은 도나 힉스의 말처럼 사랑하는 마음에 있다. 나는 QPS 동료들 한 명, 한 명을 진심으로 사랑한다. 아직 많이 부족하기 때문에, 나 스스로가 QPS의 존중 문화 구현에 대해 이런 글을 적는다는 것 자체가 부끄럽기 그지없지만, 작은 것 하나부터 우리 동료들이 진정으로 존중받을 수 있도록 만들어 갈 것이며, 우리 동료들이 정중하고 친밀한 정서 속에서 성장에만 집중할 수 있도록 QPS의 '존중 품격'을 점차 높여 나갈 것이다.

호칭의 힘

QPS는 직무를 수행하는 사람이라는 뜻의 '직원'이라는 표현을 사용하지 않는다. 우리는 어딘가에 귀속되어 직무를 수행하는 사람이 아니라, 상호 의존하며 운명 공동체로써 함께 일하고 서로 협력하여 비전을 향해 나아가는 사람들이기 때문이다. 우리는 직원이 아니라 동료다! 동료의 '동'은 '같이' 또는 '함께'라는 의미이고, '료'는 '친구'나 '동반자'라는 뜻인데 '같이 일하는 친구', '함께 일하는 사람'이라는 의미로 해석할 수 있다. QPS는 특정 한 사람에 의해 운영되는 회사가 아니라 모든 동료가 유대감과 협력을 통해 함께 일하고 집단 지성으로 문제를 풀어가는 조직이다.

QPS는 존중의 문화 구현을 위해 상하, 상호 간에 존댓말 사용을 원칙으로 한다. 아무리 직급이 높아도 직급이 낮은 사람에, 심지어는 인턴에게조차 존댓말을 사용한다. 호칭을 부를 때는 "김 선임님", "승 책임님"과 같이 반드시 끝에 '님' 자를 붙이도록 한다. 물론, 존댓말을 사용한다고, 호칭 말미에 님 자를 붙인다고 해서 조직 내에 존중 문화가 구현되는 것은 아니지만 이 작은 행위 하나부터 존중에서 벗어남이 없도록 하고, 존중하지 않을 여지를 아예 없애기 위함이다.

이제는 워낙 습관이 되다 보니 QPS 동료가 아닌 외부 사람들을 만나도, 심지어는 우리 동료들의 큰 자녀들을 만나도 반말이 쉽게 나오지 않는다. 오히려 존댓말을 쓰는 것이 더 편하다. 기분이 좋아서 웃는 것이 아니라

웃다 보니 기분이 좋아진다고, 우리가 사용하는 사소한 말이나 행동 하나를 바꾸면 생각이 달라진다. 뭔가 개선하기 위해서는 생각을 바꾸려 하지 말고 말과 행동부터 고쳐야 한다. 기분이 나쁠 땐 무엇보다 입가에 웃음을 지으며 활짝 웃고, 감정이 상할 때면 "아~ 기분 좋다!"라고 외쳐 보자. 생각이 부정적인 잡념으로 가득 차기 전에 말이다. 내용을 통해 형식을 가꾼다지만, 형식이 내용을 만들기도 한다.

스무 살 초반에, 내 인생 책이라 할 수 있는 카네기 인생 전집 6권을 만났다. 사람과의 관계에 대해 고민이 많았던 당시 나에게는 목마름을 채워주는 샘물과도 같은 책이었다. 그중 한 권이며 스테디 셀러이기도 한 《카네기 인간관계론》이란 책에는 사람과의 관계를 잘하기 위한 여러 방법과 사례가 소개되어 있다. 특히, 무엇보다 중요한 것으로, 만나는 사람마다 이름을 기억하고 불러주라는 대목이 나온다. 당시는 별로 대수롭지 않게 여겼지만, 그 책을 읽은 후로 새로운 사람을 만날 때마다 이름을 외웠다가 다시 만날 때 불러줬더니 반응이 놀라웠다. 별것 아닌 것 같지만, 사람의 이름을 기억하고 불러주는 것은 상대방의 존재감을 높여주고 유대감을 강화해서 상대에게 좋은 인상을 심어줄 수 있기 때문이다.

《카네기 인간관계론》 표지

이름을 외워서 불러주는 것과 관련해 기억에 남는 에피소드가 하나 있다. 서울에 본사를 두고 전주/울산 공장, 대전 연구소까지 총 4개 사이트가 있는 H사에서 원가 절감 프로젝트를 진행할 때의 일이다. 그 당시 전주 공장을 맡고 있던 A 공장장은 본사의 결정에 따라 진행하는 컨설팅 프로젝트가 맘에 들지 않았던지 관심이 별로 없었고, PM이던 나를 외면하기 일쑤였다. 그러던 중 관리자 40여 명이 모인 회식 자리를 함께할 기회가 있었다. 그때 A 공장장이 나를 시험하기 위해서 그 자리에 모인 사람들에게 이렇게 주문했다.

"자, 오늘 여기 있는 사람들은 최 본부장한테 무조건 술 한 잔씩 다 따라라."

내가 얼마나 잘 견디는지 보겠다는 심산이었다. 사실, 이 회식이 있기 전, 프로젝트 성공을 위해 관리자들의 이름을 전부 다 외우겠다는 목표를 세우고 입수한 인명부 사진을 보며 모조리 다 외워 버렸다. 그날 회식 자리에서 40여 명의 술잔을 일일이 다 받았는데, 술을 받을 때마다 상대방의 이름과 직급을 불러 주었다.

"생산 2팀장, 홍길동 부장님이죠?"

다들 눈을 동그랗게 뜨며 놀랐다.

"아니 어떻게 아셨어요? 저 아세요?"

40여 잔의 술을 마신 것도 대단한 일인데, 처음 본 사람의 이름까지 기억하고 불러 주었으니 갑자기 내가 엄청난 사람이 되어 버렸다. 그날 이후 A 공장장은 나를 인정하기 시작했고 프로젝트에도 적극 협조하여 Scope에도 없던 공장 전반에 대한 3정 5S, AWO(Action Work-out) 활동까지 확대해서 추진하며, 전사적인 변화 분위기를 조성할 수 있었다. 프로젝트 성공은 말할 것도 없다.

2006년 C사 프로젝트를 하면서 놀란 적이 있다. 그 당시 매우 보수적이던 대기업 문화에서는 볼 수 없는 '님' 문화가 있었기 때문이다. C사는 일찌감치 '님' 문화를 도입해서 직급이나 직책 대신 이름 뒤에 '님' 자를 붙여서 불렀다. 임원이든 말단 직원이든 상관없이 "홍길동 님", 그룹 회장께도 직책은 빼고 이름과 '님'만을 붙여서 호칭했다. 유연하고 부드러운 문화를 구축하기 위해서 도입했다고 하는데, 물론 그에 따른 부작용도 있었지만, 당시에는 센세이션이었다.

　미국이든 유럽이든 아시아든 한국이든 누군가가 내 이름을 불러주거나 나를 알아보고 한 사람으로서 인정해 주는 것은 상대방의 존재감을 높여 주는 데 있어 매우 중요하다. 물론 상대방을 알아주는 방법은 국가마다 다른데, 미국 기업에서는 직급을 부르지 않고 상호 이름을 부른다. 직급에 관계없이 "Hi, Tom.", "Good Morning, Jane." 이런 식으로 서로의 직책 대신 이름을 부른다.

　QPS의 베트남 법인인 QPS비나는 또 다르다. 베트남에서는 직급 대신 나이에 따른 호칭을 사용하기 때문에 한국 동료들이 베트남 동료들을 부를 때 "뚜이 선임 님"이라고 호칭하지만, 베트남 동료들 간의 호칭은 나이를 구분해서 호칭한다. 아무리 직급이 낮더라도 나이가 많으면 '형'이나 '누나'로 부르고 아무리 직급이 높아도 나보다 나이가 어리면 '동생'으로 부른다. 비계급을 지향하고 유교의 영향까지 받은 베트남 민족의 문화 때문일 텐데, 사람들과의 사회적 유대감을 강화하기 위함이 아닌가 생각된다.

QPS 베트남 법인, 하노이에 위치한 QPS VINA에서

　누군가에게 나는 뭐라고 불릴 것인가? 호칭은 상당히 중요하다. 내가 어떤 한 사람의 존재로써 인정받는 것이 호칭으로 나타나기 때문이다. 최근 대기업에서는 유연하고 수평적인 조직문화 구현을 위해서 직급을 최소 단계로 줄이거나 임원 이하는 '프로'라는 직급으로 통일해서 호칭하는 트렌드가 생겨나고 있다. 직급 단계를 줄인다고 수직적인 문화가 수평적으로 바뀌는 것은 아니다. 오히려 직급을 줄임으로써 각 개인의 존재감은 떨어지고 외부에 비치는 권위가 하락하는 경향도 있는 듯하다.

한국 사회에서 호칭은 더 중요하다. 전 세계적으로 따져 볼 때 주변 사람들의 반응이나 사회적인 시선을 가장 많이 의식하는 한국인들의 정서 때문이다. 한국에서는 호칭을 좌우하는 직급 체계 또한 중요하다고 여긴다. 한국인들은 직급 호칭을 통해 사회적인 성공이나 지위의 정도, 명예를 따지는 경향이 강하기 때문이다.

"우리 아들이 부장이야."

"우리 딸이 이번에 상무됐어."

"엄마, 나 이번에 이사 달았어."

직급 체계가 줄어들고 승진을 해도 같은 직급에 머무른다면 인생의 몇 안 되는 승진의 기쁨이 줄어들고 그만큼 사회적인 인정의 정도 또한 감소할 수밖에 없다.

QPS는 경영 컨설팅 및 M&A 자문과 교육 훈련, 코칭 서비스를 제공하는 서비스 산업이다. 서비스 산업에서는 대외적인 직급 호칭의 힘이 매우 크다고 할 수 있다. 예를 들면 내가 부장으로서 고객을 대하는 것과 대리로서 고객을 대하는 것은 다른 느낌을 주기 때문이다. 서비스를 제공받는 사람들 입장에서는 높은 직급의 사람이 나를 케어해 줄 때 전문성을 더 인정하고 안심할 수 있다. 그래서 QPS에는 사원이라는 직책이 없다. 바로 대리급인 '선임'이고 되고 과장급인 '책임'이 된다. 타이틀이 주어지면 또 그 타이틀에 걸맞은 생각과 행동을 하기 때문에 직급을 높게 부여한다. 고객은 물론 대외적으로도 전문성을 인정받거나 존중받을 여지 또한 커진다. 호칭은 상대방의 나에 대한 태도마저도 바꾸게 만든다.

수직적인 조직문화를 유연하고 수평적인 조직문화로 만들기 위해서 직급을 줄이거나 이름 끝에 님 자를 붙이고 아예 직급을 통일하는 경향에 대해서 나는 반대하는 입장이다. 한국 사회에서는 주변의 시선이 매우 중요하고 조직 대내외적으로 불리는 직급 역시 대단히 중요하게 인식되기 때문이다. QPS 직급은 선임 > 책임 > 수석 > 이사 > 상무 > 파트너 체계이고, 직책으로는 Sub-leader > PM > 부대표 > 대표가 있다.

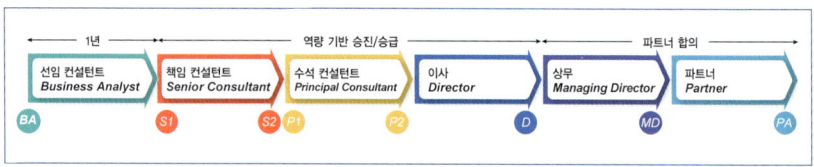

※ QPS 직급 체계

    동일 직급 내에 Grade를 구분하여 책임 1 레벨, 책임 2 레벨 등 역량에 따라 승급 기회를 주어서 다음 단계의 직급이 되기 전에라도 레벨 업에 대한 동기를 부여하고 있다. 최근 스타트업들의 이름을 부르는 호칭 문화나 대기업 중심의 직책을 줄이는 사회적 트렌드는 QPS에 있어 큰 의미가 없다.

    우리가 호칭과 관련해서 흔히 하는 실수 중에 "장 대표님" 하며 나보다 직급이 위인 상사에게 성을 붙여서 호칭하는 경우가 있는데, 성을 붙여서 부르면 그 직급의 여러 사람 중에 하나라는 인식을 준다. 그냥 '대표님'이라고 불러야 듣는 사람도 기분이 좋다. 누군가와 구별해야 하는 상황이 아니라면 가급적 성을 생략한 채 직급만을 호칭하는 것이 상대방에게 더 좋은 느낌을 줄 수 있다. '감 대표님'이라 부르면 '대표님'이라고 부르는 것과는 뉘앙스가 달라진다. 성을 빼고 호칭할 때 내가 당신을 더 존경하고 잘 따르겠다는 친밀한 애착 느낌을 주게 된다. 성을 붙여서 '감 대표님'이라고 부르면 당신은 나에게 있어서 여러 대표 중 한 사람, 'One of them'이라는 인식을 준다.

    창업 초기에 주니어 동료들이 입사해서 나를 '최 대표님'이라고 부른 적이 있었다. 그럴 때마다 "우리 회사에 대표가 나 하나인데 왜 자꾸 '최 대표님'이라고 부를까! 별로다!"라고 말했던 기억이 난다. 마치 내가 다른 회사의 대표인 듯한 느낌을 받았다. 아무것도 아닌 것 같지만, 아 다르고 어 다르다고 호칭을 어떻게 하느냐는 상당히 중요하다. 호칭 하나로 다른 느낌을 주고 상대방과 교감, 공감, 친밀감의 정도를 다르게 만들 수 있다. 아무것도 아닌 호칭이라고 무시하지 마라. 작은 호칭이 관계에 있어서는 큰 차이를 만든다.

얼마 전부터 사내에서 나를 부르는 호칭이 '캡틴'으로 바뀌었다. QPS Alliance 내 3개 법인이 있고 대표들이 많아지면서 호칭이 헷갈리기도 하고, 대부분의 일을 대표들에게 위임하면서 내 역할도 바뀌어야 하기 때문이기도 하다. 무엇보다 나 스스로가 권위나 힘을 빼고 우리 동료들이 나를 좀 더 편하게 대하면 좋을 듯해서 QPS의 선장을 상징하는 '캡틴'으로 정했다. 동료들은 이제 더 이상 나를 '대표님'이라고 부르지 않는다. 아니 이젠 '대표님'이라고 부르는 게 더 어색하다고 한다. 우리 동료들이 '캡틴'이라고 부를 때 나도 기분이 좋다! 호칭 하나가

QPS 베트남 법인, QPS VINA 뚜이 선임이 화이트 보드에 그려 준 환영 메시지

바뀌었을 뿐인데, 동료들이 나를 더 친근하게 대하는 느낌이 들고, 동료들 또한 나를 전보다 더 편하게 부르고 쉽게 다가오는 듯하다.

예전엔 나보다 후배이거나 직급이 낮은 동료들을 부를 때면 항상 직급 앞에 성을 붙여서 '이 수석님', '이 상무님' 이렇게 불렀다. 사내에서는 약칭으로 부르기도 해서 '유책님', '최선님'이라고 친근하게 부르기도 한다. 얼마 전부터는 나보다 아래 사람들이라도 리더 역할을 하는 동료들을 호칭할 때는 성을 빼기 시작했다. '수석님', '이사님', '상무님', '부대표님'이라 호칭하며 더 존중해 드리기 위해 노력 중이다. 회사에서 최고 대빵인 내가 성을 포함해서 부를 때와는 다른 느낌이 들 것이다. 물론, 좋을 수도 있고 부담스러울 수도 있겠지만, 성을 붙여서 호칭하는 것보다는 더 존중받는 느낌을 받을 것이다.

QPS에서 내 직책도 대표지만 나 말고도 대표가 세 명이나 더 있다. 오랜 세월 동안 후배였지만 어느덧 나와 같은 직책이 된 동료들을 호칭할 때 성을 떼고 '대표님'이라고 부르기엔 낯설기도 하고 어렵고 어색했다. 수석, 이사, 상무, 부대표인 동료들에게는 쉽게 성을 빼고 호칭했지만, 대표 자리에 있는 후배 동료들에게는 "대표님" 하면 마치 나보다 윗사람을 부르는 느낌이 들어서 쉽게 나오지 않았다. 고객사 대표들께는 '대표님', 또는 '사장님'이라고 쉽게 호칭하지만 사내에선 "윤 대표님", "감 대표님", "장 대표님" 하며 항상 성을 붙여서 호칭했다. 하지만 이제 호칭을 대표님으로 바꾸려 한다. 대표로서 역할을 수행하는 사람들이기에 더욱 존중하고 잘 모셔야 하기 때문이다. 아무것도 아닌 형식에 불과한 듯하지만, 작은 호칭 하나가 관계를 개선하고 조직의 정서를 만든다.

QPS호 이야기 1 – 공간에 대한 오너십

군 생활 동안 많은 보직 이동이 있었고 그때마다 어떻게 하면 더 나은 조직, 의식이 깨인 조직으로 만들어갈 것인가에 대한 고민을 했던 것 같다. 항공 전단에서 무장 중대장으로 부임할 당시 조직의 매너리즘을 깨고 변화를 주기 위해서 5S(청소, 청결, 정리, 정돈, 습관화)부터 시작했다. 중대원들과 하나되어 화장실을 깨끗하게 바꾸고 명언판을 비치해서 매주 명언을 교체했다. 의식 개혁을 위해서 책장을 구입하여 매월 2~3권의 신간 서적을 사서 비치하고, 사무실 곳곳의 더러운 곳을 정리해 깔끔하게 바꾸어 나갔다. 공간의 변화가 시발점이 되었을까, 처음에는 반발하던 중대원들이 서서히 나를 따르기 시작했다. 함대 탄약창에서 본부 대장을 하면서도 가장 먼저 화장실부터 바꿨다.

현재 QPS 비서실장으로 함께하고 있는 동료인, 당시 분대장이었던 김훈태 중사와 둘이서 팔을 걷어붙이고 직접 내무반 화장실 청소부터 시작했다. 우리집 화장실보다 더 깨끗하고 청결한 화장실로 만들기 위해 띠벽지도 사서 붙이고 꽃과 명언판도 부착했다. 썰렁하기만 했던 화단에 꽃을 심고 내무반 환경 미화 경연 대회를 개최해 병사들 마음대로 내무반을 꾸미도록 자유를 주었다.

부대원들에게 공간에 대한 주인 의식을 부여하기 위해서였다. 처음에는 벽에 페인트를 마음대로 칠해도 되느냐며 묻기도 했지만 결국 나중에는 당황스러울 정도로 온 벽이 그들만의 그림과 무늬로 도배되어 갔다.

해군 장교 시절

장교 시절 내무반 환경 미화 경연 대회 심사 중

여러 공간에 대한 변화가 있은 이후 부대원들의 생각과 행동 변화는 굳이 말할 것도 없다. 내무반이 활기차게 바뀌었고 좀 더 따뜻한 정서로 변모되었으며, 내무 대원 간의 교감과 친밀도가 훨씬 좋아졌다. 군기 면에서도 기강이 잡혔으며 병들이 간부를 대하는 마음과 태도 또한 달라졌다. 주변 환경과 공간에 대한 주인 의식, 즉 내 집과 같은 느낌이 드는 공간으로의 변화가 사람들의 의식마저 바꾸어 놓았다.

과거의 경험을 반추해 보고 관련된 이론적 근거를 보더라도 모든 변화의 시작은 내 주변 환경에 대한 주인 의식을 만들어 가는 것부터 시작됨을 알 수 있다. 직원들이 얼마나 자기 주변 공간에 대해 주인 의식을 가지고 있고 또 이를 회사가 얼마나 장려하는지가 결국 조직의 문화를 바꾸어 놓는다.

마이클 레빈의 저서 《깨진 유리창 법칙》이란 책에서도 더러운 화장실이 비즈니스를 망친다고 강조한다. 줄리아니 뉴욕 시장이 범죄와의 전쟁 선포에서 가장 먼저 행한 일도 바로 지하철 주변의 깨진 유리창을 보수하고 낙서를 닦는 일부터였다.

깨진 채 방치된 유리창이 시민들의 공포와 무질서, 나아가 범죄를 불러 일으킨다는 사실에 주목한 것이다. 이는 더러운 화장실에서는 침을 쉽게 뱉더라도 고급 호텔처럼 깨끗한 화장실에서는 침을 쉽게 뱉지 못하게 되는 이치와 같다.

식당의 수준을 보려면 가장 더러울 수 있는 공간인 화장실부터 봐야 한다는 말은 정말 일리가 있다. 사소한 공간에서부터 사장과 직원들이 얼마나 주인의식을 가지고 통제하며 그 공간에 의미와 가치를 부여하고 있는지가 그 식당 전체의 질을 가늠하는 척도가 될 수 있기 때문이다.

ⓒChatGPT

나는 오래 전부터의 경험을 통해 공간에 대한 오너십이 비즈니스의 성패를 좌우할 정도로 상당히 중요하다고 믿게 되었다. 컨설팅을 하기 위해서 회사를 방문해 보면 이 회사가 얼마나 주인 정신으로 관리되는 곳인지 한눈에 알 수 있다. 공간 오너십이 탁월한 곳은 일사 분란한 정리정돈이 이루어지고 불필요하게 방치된 물건이나 서류 자체가 없다. 화장실이 지저분한데도 아무도 신경 쓰지 않고 사무실 내에 불필요한 문서나 집기류가 잔뜩 널려 있어도 누구 하나 내 것인 양 돌아보지 않는 곳도 많다. 만약, 내 집이라도 저렇게 했을까? 도무지 이해가 안 가는 대목이다.

컨설팅 프로그램 중에 AWO(Action Work-out)라는 현장, 즉 실천 활동이 있다. 1박 2일 또는 3박 4일 동안 6~8명씩 조를 짜서 사무실이나 기계 설비, 현장 곳곳을 나눠서 맡아 대청소하고 깨끗하게 만드는 활동이다. 이때면 우리도 양복을 벗어 작업복으로 갈아 입고, 양 팔을 걷어 부친 채 청소하고 기계를 닦는다. 비질을 하고 기름으로 얼룩진 바닥을 청소하고 설비에 페인트를 칠하며 고객분들과 함께 먼지 낀 현장 바닥을 뒹굴어가며 깨끗하고 일하기 편한 작업 환경으로 탈바꿈시켜 나간다.

AWO 시작 즈음엔 꺼려하고 당황한 기색이 역력하던 고객분들도 서서히 변화되어 어떻게 하면 깨끗한 작업장이 될 수 있는지, 어떻게 하면 작업자가 편한 공간으로 만들 것인지에 대해 고민하기 시작한다. 왜 먼지가 날 수밖에 없는 환경인지, 왜 이 공구가 여기에 위치해야 하는지, 일과 공간에 대한 의미를 부여하기 시작하면서 변화 의지 또한 증폭되어 간다. AWO 활동은 켄 블랜차드의 경영 소설 《경호》에서 읽은 현장에서의 혁신과 보람을 직접 체험하고 정립할 수 있는 좋은 계기가 된다.

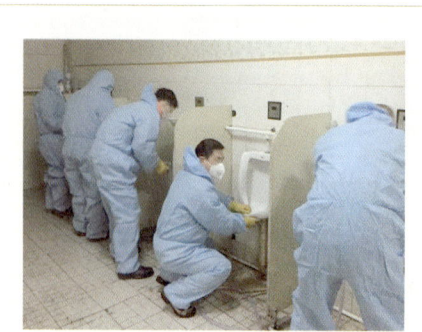

중국 K사에서 AWO(Action-work) 활동으로 화장실 청소 중인 필자

깨끗하고 가치 있는 작업 환경! 모든 일에 가치를 부여하고 생각하는 팀원! 상호 신뢰를 바탕으로 열정과 긍정 에너지를 발산하는 문화! 이런 작지만 의미를 추구하는 공간에 대한 개선이 큰 변화의 초석을 이룬다. 사소한 사물이나 공간도 그냥 두지 않고 의미와 가치를 부여하는 것이 바로 조직 변화의 시작으로 작용하는 것이다. 공간에 대한 오너십을 만들기 위한 AWO 활동이지만 궁극에는 구성원들의 생각과 행동을 바꾸어 변화를 촉진시킨다.

경영학의 구루, 톰 피터스가 격찬한 세계적인 혁신 회사 IDEO(이데오)사에서도 공간에 대한 주인 의식이 결국 창의성으로 이어짐을 강조하고 있다. IDEO사의 사장인 톰 켈리는 그의 저서 《유쾌한 이노베이션》에서 이 부분을 명쾌하게 설명해 주고 있다. 일하는 공간을 부차적이고 사소한 것으로 여기지 말고 업무 공간을 최고의 자산으로 생각해야 함을 강조한다. 즉, 일하는 공간은 혁신을 일으키는 온실이라는 것이다. 내 자리의 주인은 나라는 인식과 공간에 대한 자율이 주어질 때 사람들은 변화하기 시작하고 더 나아가 창의적으로 생각하기 시작한다. 직원들에게 직장에 대한 주인 의식을 안겨주면, 아주 긍정적인 결과가 나타난다고 강조한다.

"회사의 사무실 공간은 조직에 대한 일종의 신체 언어로서 물리적 작업 환경을 나타낸다"

톰 켈리는 사무실 그리고 작업 공간은 기업 문화에 대해 많은 것을 말해주며 혁신과 공간 사이의 상관관계를 무시하면 안 된다고 말한다. 《마지막 강의》의 저자, 랜디 포시 교수도 어릴 때 자기 방을 맘대로 칠하고 맘대로 꾸밀 수 있는 자유를 통해 창의적인 발상과 꿈꾸기가 가능했다고 말했다. 부모의 입장에서 생각해 보더라도 아이들에게 맘껏 꾸미고 바꿀 수 있는 공간의 자유와 통제권을 허락하는 것이 아이의 일생마저도 바꿀 수 있음을 간과해서는 안 되겠다.

이렇듯 공간의 변화는 물리적인 변화를 넘어 사람의 의식마저 쉽게 변화시킨다. 조직 혁신과 변화의 시작은 바로 공간에 대한 오너십을 갖추는 것부터가 시작인 셈이다. 개인과 조직의 변화와 혁신은 먼 곳에 있지 않다. 바로 내 주변 환경, 내 주변 공간에 대한 통제권을 갖는 것에서부터 시작된다. 아무렇게나 놓여 있는 책, 아무렇게나 방치된 서랍장, 아무도 신경 쓰지 않는 벽의 그림들로는 직원들의 생각을 바꿀 수 없다. 작은 공간이라 할지라도 각각의 공간에 특별한 의미를 부여하는 것부터 도모해야만 큰 변화의 파장으로 이어질 수 있다. 이런 공간 오너십은 결국 조직의 문화로 귀결된다.

전에 다니던 회사에선 분위기 탓이었겠지만, 후배들이 회사에 출근하는

QPS 6호 오피스 전경

QPS 오피스에 걸려 있는 원피스 써니호 프라모델

것 자체를 꺼려했다. 어떻게 하면 사이트로 나갈지에 대해서만 궁리했고, 사무실에 출근하는 것은 다들 싫어했다. 그래서 프로젝트를 마치고 사무실로 복귀할 때면 후배들은 장기간 휴가를 보냈고, 사무실에는 내가 남았다. 사이트에 나갔을 때도 가급적 사무실에 남아 있는 후배들을 사이트로 데리고 오기 위해 노력했다. 그 당시 우리들에게 있어서 사무실이라는 곳이 주는 느낌은 포근하고 돌아가고 싶은 장소가 아니라 스트레스 가득한 장소였기에 공간에 대한 오너십은 기대조차 못했다.

QPS를 창업하면서 공간에 대한 오너십을 적용해보고 싶다는 욕심도 많았지만, 사업 초기라서 돈이 궁했다. 대출을 받아서 겨우 운영하는 탓에 공간에 대한 투자는 꿈도 못 꾸었고, 창업 시 투자 받은 회사 한 켠에 있는 1.5평도 안 되는 작은 회의실에 얹혀 살아야 했다. 회의할 공간이 없어서 '토즈' 같은

QPS의 2호 오피스인 9인실 공유 오피스

대여 회의 공간에서 미팅 중인 필자와 파트너들

회의 공간을 빌려서 여기저기를 떠돌기도 했다.

그 작은 공간마저도 그저 감사할 따름이었지만, 동료들이 하나둘 늘어나면서 공간에 대한 욕심은 점점 커져만 갔다. 창업 2년 차가 되던 해 동료들이 6명으로 늘어나면서 드디어 우리들만의 오피스를 만들어야겠다는 마음을 먹게 되었고, 6평 규모, 9인실 정도의 공유 오피스를 얻어서 현재 QPS호 모태가 탄생하게 되었다. 그때 그 흥분과 감격은 지금도 선명하게 떠오를 정도로 생생하다!

QPS호 이야기 2 - 업그레이드 큐포트

    우리들만의 QPS호가 생기고 나니 드디어 우리는 공간에 대한 자유를 얻었고, 그 즉시 오너십이 발동되었다. 장식장을 구매해서 피규어를 사 모아 전시했다. 또한 원피스 해적단의 써니호와 메리고잉호 프라모델을 조립해서 천장에 매달았다. 비록 작은 공간이지만 우리들만의 상징물로 공간을 가득 채우고 싶었다. 프라모델을 조립하고 피규어를 하나둘 사 모을 때마다 가슴 떨리는 흥분과 감동이 밀려왔다. 우리 맘대로 우리만의 공간을 꾸밀 수 있다는 사실만으로도 그저 행복하고 좋았다! 그때부터 우리는 오피스에서 온종일 좋은 음악도 틀어 놓고 들을 수 있었다.
    공간이 생긴 지 얼마 지나지 않아 동료들은 늘어나 9명이 되었다. 확장이 필요했던 우리는 좀 더 크고 좋아 보이는 옆방이 빠지기만을 고대하며

QPS의 2호 오피스인 9인실 공유 오피스에서

기다리고 있었는데, 오피스를 확보한 지 3개월 여 지난 즈음 마침 옆집이 방을 뺀 것이다. 그 즉시 우리는 옆 사무실로 이사했다. 6평 정도에서 11평 규모로 두 배 가량 사무실 공간을 늘리게 된 것이다. 이때부터 본격적인 공간 디자인이 시작되었다. 어떻게 하면 아늑한 공간으로 꾸밀 수 있을지 궁리하고 토의하면서 유리 벽 가득 원피스 대형 퍼즐을 만들어 붙이고, 천장에 달린 원피스 배도 더 늘렸다. 인원의 증가와 더불어 공간의 크기가 늘어났고 그만큼 매출도 증가했다. 본격적인 QPS호의 항해가 시작된 것이다.

QPS 3호 오피스

11평 규모의 오피스로 옮긴 지 1년이 채 되기도 전에 위층에 19평 규모의 20인실 사무실이 나게 된 것을 알게 되었고, 그 즉시 또 사무실을 이전

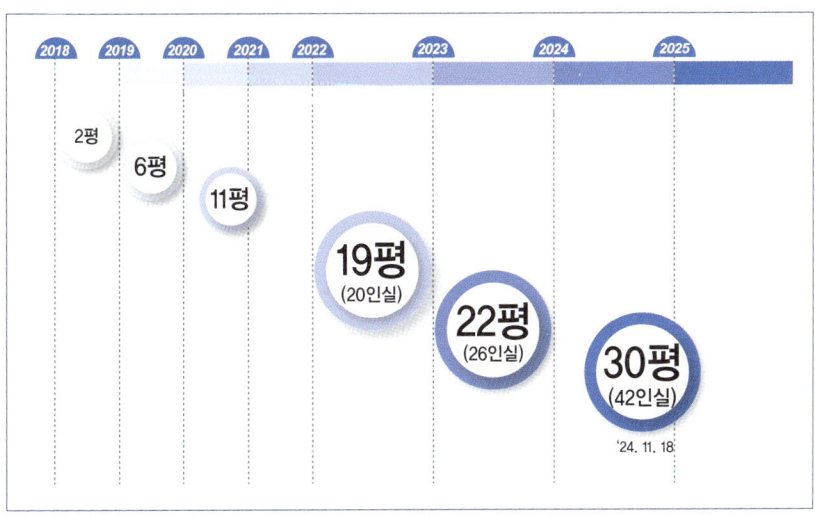

❀ QPS의 오피스 확장 변천사

했다. 그 즈음 인원도 점점 늘어나서 12명이 되었는데, 이듬해에는 동료들의 합류가 더 이어져서 19평 규모로 옮긴 지 1년이 지난 시점에 또다시 이전을 계획했다. 기왕이면 좀 더 깨끗하고 뷰가 좋은 곳으로 이전하기 위해서 선릉과 역삼 사이에 있는 또 다른 공유 오피스로 이전했는데, 현재 사용하고 있는 청계산과 관악산이 바라다 보이는, 뷰가 무척이나 멋진 22평 규모의 26인실이다. 매년 QPS호는 더 넓고 나은 곳으로 이전하며 거듭나고 있다.

더 큰 공간으로 이전하면서 인테리어에도 많은 신경을 썼다. QPS의 CI가 들어간 아트월도 제작하고 장식장도 늘려 더 많은 원피스 피규어와 장식으로 꾸몄다. 지금껏 가장 회사다운 공간으로 탈바꿈했다고 할 수 있겠다. 18층의 멋진 뷰만큼이나 사무실의 기운도 좋아서 동료들도 사무실로 출근하는 것을 좋아하는 듯했다. 그러다 점점 동료들의 합류가 늘어 20명을 넘어서기 시작하면서부터는 이 공간마저 작게 느껴졌다. 더 크고 멋진 우리들만의 공간이 절실히 필요함을 자각하기 시작했고 상상하며 끌어당겼다.

QPS의 5호 오피스인 32인실 공유 오피스

애니메이션 《원피스》에서는 루피 해적 단원들이 해적선인 메리고잉호와 써니호를 사람과 동일시하는 장면이 여럿 나온다. 배의 의인화를 통해 배와 함께 적을 물리치고 배와 함께 항해해 나가는 것이다. 특히, 해적 단원 중 조선공인 프랭키는 배를 사람으로 여기며 애정을 쏟는데, 이는 결국 공간에 대한 오너십과도 맥을 같이한다고 할 수 있다. 루피 해적단의 첫 배인 메리고잉호가 더 이상 항해할 수 없을 정도로 파괴되고 노후화되어서 퇴선할 때도, 루피를 비롯해 해적 단원 모두가 슬퍼하는 장면이 나온다.

특히 우숩은 여자 친구로부터 선물로 받은 메리고잉호의 퇴선에 무척 슬퍼하며 애도한다.

22평 규모의 26인실로 옮긴 후 당시 COO였던 현재의 감순곤 대표가 QPS에도 사무실을 지칭하는 명칭이 있으면 좋겠다는 아이디어를 냈다. 루피 해적단의 해적선 이름이 메리고잉호, 써니호였듯이 QPS 사무실도 네이밍을 해보자는 것이었다. 굿 아이디어라는 생각에 전사 공모를 통해 이름을 결정하기로 하고 우수작에 대한 상품권을 걸고 공모 이벤트를 진행했다. 동료들의 적극적인 참여로 여러 이름이 후보군에 올랐는데, 투표 결과로만 놓고 보면 내가 낸 제안 Q1이 8

표를 얻어 1등이었다. 하지만, 너무 진부한 느낌이어서 다른 다수의 득표를 얻는 후보군을 고르게 되었는데, 그중에서도 윤종선 대표가 낸 '큐홈(Q Home)'과 정경의 책임이 낸 '큐포트(Q Port)'가 경합했다.

사실 개인적으로는 큐홈이 맘에 들었는데, 큐포트는 의미는 좋은 반면, 세 글자라서 발음하기가 애매해서 망설여졌다. 그러다 보니 결정하는 데 시간이 꽤나 걸렸다. 갓 태어난 자식에게 이름을 지어주는 것만큼이나 심도 있고 진중하게 결정했던 것 같다. 결과는, 여러 면에서 의미도 좋고 '큐폿'이라고 두 글자로도 발음할 수 있는 '큐포트(QPort)'로 최종 결정했다. QPS를 해적선처럼 QPS호라고 부르는데, QPS호를 받아주고 케어해 주는 느낌의 큐포트가 선정된 것이다.

큐포트로 결정되고 나니 사무실을 지칭하는 것이 훨씬 명확하고 편해졌다. 큐포트라는 또 하나의 QPS만의 공통 언어가 생긴 것이다. 전에는 오피스를 지칭할 때 사무실, 본사, 공유 오피스의 이름 등 이렇게 저렇게 불렀는데, 이젠 하나로 통일된 것이다. 이름이 결정된 날 바로 모 책임이 톡방

QPS 오피스 명칭 및 의미

에 이렇게 올렸다.

"9시에 영등포 구청에서 여권 수령 후 큐포트로 이동하겠습니다."

그날 큐포트라고 지칭하는 것을 처음 보게 되었다. 단어가 전혀 어색하지 않았고 오히려 반갑고 좋았다! 오피스 이름을 만들길 참 잘했다는 생각이 드는 순간이었다. 천재 감순곤!

큐포트는 두 가지 의미가 있다. 발음상 Port(항구)도 되지만 Fort(요새)라는 의미도 있기 때문에 QPS호의 항구라는 의미인 동시에 QPS의 아지트, QPS의 요새라는 의미도 된다. 큐포트는 QPS호가 전 세계로 나아가기 위한 출항지인 항구이자 요새이면서도 언제나 편한 맘으로 돌아와 쉴 수 있는 우리들만의 아지트인 것이다. QPS는 QPort, 베트남 지사인 QPS VINA는 QV, 인도 지사를 설립한다면 QI, 이런 식으로 QPS호의 세계 지사에 대한 이름도 정했고, M&A 자문사인 QPS Advisory는 QA, 교육 훈련 및 코칭 회사인 QPS Brain은 QB라고 부르기로 했다.

공간에 대한 오너십이 중요하듯 큐포트는 일만 하고 눈치를 보는 공간이 아닌 언제나 자유롭게 일하고 편히 쉴 수 있는 내 집 같은 공간을 만들어 가고자 한다. 이러한 환경을 만들어 주기 위해 노력하고 있지만 그동안은 공간의 제약 때문에 제대로 만들어 주지 못한 듯해서 미안한 마음도 크다. 큐포트는 쉬는 날에도 나오고 싶은 마음이 드는 공간이어야 한다. 스트레스 받고 일에 치인 공간이 아닌 편안하고 안락한 내 방 같은 공간이어야 한다. 내가 다니는 회사가 내 방과 같은 곳이어야 내 방에서처럼 주위의 사물과 공간에 대한 오너십이 생길 수 있다. 큐포트는 그 어디에도 없는 독창적이고 아기자기하면서도 편안함을 주는 공간으로 만들어 갈 것이다.

　쾌적하고 아늑한 환경은 구성원들에게 심리적 안정감을 주어 스트레스를 감소시키고 집중력을 향상시킬 수 있다. 개인 공간을 주는 것도 좋겠지만, 오히려 칸막이를 없애고 개방적인 공간을 조성함으로써 소통이 활발해지고 의견 공유도 원활해질 수 있다. 이를 통해 친밀감이 높아지고 소속감이 증진되어 자연스럽게 협업이 활성화될 수 있는 것이다. 사무실 공간의 디자인은 단순한 미적 요소를 넘어 구성원들에게 심리적, 생리적 상태에 직접적인 영향을 미치는 중요한 요소라 할 수 있다. 어떤 공간으로 디자인하고 꾸미느냐, 심지어는 자리를 어떻게 배치하느냐가 그 조직의 역학관계를 만들고 조직문화로까지 이어질 수 있음을 간과해서는 안 되겠다.

QPS의 오피스에 걸려 있는 원피스 써니호 프라모델

QPS 5호 오피스 전경

공간에 대한 자율과 오너십이 창의성과 직결되고 나아가 일에 대한 주인 정신을 만든다.

    22평 규모의 26인실로 이전한 지 2년이 되어 간다. 다음 달이면 큐포트는 코엑스 내에 위치한 30평 규모, 42인실 공유 오피스로 다시 이전한다. 사실, 빌딩 층 매입을 하든 임대를 하든 층 전체를 사용하는 공간으로 이전하고 싶었는데, 여러 사정상 여의치 못해서 1년 정도는 더 공유 오피스에 있어 보려 한다. 옮길 곳은 시설적인 면이나 환경적인 면, 공간적인 면에서조차 현재보다 훨씬 좋은 곳이다. 더 큰 공간으로 이전하는 만큼 더욱 강하고, 튼튼하고, 안전하고, 포근한 공간, 한층 업그레이드된 큐포트로 탈바꿈시켜 나가리라 다짐해 본다. 1.5평 규모의 작은 회의실에서 30평 규모의 42인실로 확장해왔듯이 앞으로도 큐포트의 업그레이드는 계속될 것이다.

[QPS의 현재 오피스인 42인실 공유 오피스]

[QPS 오피스에 전시된, 필자의 만북사 친구들로부터 선물 받은 원피스 피규어]

존중의 실천 2 – 사회주의 대 자본주의

나는 해군 소위로 입대하기 전부터 의무 복무를 마치는 대로 전역해서 내가 원하던 꿈을 찾겠다는 다짐을 했다. 또 한 가지를 다짐했는데, 전역하는 그날까지 최선을 다해서 군 생활을 멋지게 마무리하겠다는 것이었다. 그렇게 소위 때부터 어디에, 어떤 보직으로 배치받더라도 성실하게 최선을 다해 열심히 일했다. 장교는 2년에 한 번씩 근무지를 옮겨 다니는데, 나 역시 진해, 포항, 평택, 진해로 네 번이나 옮겨 다녔다. 지독한 노력 덕분이었을까, 내가 가는 곳마다 선임 장교들이나 지휘관들이 일을 잘한다며 극찬으로 인정하고 믿어 주었다.

초임 장교 시절부터 군 내에서도 인사평가를 통한 인센티브 제도가 도입되기 시작하면서 매년 두 차례 인사평가가 있었는데, 그럴 때마다 항상 S, A, B, C, D 중 '보통'에 해당하는 B를 받았다. 말은 맨날 잘한다 잘한다고 하면서 웬 B등급? 의아해할 때마다 매번 이런 말을 들었다.

"진급 대상자를 위해서 양보해라."

"진급하려면 아직 멀었잖아."

"강제 할당제라서 S나 A는 몇 개 안 되니 진급 대상자들한테 줘야지."

"최 대위는 전역할 거잖아."

심지어는 내가 인사평가권자가 되어 평가 점수를 줘야 할 때도 마찬가지였다. 평가 등급이 강제 할당되기 때문에 각 부서에 할당된 개수의 등급으로밖에 평가할 수 없어서, 아무리 역량이 뛰어나고 일을 잘하는 부하에게도 좋은 평가 등급을 줄 수 없었다. 이때부터 평가 등급을 강제 할당하고 평가 결과를 인센티브와 연결하는 인사평가 제도의 모순에 대해 많은 생각을 하게 된 듯하다.

팀 토의 중인 QP5 동료들

 사람에게 동기 부여하는 요인은 무엇인가? 이런 식으로 사람을 평가한다는 것이 과연 무슨 의미를 가질까? 진정 그 사람의 성과나 역량을 제대로 평가하고는 있는가? 오히려 인사평가 제도 때문에 평가 등급을 잘 받는 일부 인원을 제외하고는 동기 부여에 금이 가지는 않을까 하는 의구심마저 들었다.

 전역을 하고 사회에 나와보니 별반 다르지 않았다. 컨설팅회사에 입사해서 1년 뒤에 나는 S등급을 받았고 보너스로만 2천 만 원 가까운 돈을 받아서 놀란 기억이 난다. 물론, 내가 많이 받은 만큼 다른 멤버들은 적게 가져갈 수밖에 없었지만 말이다. 컨설팅회사도 동일한 평가 제도를 운영하고 있었고, 대부분의 회사들이 강제 할당 또는 소수에게만 고등급의 평가 점수를 부여하여 큰 인센티브를 지급하는 제도를 운영하고 있었다. 20여 년간 컨설팅을 하면서 기업의 인사평가 및 보상 제도의 실상을 짚어보니 대부분이 구성원들로부터 원성을 사거나 큰 불만이 제기되고 있는 현실을 엿볼 수 있었다.

 인사 평가 인센티브 제도는 장점도 있겠지만 여러 문제점이 있다. 무엇보다 객관성 부족이 문제다. 평가 기준이 모호하거나 주관적인 평가가 개입되어 공정성이 떨어진다. 또한 단기 성과 중심이기 때문에 장기적인 성장보다는 단기적인 성과에만 집중하게 되어 혁신이나 창의성을 저해할 소지가 크다. 동료 간 경쟁을 유발해서 협업을 저해하고 팀 성과보다는 개인주의를 유도할 소지도 있다. 헤일로 현상(Halo Effect) 때문에 하나를 잘하는 사람은 모든 것을 잘하는 것으로 여겨지거나 자칫 상사와의 관계 정도에 따른 평가를 받는 경향도 무시하지 못할 정도로 발생한다. 성별, 나이, 학교 등 개인적인 편견이 평가 결과에 개입될 소지가 있는 것이다.

무엇보다 개인을 평가함으로써 전체 성과를 내는 데 있어서는 모든 구성원이 일정 부분 기여한다는 사실이 무시된다는 것이 가장 큰 문제다. 모든 조직에는 앞서 나가는 사람이 있으면 그를 지원하고 뒷받침하는 사람이 필요하다. 창의적으로 아이디어를 내는 사람이 있으면 따르면서 실행하는 사람도 필요하고, 뭔가 일을 벌리고 만들어 가는 사람이 있으면 객관적으로 짚어 보고 현실성을 검증하는 사람도 필요한 것이다. 한 사람에 의해서 조직의 성과가 만들어지는 것이 아닐진대, 우리는 자꾸만 개인의 성과나 업적, 역량에 대해서 평가하려 한다. 작금의 인사평가, 보상 제도는 함께 일하는 모든 동료들을 진심으로 존중하는 제도라 할 수 없다.

최근 넷플릭스, 골드만삭스, 마이크로소프트와 같은 기업들이 단순히 숫자로 등급을 평가해서 순위를 매기는 인사평가 제도를 없애고, 수시 피드백과 목표 달성 여부 중심으로 평가 제도를 전환하는 이유가 바로 이러한 인사평가 제도의 문제점 때문이다. 1년에 두 번 있는 인사평가 시즌에만 평가 점수를 부여하는 방식은, 6개월 간을 몰아서 피드백하기 때문에 피평가자를 납득시키기 어려운 데다가, 이미 낡은 제도로 효과마저 없음이 입증되고 있다. 평상시 개선해야 할 부분이 있을 경우 수시로 피드백 주고 개선 요구 사항을 말할 때, 피드백 받는 사람의 개선 민감도도 높아지고 즉각적인 변화 기회를 제공할 수 있다.

QPS는 개인의 성과나 역량에 대한 평가를 하지 않는 대신 수시 피드백 체계를 운영한다. 정식 동료가 되기 전 단계인 인턴이나 수습 과정에 대한 평가를 하긴 하지만, 평가 항목 자체가 성과나 역량이라기보다는 QPS의 철학이나 문화적 코드와 부합하는지 여부를 보고자 함이 대부분이다. QPS는 동료들의 개인 역량이나 개인이 만들어 낸 성과보다는 팀으로 이뤄낸 성과가 중요하다. 그렇다고 팀 단위 성과를 토대로 평가하거나 팀 단위 인센티브를 지급하는 것도 아니다. QPS는 매년 연말 재무 실적을 기반으로 한 성과 공유제(PS, Profit Sharing)를 운영한다.

동료에게 성과 공유금을 전달하는 필자

성과 공유제(PS, Profit Sharing)는 매년 예상되는 회사 전체 연간 이익을 기준으로 이익의 20~30%를 전원에게 동일한 금액으로 지급하는 제도이다. 보통 회사에서는 각 직급에 따라 각자가 받는 급여 기준으로 동일한 요율(%)을 적용해서 PS 금액을 직급별로 달리 산출하지만, QPS는 1년 차든 7년 차든, 직급이 선임이건 대표 이사건 동일한 금액을 지급한다. 요즘 말로 하면 N빵인 셈이다. 인당 최대 1,500만 원에서 1,000만 원까지 지급했는데, QPS의 재무 성과가 커지면 커질수록 이 금액 또한 커진다.

성과 인센티브(PI, Performance Incentive)는 자본주의 시스템으로 능력

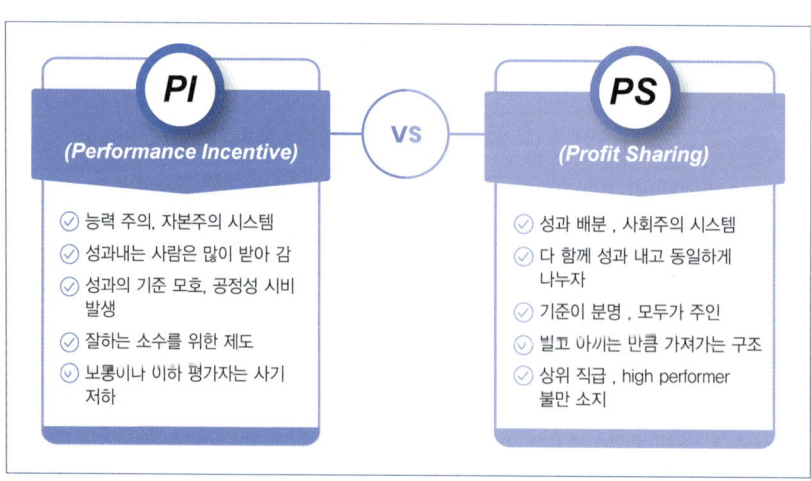

PI와 PS 차이 비교

에 기반하고 있으며 성과를 내는 사람이 많이 받아가는 제도이지만, 앞서 말한 대로 성과의 기준이 모호하고 공정성 시비 발생 소지가 크며, 잘하는 소수를 위한 제도이지 다수를 차지하는 보통 이하 평가자에게는 오히려 사기만 떨어트리는 제도이다. 그래서 QPS는 개인이든 팀이든 PI 제도는 운영하지 않는다. 오랜 세월 동안 직원들의 동기 부여 방식으로 사용되어 온 성과에 기반한 인센티브, PI의 부작용도 만만치 않다.

　최근 들어 PI의 한계와 문제점이 점차 드러나고 있는데, 과도한 인센티브는 장기적인 목표나 팀워크보다는 개인의 단기적 성과에만 치중하게 되어 조직 전체의 발전을 저해할 수 있으며, 동료 간에 과도한 경쟁을 심화시켜 조직 내 갈등을 야기하고 협업을 저해한다. 또한 성과에 대한 과도한 집착이 자칫 부정 행위를 유발할 수 있어 조직의 신뢰 훼손에도 문제가 될 소지가 있다.

　무엇보다 성과에 대한 압박감이 커지면서 직무 만족도가 저하되고 이직률이 높아지며, 과도한 성과 압박은 직원들의 정신 건강 문제를 악화시키고 번아웃을 유발한다. 기업 입장에서 보면 과도한 인센티브 지급은 기업의 비용을 증가시키고, 예산 부족으로 인해 다른 부분에 대한 투자 축소로 이어질 수도 있다. PI 제도의 모순을 개선하기 위해 PS 제도와 PI 제도를 병행해서 운영하는 경우도 많지만, 병폐는 여전하다.

　성과 공유제는 사회주의 시스템이라 할 수 있다. 다 함께 노력해서 성과를 창출하고 이익의 일정 부분에 대해서는 동일하게 나누어 갖자는 취지이다. 장점으로는 일단 금액 배분 기준이 명확하다는 것이다. 그만큼 공정성이나 형평성 문제를 제기할 소지가 없어지고 각자가 벌고 아끼는 만큼 가져 갈 수 있는 구조이기도 하다. 또한 회사의 모든 구성원이 주인이라는 생각으로 일할 수 있고, 동료가 나보다 앞서 나간다는 스트레스에서 벗어나 개인 성과보다는 전체 성과를 중시하게 된다.

　물론 상위 직급자나 고성과자(High-performer) 입장에서는 불만의 소지가 있을 수 있다. 대충 일해도 성과가 날 경우 공평하게 받아간다면 자

첫 놀고먹는 사람이 발생할 수도 있고, 일 잘하는 사람에게만 일이 몰리거나 고성과자들 입장에서는 회의감이 생길 수도 있다. 이를 보완하기 위해서 QPS는 개인의 역량이나 성과에 대한 평가가 아닌 역할 기준 승진/승급(Role-based Promotion) 제도를 운영하고 있다. 각 직급에 해당되는 역할을 수행하느냐 못하느냐에 따라 승진과 승급을 결정하는 제도인데, 자본주의에 기반한 제도라 할 수 있다.

QPS는 연공 서열식 승진/승급은 없다. 입사한 지 채 1년이 안 되더라도 다음 역할을 수행할 정도의 역량이 되면 다음 단계로 승진/승급한다. 하지만 5년이 지나도 현재 역할에서 벗어나지 못한다면 승진/승급은 기대할 수 없다. 생각해 보면 성과나 역량을 기반으로 평가하는 제도보다 훨씬 가혹한 제도라고 할 수 있다. 일반적으로는 회사마다 각 직급별 연차가 있어서 특별한 문제가 없는 경우에 연차가 차면 다음 직급으로 승진하는 것이 보편적이지만, QPS는 철저히 그 직급에 해당하는 역할 수행 여부를 따진다.

QPS는 사회주의 시스템이라 할 수 있는 성과 공유제(PS, Profit Sharing)

QPS에서 단기간에 특진한 동료들

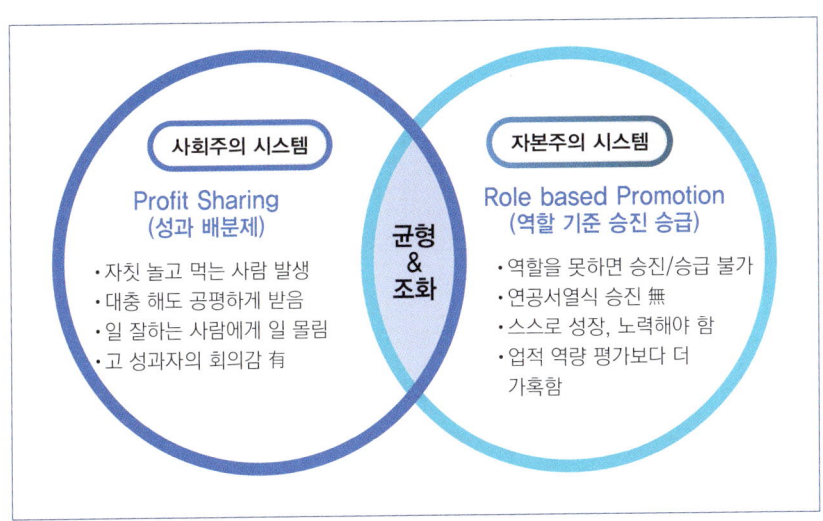

QPS의 성과 배분 및 승진 체계

와, 자본주의 시스템이라 할 수 있는 역할 기준 승진/승급(Role-based Promotion)를 운영함으로써 각 제도의 장단점을 보완하고, 사회주의 시스템과 자본주의 시스템의 결합 형태인, 즉 분배의 형평성과 성과주의의 균형을 감안한 보상 제도를 운영하고 있다. 성과는 공평하게 나누되, 승진이나 승급은 그 역할 수행을 잘하는 사람이 맡아야 조직이 더 큰 성과를 낼 수 있기 때문이다.

성과 공유제(PS, Profit Sharing)는 동료들을 사업의 파트너로 여기고 개개인을 존중하는 마음을 기반으로 만들었지만, 이에 따른 반대급부적 문제점을 보완하기 위해서 역할 기준 승진/승급(Role-based Promotion) 제도를 도입하게 되었다. 고객이 인수한 기업의 PMI(합병 후 통합 과정) 컨설팅이나 조직 진단 컨설팅을 의뢰받아서 인사 체계를 재정립할 때면 고민이 많아지는데, 특히 인사평가나 보상 제도 컨설팅 시는 참으로 난감하다. 인사평가 제도나 보상 제도의 문제점을 너무도 잘 알지만, 인사평가나 평가에 기반한 인센티브를 없애라는 말을 하지 못한다.

기존 제도를 없앨 경우 이를 대체할 새로운 제도가 필요한데, QPS와 같은 방식을 적용하려면 CEO나 회사 오너의 큰 결심 없이 이뤄질 수 없기 때문이다. 그러다 보니 결국 기존 인사평가 및 보상 제도의 틀 내에서 모순되는 부분이나 프로세스상 개선해야 할 부분을 개선해 주는 선에서 그치게 되는 경우가 대부분이다. 마음 같아서는 인사평가나 평가 기반의 보상 제도 자체를 없애라고 하고 싶은 마음이 굴뚝 같지만, 쉽게 결정하거나 정착될 수 있는 문제가 아니라는 것을 누구보다 잘 안다.

성과 공유제 이야기가 나왔으니 한마디만 더해야겠다. 스타트업 1세대라 할 수 있는 前 미래산업 정문술 회장의 나눔과 베풂, 부의 사회 환원을 보면서 또 컨설팅을 하면서 만나게 된 K사 L 회장님의 이익 배분 원칙, 3:4:3(직원/주주/新투자)에서 인사이트를 얻어서 QPS를 경영해 나감에 있어서도 투명 경영과 함께 3:4:3 제도를 운영하고자 노력해 왔다. 얼마 전 고교 선배이자 사업을 크게 일으키신 분이 쓴 책을 보면서 3:3:3:1 제도로 바꿔야겠다는 마음을 먹게 되었다. 마지막 1은 사회 환원, 기부이다.

나눔과 베풂의 삶을 실천하신 김장하 선생의 다큐멘터리와 책도 내 생각을 바꾸는 데 한몫했다고 할 수 있겠다. QPS 동료들을 존중하는 마음 못지않게 기업의 사회 환원, 사회에 대한 존중과 기여에 대해서도 많은 고민이 필요하다는 생각을 하게 된다. 거창한 것을 말하는 것이 아니다. 그것이 무엇이 되었든, 사회를 보다 아름답게 만들고 보다 이롭게 할 수 있는 것이 있다면

필자가 특강 중 기부한 도서

기업도 적극 나서고 역할을 해야 한다. 작년부터 서울 테니스 오픈 대회를 후원하고 봉사를 통해 지원하고 있다. 또 재능 기부 강의나 개인적으로 책 나눔을 실천하려 노력 중인데, QPS 입장에서 할 수 있는 일을 찾아서 하나씩 실천해 나가겠다는 다짐을 해본다.

QPS 생활상

이 승 호
Director

제 인생의
Turning Point,
바로 이곳 QPS입니다

매주 1회 우리는 QPS Day를 가집니다. 업무 특성상 지방 출장이 잦아 프로젝트 사이트가 겹치지 않으면 일주일에 한번 볼까 말까 하는 경우가 자주 있습니다. 그래서 매주 하루를 지정해서 다 같이 모여, 그간의 일들을 공유하고 서로를 격려하는 자리를 가집니다. 매주 만나지만 마치 내일은 없을 것처럼 함께 웃고 떠들고 나면 업무에 대한 걱정도 잠시 내려 놓을 수 있습니다. QPS에서 항상 강조하는 것은 '친밀감'으로, 이는 고객과의 관계에서만 적용되는 말이 아닙니다. 오히려 우리 QPS 내에서의 친밀감을 더욱 중요하게 생각합니다.

흥미 있고 시간이 되는 사람들끼리 여행도 가고, 취미 생활도 공유하고 삼삼오오 만나서 소통하는 것을 적극 장려하는 문화이기에 서로가 점점 더 끈끈해지고, 2~3일만 안 봐도 보고싶은 마음이 생길 정도입니다. 우리는 기업의 성장과 발전을 돕기 위해 컨설팅과 코칭을 하는 사람들입니다. 고객의 As-is를 진단하고 그로부터 긍정적인 To-be를 이끌어 냅니다. 그 과정 속에서 종종 예기치 못한 장애물을 만나지만, 이를 고객과 함께 극복하면서 같이 성장해 나갑니다. 또한 대단한 경력과 실력을 겸비한 선배님들과 훌륭한 동료들이 함께 이 과정을 지켜보고 서로 조언해주면서 QPS 멤버들 간의 결속력은 한층 더 단단해집니다.

제가 이곳, QPS에 합류한 후 가장 중요하게 생각하게 된 것은 바로 '관점' 입니다. 어떤 상황을 마주할 때, 사람을 대할 때, 미래를 그려볼 때도 '관점'이 달라지니 제 삶에서 많은 것들이 변화되었습니다. 어떤 상황에서도 '할 수 있다'는 자신감을 가지게 되었고, 사람과의 관계에서 '친밀감'이 얼마나 중요한 것인지 깨달았으며, 미래를 막연한 꿈이 아닌 구체적으로 그려보고 가능한 것부터 하나씩 실현해가는 목표로써 받아들여 실천해가게 되었습니다. 20년, 30년 후에 저의 삶을 다시 돌아본다면 저의 Turning Point는 바로 이곳, QPS입니다.

창립 7주년 기념 소감

캡틴과 함께
성장하는 QPS,
자율과 책임 속에서 빛납니다

이 은 정
QPS브레인 센터장/Managing Director

내면의 깊이와 외면의 품격이 명품 그 자체인 캡틴!

   QPS에 합류한 지도 어느덧 2년, 캡틴과 함께하며 참 많은 것을 배우고 깨달으며 성장해 온 것 같습니다. 처음에는 제 생각이 너무 좁고 얕다고 느꼈지만, 캡틴의 깊은 통찰력과 넓은 마음을 보며 점점 더 넓은 시각과 관점을 가지게 되었고, 시간이 지날수록 감동이 쌓여 갔습니다. 때로는 하시는 말들과 행동들이 바다처럼 너무나 깊고 넓어 그 순간에는 알지 못하고, 시간이 지나서야 비로소 깨닫기도 했습니다. 언제나 앞장서서 본을 보이며 올바르고 명확한 판단으로 길을 열어 주시고, 뒤에서는 묵묵히 지켜보며 세심하게 배려하고 가르쳐 주시는 모습에 저도 자연스럽게 마음이 열리고, 점점 존경스럽고 감사하는 마음이 커져갔습니다. 겉으로 보이는 멋진 외모와 빛나는 품격뿐만 아니라 깊고 넓은 내면까지 닮고 싶은 캡틴과 함께할 수 있는 저는 정말 행운아이고 행복합니다.

자율과 책임 속에서 피어나는, 꽃보다 아름다운 QPS 조직문화!

   QPS는 함께 배우고 성장하는 따뜻한 공간입니다. 캡틴은 우리 동료들과 조직이 각자의 가능성을 발견하고 키워갈 수 있도록, 정성스럽게 가꾸어서 꽃처럼 아름답게 피어날 수 있도록 해주십니다. 동료들과 함께 배우고 성장하면서 각자의 자리에서 빛날 수 있도록 서로 응원하고 도와주는 동료들이 있어 참 든든하고 감사한 마음이 듭니다.

   QPS에서는 스스로 선택하고, 그 선택에 책임을 지는 문화가 자연스럽게 정착하게 된 것 같습니다. 이렇게 함께 만들어가는 조직문화가 앞으로 더욱 다져지고 위대해지길 진심으로 바랍니다. 저 또한 이곳에서 조금씩 더 주도적이고 자유로운 모습이 되어가고 있습니다. 여기에서의 배움과 성장이 앞으로의 삶을 더욱 풍요롭고 의미 있게 만들어 줄 거라 확신합니다.

사람과 세상을 빛나게 하는 QPS!

 QPS는 단순히 사업을 하는 곳이 아니라 사람을 변화시키고 세상을 밝히는 곳입니다. 캡틴의 끊임없는 성장과 도전이 QPS를 변화시키고 동료들을 성장하게 하며, 그 변화가 다시 더 많은 사람들에게 선한 영향을 주는 것을 직접 보고 경험했습니다. QPS에서 배우는 것은 단순한 지식이 아니라 더 나은 사람이 되고, 더 행복하고 자유로운 삶을 살아갈 수 있도록 길을 제시해주는 나침반과 같습니다. 앞으로도 더 많은 사람들과 세상에 빛과 희망을 전하는 'Great QPS'가 되길 진심으로 응원하며, 저도 그 여정에 함께할 것입니다.

3

성 장

독서를 통해서 개인적인 차원을 넘어서 경영 철학을 정립할 수 있었고, QPS 조직문화를 강화해 나가기 위한 다양한 힌트를 얻을 수 있었다. 책은 내 인생 개척의 발판이었고, 책을 통해 달라진 생각과 넓어진 관점이 내 신념과 의지로 굳어져 새로운 인생 항로가 펼쳐진 것이다.

독서 DNA

내 어릴 적 꿈은 해군 장교였다. 아버지가 해군이었던 영향이기도 하다. 어릴 땐 군인이 진짜 멋있어 보였다. 특히 해군 장교는 제복이 멋있다. 흰색과 검정색 제복에 금단추가 박혀 있어서 번쩍번쩍 빛나 보인다. 그래서 오직 해군 장교만 생각했고, 결국 내 생각대로 되었다. 지금 생각해 보니 그 당시 나의 뇌리 속이 그 생각으로 가득 했으니 그렇게 될 수밖에 없었다. 막상 해군 장교의 길이 결정되자 갑자기 삶의 목표가 사라졌다. 정해진 길에 따라 학과를 선택하고 대학교를 입학했지만 공부도 인생도 재미가 없었다.

동기생과 술자리 중인 20대 초반의 필자

가정 형평상 고등학교 때부터 대학교까지 국비 장학금을 받고 다닌 덕분에 고등학교 졸업 이후 장기간의 삶이 이미 정해져 있었다. 대학교 졸업 후엔 장교로서 오랜 기간 의무 복무를 해야 했다. 이미 정해진 길, 대단한 희망도 삶의 목표도 없었다. 그저 해야 했기에, 그 삶 외에는 길이 안 보였기 때문에 선택했다. 당연히 대학 생활은 재미가 없었다. 공부에도 흥미가

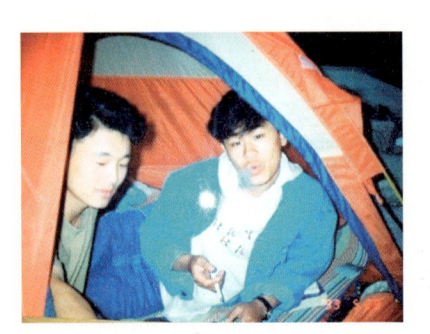
동기생과 캠핑 중 담배를 피우는 필자

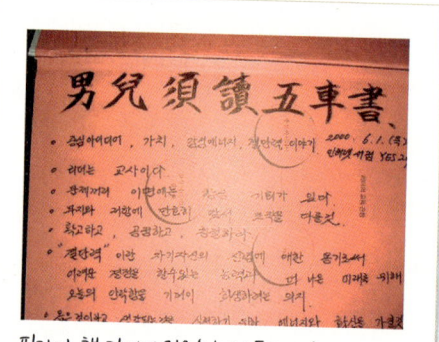
필자가 책 간지에 적은 '남아수독오거서'

없었다. 고 3때 아버지마저 작고하셨기 때문에 공사판 막노동, 과외 등 생활비를 확보하는 일이 더 우선순위였다. F 학점도 많이 받았다. 매일 술 마시고 하루 2갑씩 담배를 태우며 방황과 일탈을 멋이라 여겼다. 그저 그런 소모적 일상으로 현실을 외면하고 미래로부터 도피한 채 세월을 보냈다. 가끔씩 '왜 태어났을까?', '왜 이렇게 어렵게 살아야 하는 거지?', '도대체 사는 이유가 뭘까?' 이런 답 없는 질문들이 떠올랐다.

고등학교를 마칠 때까지 교과서를 제외하면 읽은 책이 10권도 채 안 되었다. 그 당시 나는 도서관에서 책 읽는 사람들을 볼 때마다 "저런 책 벌레들, 정말 고리타분해, 한심한 놈들…" 하면서 놀려 대기 일쑤였다. 읽은 책이라곤 동화책 몇 권, 한참 유행했던 이현세 작가의 만화책과 영화에 빠져서 봤던 《공포의 외인구단》 소설 책 정도가 다다. 그러던 중 책을 많이 읽는 친구를 따라 우연히 접하게 된 책에서 "남아수독오거서(男兒須讀五車書)"라는 문장을 보고 충격에 휩싸였다. 사내아이는 모름지기 다섯 수레 분량의 책을 읽어야 한다는 의미인데, 현대적으로 해석하자면 다섯 트럭 분량의 책을 읽어야 한다는 뜻일 것이다.

'어! 나는 지금 뭘 하고 있는 거지?'

'다섯 수레 분량을 읽어야 한다는데 나는 얼마나 읽었나?'

다급한 마음과 함께 책에 대한 의무감 같은 것이 솟아났다. 내 나이 21

세 때 일이다. 이후부터 책에 대한 욕심이 났다. 돈이 없으니 도서관에서 책을 빌려 읽어야 했다. 괴테의 《파우스트》, 단테의 《신곡》부터 이문열, 이외수의 소설 등 고전, 철학, 에세이, 소설 등 그 당시에는 무슨 뜻인지 이해도 안 되는 책들을 닥치는 대로 읽었다.

공사판 막노동으로 번 돈이 생기면 서점에 가서 책부터 샀다. 내 인생 책이라 할 수 있는 데일 카네기 인생 전집 6권도 건설 현장 막노동 후 번 돈 5만 원 중 거금 3만 5천 원을 투자해서 구매한 책이다. 그때는 책을 사는 것만으로도 기분이 좋았다. 책 내용이 궁금하기도 했지만 책을 소유한 것만으로도 마치 세상을 다 얻은 듯한 느낌이 들었다. 주로 도서관에서 빌려 보다 보니 좋은 문장들을 내 것으로 만들고 싶은 욕심은 노트 필사로 대신할 수밖에 없었다. 어떤 책은 베껴 쓸 내용이 너무 많아서 갖고 싶은 욕심이 끓어올랐지만 어쩔 수 없이 반납해야 했다. 책을 살 수 있는 돈이 있다는 것, 책을 살 수 있다는 사실만으로도 그저 기뻤다. 그렇게 대학교 2학년 가을 학기부터 나는 변화하기 시작했다.

일탈과 방황을 접고 삶을 더 진지하게 바라보기 시작했다. 내 인생의 목적에 대해서, 내가 정말 하고 싶은 일을 생각했다. 정해진 길이 아니라 내가 잘할 수 있고 잘하고 싶은 것이 뭘까를 고민했다. 이후 지금까지 꾸준히 읽은 책들은 내가 목표했던, 사방이 책으로 둘러싸인 서재를 만들어 준

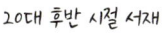
20대 후반 시절 서재

것 외에도 나에게 많은 선물을 안겨주었다. 목표, 열정, 도전, 희망, 사랑, 나눔, 건강, 관계 그리고 독서와 글쓰기의 즐거움을 알게 해 주었고, 확고한 꿈과 사명을 찾게 해주었다. 넓은 세상에 대한 안목이 생겼고 학문과 배움에 대한 즐거움을 알게 되었다. 더욱 풍요롭고 평화로운 내면 세계를 갖게 해 준 것 또한 책의 선물이다. 책은 나에게 참으로 많은 변화와 성장을 안겨주었다. 어쩌면 내 삶의 8할은 독서의 영향이라 할 수 있다.

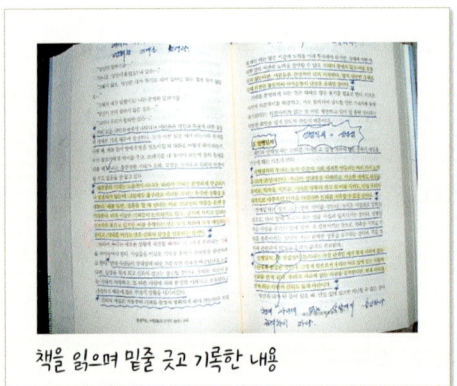
책을 읽으며 밑줄 긋고 기록한 내용

그날 이후 계속된 약 30여 년간의 독서를 통해서 개인적인 차원을 넘어서 경영 철학을 정립할 수 있었고, QPS 조직문화를 강화해 나가기 위한 다양한 힌트를 얻을 수 있었다. 책은 내 인생 개척의 발판이었고, 책을 통해 달라진 생각과 넓어진 관점이 내 신념과 의지로 굳어져 새로운 인생 항로가 펼쳐진 것이다. 그래서일까, 내가 겪은 변화와 성장을 우리 동료들도 경험하길 바라는 마음이 크다.

그 일환으로 QPS는 매월 2권의 책을 지급한다. 동료들이 많아지기 전까지는 사비로 책을 구매해서 선물했는데, 동료들이 10여 명 이상으로 늘어나면서 회사에서 지급하는 것으로 변경했다. 매월 한 권의 도서는 내가 직접 선정하여 동료 전원에게 지급한다. 그리고 또 한 권은 본인 스스로 선택하여 법인 카드로 구매할 수 있다. 사실 지급하는 책을 안 보는 동료도 있고, 매월 사 보라는 책도 잘 사지 않는다.

요즘 세대는 종이 책보다는 모바일로 보는 것이 더 편해서이기도 하겠지만, 전반적으로 책을 멀리하는 분위기인 듯하다. 출판사 사장님들을 만나보면 책이 안 팔려서 다들 힘들어 하신다. 요즘 세대는 주로 짧은 영상을 통해 학습하고 배우려 한다. 영상을 볼 때는 뇌의 CPU라 할 수 있는 전두엽이 잘 작동하지 않는다고 한다. 주로 읽고 기록하고 계획할 때 전두엽이 활성화된다는데, 영상을 볼 때는 뇌가 능동적으로 생각하지 않는다는 것이다. 모바일 책을 읽든 종이 책을 보든 간에 많이 읽으면 좋겠다. 그렇다고 동료들에게 책을 강요하지는 않는다. 그저 우리 동료들이 책과 좀 더 친해지길 바랄 뿐이다. 책 제목만이라도 읽기를 바란다. 내 주변에 책이 넘쳐나고 책이 자연스럽게 굴러다니다 보면 언젠가는 책과 친해진다. 어릴 땐 책도 제대로 안 봤지만 달라진 나처럼 말이다.

QPS 월간 추천, 지금 도서

그나마 최근 창단된 사내 독서 동아리, 큐사이트(Q-sight: Qunatum Insights)가 있어서 동료들의 독서 활동이 잦아졌다. 동아리 참여 방법은 간단하다. 책 선정은 동아리 회원들이 매월 돌아가면서 한다. 책을 읽다가 마음에 와닿는 문장이 있으면 밑줄을 긋고 사진을 찍어서 웹상 동아리 방에 올리거나 필사를 해서 웹에 등록하면 된다. 간단하다. 의무도 아니다.

30대 초반 시절 서재

40대 초반 시절 서재

심지어 책을 안 봐도 된다. 독서 동아리를 통해서 그나마 책과 친해지면 되는 거다. 그 이상도 그 이하도 없다.

QPS 독서 동아리, 큐사이트(Q-sight) 활동 모습

과거부터 책 선물을 많이 해 왔다. 동일한 사람에게 같은 책을 선물한 경험 때문에 책 선물 리스트까지 만들어 관리했을 정도다. 그런데 최근에는 책 선물을 좋아하는 사람이 드물다는 생각 때문에 점점 손을 놓은 것 같다.

'나 하나 바뀐다고 세상이 바뀔까?'

아프리카 대륙의 나비 날갯짓 하나가 아메리카 대륙에 폭풍을 만들어 낸다는 카오스 이론을 생각해 보면 바로 답이 나온다. 우주의 작동 원리상 초기의 작은 무질서가 예측 불가능한 큰 변화를 만들어내기 마련이다. QPS 정신이기도 하다. 먼지보다 작은 점 하나에서 우주가 탄생하였듯이 가능성의 세상에서는 뭐든 작은 생각 하나가 물질 세계로 발현된다. 'Manifestation', 뜻을 가지면 발현된다. 지구 환경을 지키기 위해 육식을 멀리해 왔듯이 최근 독서에 대한 뜻도 더 크게 세웠다.

개인적 화두이기도 한 '어떤 부분에서 사회적 기여를 할 것인가?'에 대한 해답도 찾았다. 이제부터 본격적으로 책 전도사, 북 코치로 활동하려 한다. 책 나눔을 실천하고, QPS 이윤 중 일부를 사회/조직/단체에 도서를 기증하는 등 작은 기여를 통해 독서하는 세상을 만드는 데 일조해 갈 것이다. 10여 년 만에 다시 책 선물 리스트를 만들었다. 내 주변, 우리 동료들부터 시작한다.

독만권서(讀萬卷書)!

평생에 1만 권을 읽겠다는 목표로 독서 중인 나는 어느새 책벌레가 되

책상 위에 쌓여 있는 책

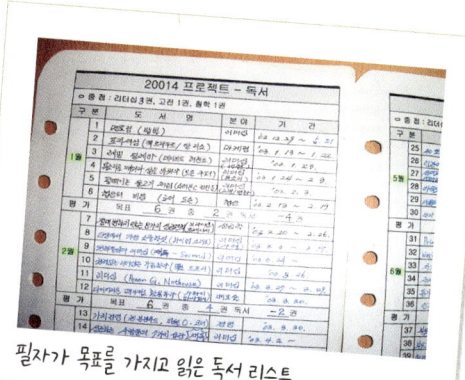
필자가 목표를 가지고 읽은 독서 리스트

었다. 책 사는 데만 수천만 원을 썼다. 그렇게도 책을 싫어하던 아이가 이제는 책 없이는 못 사는 사람이 된 것이다. 우리는 DNA가 부모로부터 그대로 대물림되고 유전된다고 생각하지만, 최근 후성 유전학에서 밝혔듯이 유전적 영향은 25%에 불과하다고 한다. 나머지는 식단, 생활 방식, 사회적 상호 작용과 같은 우리가 노출되는 환경의 영향이라고 한다. 어떤 환경에 처했느냐, 어떤 경험을 했느냐가 DNA 발현에 영향을 주고 변화를 일으킨다는 것이다.

처음에는 억지로 책을 읽었지만, 이제는 매일 읽지 않으면 안 되듯

사면이 책으로 둘러싸인 현재 서재

어느덧 나에게 활자 중독증, 독서 DNA가 생겼다. 독서 DNA가 나를 넘어서 우리 QPSian 전체로 확산되고 뿌리내리길 바란다. 그리고 그 너머, 우리 동료들의 친구나 가족, 지인들이 그렇게 되길 바란다. 아니 그렇게 만들 것이다, 보다 나은 세상을 위해서.

"Make the world a better place."
"나 하나 바뀌면 세상이 바뀐다!"

내 인생의 세 가지 역설

자기 계발서를 보면 주로 단점보다는 강점에 집중하라고 한다. 자신이 가진 장점에 집중해서 강화시키면 단점을 극복하는 것보다 더 나은 삶을 살 수 있다고 말이다. 그런데 내 생각은 좀 다르다. 자신의 단점이 반대로 인생에 도움으로 작용될 수도 있기 때문이다.

나에게는 나를 너무 잘 알고 있는 사람들조차 잘 모르는 단점 세 가지가 있다. 아니 어쩌면 다들 잘 알고 있을지도 모른다. 역설적이지만 이 세 가지 나의 큰 단점이 지금껏 내 삶을 견인해왔다.

나는 속이 좁다. 어릴 때부터 마음에 안 드는 일이 있으면 잘 삐쳤다. 한동안 말도 안 하고 뾰로통해서 밥도 안 먹었다. 사실, 아직도 가끔 그런다. 물론, 이제는

《결국 강점》의 표지

제법 사람이 되었는지 삐쳐 있는 시간이 기하급수적으로 줄어들어서 그나마 다행이긴 하다. 요즘은 삐쳐도 오래 안 간다.(^^;) MBTI로는 ENFJ 유형이다. 이 중 F의 수준이 남들보다 훨씬 높은 극 F인 듯한데, 그만큼 감성이 풍부해서 쉽게 상처를 받는다. 속이 좁다 보니 남들에게 상처받기도 싫어

하고 그만큼 남에게 상처 주는 것도 싫어한다. 극 F 성향 때문인지 어릴 때 눈칫밥을 먹고 자라서인지, 다른 사람들보다 훨씬 예민하다.

그러다 보니 어릴 때부터 역학 관계나 상황 파악이 빨랐고, 다른 사람의 반응을 유심히 관찰해서 해석하는 버릇이 생겼다.

'저 사람은 왜 마음에 없는 이야기를 하지?'

'내가 한 말에 반응이 별로네!'

'싫다면서 왜 웃음기를 띠지?'

다른 사람의 눈짓이나 미세한 표정

만 봐도 그 사람의 심리 상태까지 읽을 정도로 감각이 발달하기 시작했다. 내가 상처받지 않고 원하는 것을 얻기 위한 생존의 몸부림이었겠지만, 역설적이게도 이 속 좁음이 내가 걸어온 길에 긍정적인 영향을 끼쳤다.

QPS는 경영 컨설턴트로서 갖춰야 할 3대 핵심 역량을 세 가지로 정의하고 있다. 문제 해결 역량(Problem Solving Ability), 고속 학습 역량(Fast Learning Ability) 그리고 조망 수용 역량(Perspective taking ability)이 그것이다. 이 중 특히 타인의 관점을 해석해서 내 것으로 만드는 역량인 조망 수용 역량(Perspective taking ability)은 컨설턴트로서 갖춰야 할 매우 중요한 역량이다. 컨설팅 프로젝트를 하면서 고객이 가진 관점은 무엇이고, 어떤 부분에 애로와 니즈가 있는지를 파악하는 것이 필요한데, 조망 수용 역량은 이것을 가능하게 한다. 이 역량이 뛰어난 사람은 예민한 감성과 공감력을 바탕으로 타인이 가진 니즈와 관점을 획득하고 이를 문제 해결과 연결해서 활용할 줄 안다.

타인에 대한 공감력, 예민한 감성 및 관찰력, 민첩하게 상황을 파악하는 기민성은 하루아침에 갖춰지지 않는다. 오랜 노력이 필요하다. 속 좁은 나는 어땠을까? 원래 하던 대로 하면 되니까 뭐 예상 외로 아주 쉬웠다! 상대

방이 직접 밝힌 관점뿐만 아니라 상대방이 감추고자 하는 속내까지도 훤히 보였고, 굳이 들춰내고 싶어하지 않는 그 마음까지도 다 들여다보였다. 오랜 삐침의 인생을 통해 터득한 내공이라고나 할까. ㅎㅎ

조망 수용 역량(Perspective Taking Ability)은 QPS의 인재상, 3H 중 하나인 Highly Agile과도 연결된다. Highly Agile은 원래 정식 영어 단어로는 대인 관계의 민감성을 바탕으로 한 영리함을 의미하는 단어, 'People Smart'인데 인재상을 세 가지 H로 맞추기 위해 표현을 바꾼 것이다. QPS의 인재상 3H 중 첫 번째는 항상 무언가를 찾고 갈구하며 스스로 동기 부여되어 끊임없이 다음 단계와 기회를 찾는 Hungry(갈망)다. 두 번째 인재상은 개인적 성공보다 모두의 성공을 지향하여 자신보다 팀을 강조하고 지지와 격려, 화합을 중시하는 Humble(겸손)이며, 세 번째가 바로 Highly Agile(대인 관계의 명민함)이다.

   Highly Agile이 높은 사람은 대인 관계를 잘 이해하고 그에 맞춰 적절히 행동하며, 집단의 미묘한 역학 변화를 금방 알아차림으로써 관계상의 판단력과 직감이 뛰어나다. 바로 감정이 풍부하면서도 예민한 그리고 속 좁은 나 같은 사람이다. 나의 최고의 단점 중 하나인 속 좁음이 나의 최고의 장점으로 승화되는 이 역설을 뭐라 설명하면 좋을까! 참 아이러니하다.

   최근 자동차 영업 사원으로부터 한 통의 전화가 걸려왔다. 4년 전에 QPS 렌트카 한 대를 그 영업 사원을 통해 구입했는데, 차 구매 후 거의 연락이 없다가 계약 기간 만료가 다가오자 연락이 온 것이다.

"안녕하세요? 차 계약 만기가 다가오는 거 아시죠?"

내가 대답했다.

"아 예, 그런데 제 차는 이미 다른 사람 통해서 바꿨는데요."

그러자 영업 사원 왈 "아 그래요? 연락 좀 주시지 그랬어요?"라고 했다.

QPS 인재상 3H

Hungry
- 항상 무언가를 찾고 갈구함
- 스스로 동기 부여 됨
- 끊임없이 다음 단계와 기회를 찾음

Humble
- 개인적 성공보다 모두의 성공을 지향
- 자신보다 팀을 강조함
- 지지와 격려, 화합을 중시함

Highly Agile*
- 대인 관계를 잘 이해하고 그에 맞춰 적절히 행동함
- 집단의 미묘한 역학 변화를 잘 알아차림
- 관계상의 판단과 직감이 뛰어남

내가 당황하며 "아, 예… 하하…." 그러자 영업 사원 왈 "다음엔 미리 연락 좀 주세요."란다. 그렇게 전화를 끊으니 그저 황당함이 밀려왔다! 줄 것보다는 본인이 받을 것을 먼저 생각하고, 나에게 안부를 묻기보다 차 파는 것에만 관심을 둔다. 내가 무슨 생각을 하는지, 차를 구매하고 나서 어땠는지, 왜 다른 사람을 통해서 구매했는지는 1도 관심이 없다. 내 기분이나 니즈 따위는 아랑곳없이 본인이 할 말을 했으니 끝이었다.

Highly Agile(대인 관계의 명민함)이 부족하고 조망 수용 역량(Perspective Taking Ability) 역시 떨어진다. 내가 만약 이런 상황에서 영업 사원이라면 어떻게 했을까? 상대방의 관점이나 기분을 헤아리려는 노력이 선행되어야 하건만 본인이 하고 싶은 이야기만 하다가 대화가 끝이 났다. 내가 이런 상황에서 기분이 나빴듯이, 내가 만약 다른 사람에게 똑같이 했다면 그 사람도 역시 기분이 상했을 것이다. 우리 QPS 동료들이라면 절대 그렇게 하지 않았을 것이다. 왜냐고, 우리 동료들은 대인 관계의 명민함과 조망 수용 역량이 뛰어나니까. 나처럼 속이 좁지도 않으니까.

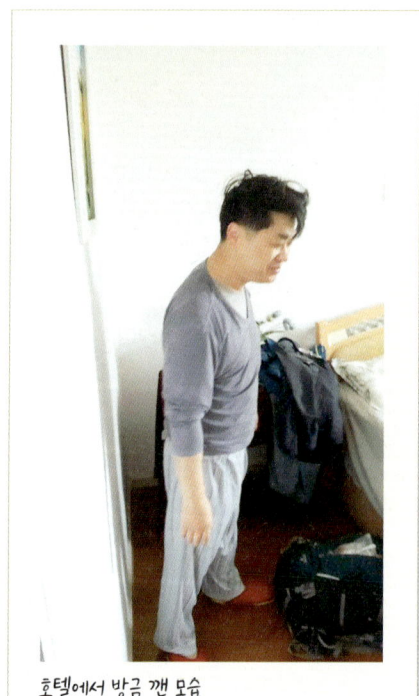
호텔에서 방금 깬 모습

나는 게으르다. 천성이 게으르다. 놀라지 마시라, 이건 진짜다. QPS 동료들이 이 말을 들으면 놀랄 듯한데, 사실이다. 어린 시절을 생각해 보면 주로 집에서 잠 잔 기억밖에 없다. 밖에 나가 노는 것도 귀찮고 아무것도 하기 싫었다. 귀차니즘에 빠진 사람처럼 잘 씻지도 않고 잠만 자기 일쑤였다. 대학교에 입학한 후 방황과 일탈을 일삼을 때조차도 마찬가지였다. 아무것도 하기 싫을 땐 하루 종일 술 마시고 잠만 잤다. 굳이 먼 이야기를 할 필요도 없다. 아직도 나는 게으르다. 집에만 들어오면 잘 퍼진다. 집에 있으면 머리도 잘 안 감는다. 스프레이 뿌린 머리 그대로 자기도 하고 아침에 머리가 삐친 채로 종일 있어도 별로 찝찝하지 않다. 먼지가 많아도 집이 지저분해도 별로 신경 안 쓴다. 잠도 무지 많아서 주말이면 잠을 몰아 자는데, 아무도 안 깨우면 종일 잘 수도 있다. 집에 오면 뭔가를 부지런히 해야 한다는 생각보다는 아무것도 안 하고 싶은 날이 훨씬 더 많다. 잘 몰랐겠지만 이렇게 나는 게으른 사람이다. ㅎㅎ 어쩌면 대부분의 사람들이 그럴지도 모른다.

　게으름을 극복하기 위해서일까, 아니면 감추기 위해서였을까? 밖으로 나갈 때면 내 모습은 180도 달라진다. 게으름의 반대 작용으로 인해 더 철두철미한 모습을 보이려고 노력한다. 머리부터 발끝까지 빈틈이 없을 정도로 단정한 용모와 준수한 차림새로 변신한다. 오랜 장교 생활이 밖에서만큼은 나의 게으름을 굴복시켰는지도 모른다. 내가 만약 원래부터 매사에 깐깐하고 부지런하며 철두철미한 성격이었다면 나조차도 못 견뎠을 것이고, QPS 동료들은 벌써 다들 도망갔을 것이다. 현재 모습만으로도 피곤할 텐데 오죽할까! 밖으로 보이는 내 모습은 철두철미에 까탈스럽게 보일지 모르지만 그나마 나의 게으른 성향 때문에 이 정도인 거다. 내가 만약 부지런한 성향으로 태어났다면 아마 지금쯤 독일 병정처럼 피 한 방울 안 나오는 사람이 되어 있을지도 모른다.

정장을 차려 입은 필자

　근데, 놀랍게도 이 게으름이라는

것이 창조성과 긴밀하게 연결되어 있었다. 나는 주로 아무것도 하지 않고 멍 때릴 때 번뜩이는 아이디어가 샘솟는다. 과거의 워커홀릭이었던 내가 일에 몰두하는 시간이 100 중에 80~90%였다면 최근의 나는 일에 몰두하는 시간이 30% 정도로 줄었다. 나머지 70% 시간은 본능대로 대부분 게으름을 피운다. 여유롭게 책을 읽고, OTT 드라마나 영화를 보고, 잠을 자거나 멍 때리며 유유자적 그저 논다. 물론, 게으름 덕분일까, 업무에 집중하

는 그 30%의 시간에는 누가 업어가도 모를 정도로 초몰입한다.

 업무적 몰입, 초집중의 완전 몰입(Flow) 상태로 빠졌다가 아무것도 하지 않는 게으름의 상태로 전환될 때 갑자기 '유레카'가 터진다. 사업적인 아이디어, 글에 대한 영감, 강의 콘텐츠 등 업무 중에는 깊게 고민해도 해답이 잘 안 보이던 것들이 갑자기 마구마구 떠오르기 시작한다. 샤워 중에, 차 안에서, 멍 때리며 시간 보낼 때나 명상을 하면서도 신기하게 아이디어가 샘솟는다. 나의 단점 중 하나인 게으름이 이렇게 장점으로 승화되어 수많은 아이디어를 피워낼 줄 그 누가 알았겠는가!

 그래서 우리 QPS 동료들은 일만 하지 않았으면, 좀 더 여유를 가졌으면 좋겠다. 내가 평상시 게으름을 피우기 때문에 우리 동료들도 일과 삶, 업무와 휴식의 조화를 충분히 누렸으면 한다. 휴가도 내고, 여행도 가고, 아무 생각 없이 업무에서 벗어나 멍 때리는 나만의 시간을 가져보길 진심으로 바란다. 그 게으름 피움의 시간적 합이 업무 효율성을 배가시키고 일의 속도와 질을 향상시킬 수 있기 때문이다. QPS 동료들이여, 제발 좀 놀자!

 나는 이기적이다. 이것이 마지막 세 번째 나의 단점이다. 나는 어릴 때

부터 고집도 세고 하고 싶은 일은 무조건 우겨서 해야 했다. 아무도 못 말렸고 남이야 어떻게 되든 말든 신경 쓰지 않았다. 7세 이전 유아 때는 요구 사항을 들어주지 않을 때면 머리를 땅에 여러 번 세차게 박으며 울어댔다고 한다. 물론 내 기억엔 없고 누님께 들은 이야기다. 어쩌면 나는 가정 환경적으로 이기적일 수밖에 없었을지도 모른다.

나와 나이 차이가 많이 나는 누님은 일찌감치 집을 나갔지만,

삼삼오오 해외 여행, 슬로바키아에서 동료들과 함께

내 위로는 형 그리고 아래로는 피가 섞이지 않은 동생 둘까지 있는 복잡한 가정 환경하에서 어설프게 중간에 낀 나로서는 하나라도 더 얻어먹기 위해 치열한 생존 경쟁을 해야 했다. 그래서 더 내 생각만 하는 이기적인 성향이 생겼는지도 모른다. 나는 내가 기분 좋은 일, 하고자 하는 일, 걷고자 하는 길은 그 누가 말려도 해야만 직성이 풀리는 사람이다. 다른 사람의 시선이나 의견 따위는 안중에도 없었다. 모든 상황을 내 위주로 해석했으니 나만 얻으면 되고 내가 기쁘면 되었기 때문이다.

어느덧 나이가 들어 알게 된 새로운 기쁨이 있다. 누군가를 위해 베풀고 나누는 기쁨이다. 주는 기쁨이 받는 기쁨보다 크다는 말은 있었지만, 이기적인 나로서는 도무지 이해가 가지 않는 명제였는데, 이제 그 맛을 알아버렸다. 아뿔싸, 이기적인 내 성향을 어쩌나! 내 기쁨을 위해서라면 무슨 일이든 되게 만들고야 마는 성향상 이젠 그 누구도 못 말리는 상황이 된 것이다. 누군가가 뭐라고 하든 말든 다른 사람의 입장은 잘 모르겠고 그저 내 기쁨을 누리려 한다. 나의 나눔은 이기주의의 발현일 뿐이다. 내가 기쁘기 위해서 주는 것이지 남을 위해서 주는 게 아니니까 말이다. QPS의 다양한 복지 제도도 내 기쁨을 위한, 그저 이기주의의 발현일지도 모른다.

그런데 이런 나밖에 모르는 이기주의적 성향이 역설적이게도 내 생각과 삶의 태도를 변하게 해주었고, 내 삶을 보다 풍요롭게 만들어주었다.

나는 이미 부자지만 앞으로 더 큰 부자가 되려 한다. 왜냐하면, 내가 좋아하는 사람들에게 귀하고 맛난 음식을 사주고 좋은 책을 선물하고 함께 막걸리를 마시며 내가 가진 시간과 돈과 지혜 그리고 삶과 정을 아낌없이 나누고 베풀며 살고 싶기 때문이다. 특히, 우리 동료들과 함께 진심으로 매일매일 그러면서 기쁘게 살고 싶다. 여지껏 많이 주지 못했지만 이제부터라도 더욱더 많이 나누고 베푸는 기쁨의 삶, 행복한 부자가 되려 한다. 내 성격 아니까 아무도 못 말린다.

단점이 아이러니하게도 장점이 되기도 한다. 굳이 극복하려 하지 말자. 상황은 바뀌고 성향은 변한다. 지금 심각하게 고민되는 우리의 단점이 먼 훗날 내 인생을 견인해 줄 훌륭한 장점으로 승화될지도 모른다. 그러니 장점은 키우되 단점도 살리자!

롯데호텔에서 종무식 행사 중인 QP5

사람은 어떨 때 성장하는가 1 –
성장을 위한 단계별 세 가지 행동 전략

20세 초반부터 그렇게도 원했던 일, 10여 년을 준비하며 염원하고 바라던 그 경영 컨설팅업에 운 좋게 입문할 수 있었다. 운도 준비된 자에게만 허락된다는 말을 생각한다면 그저 운 때문만은 아닌 듯하다. 맥킨지 출신들로부터 맥킨지 방법론 기반의 컨설팅 접근법과 문제 해결력을 배웠고, 또 그만큼 성장했다. 어느덧 컨설팅 20년 차가 되어 그동안 성장해 온 과정을 되돌아보니 참으로 파란만장한 삶의 연속이었다. 마치 아무것도 못하는 바보가 된 느낌 때문에 자괴감에 빠졌던 날도 많았고, 고객의 반발에 오기가 생겨서 잠 못 이루던 날, 자존심이 상하고 억울해서 밤을 꼬박 지새웠던 날도 있었다.

컨설팅 입문 후 3년여를 경험하고 나니 무슨 문제든 풀어낼 자신이 생겨서 근거 없는 자신감과 오만함으로 겸손하지 못했던 날들도 많았다. 고객 분들과 함께 머리를 맞대고 풀어낸 문제가 큰 성과를 냈을 때, 또 고객으로부터 감사 인사 한마디를 들었을 때 힘들고 어려웠던 그 모든 순간이 보상받는 느낌이 들었고, 보람과 긍지를 느껴 또다시 이를 악물고 컨설팅에 전념할 수 있었다. 20여 년 전 생짜배기 초짜 컨설턴트로 입문해서 여러 우여곡절의 과정 끝에 QPS라는 경영 컨설팅 회사를 창업했다. 초기엔 1인 기업가였지만, 함께 해준 동료들 덕분에 현재의 모습, QPS Alliance에 이르게 되었다.

그동안의 시간을 되짚어보니 내가 성장해 온 단계가 보이고 그 성장의 단계마다 필요한 행동 전략이 무엇이었는지 정리된다. 지난 20여 년 간 나를 단련시키고 성장시켜 준 그 핵심 행동 전략은 무엇인가? 주니어부터 시작한 컨설턴트가 단계적으로 잘 성장하기 위한 방법은 무엇인가? 물론 컨설팅에만 국한된 방법은 아니다. 우리가 무언가를 배우고 익혀 나갈 때 가져야 할 마음가짐이자 행동 전략도 이와 같다고 할 수 있

QPS 오피스에서

다. 컨설팅 입문 초기, 성장기, 확장기로 구분해서 생각해보자.

어떤 분야에 입문해서 배움이 시작되는 초기 단계에는 'Take it and make it better.'라는 행동 전략이 필요하다. 무엇보다 'Take it.' 모방을 통해서 성장해야 한다. 입문 초기부터 대단한 성과나 일을 만들기는 어렵다. 초기에는 그저 오더 받은 일을, 주문받은 콘셉트에 맞게, 제때에, 제대로 해내는 것이 무엇보다 중요하다. 오더 받은 일을 수행하면서 받게 되는 선임자의 피드백을 통해 같은 일을 더 빠르게, 더 효율적으로, 더 능숙하게 해내는 방법을 찾아야 한다. 이를 통해 같은 일을 맡더라도 점점 일하는 시간을 줄여 나갈 수 있게 된다.

일단 누군가가 시키는 일을 잘하자. 처음엔 판단도 하지 말고 그저 오더한 일을 잘 딜리버리할 궁리를 해야 한다. 일하는 방법이나 노하우가 없고 업무 패턴도 안 생긴 상태에서 어설프게 판단하고 일을 진행하다 보면 일이 엉망이 될 확률이 높다. 오더 받은 일을 잘하기 위해선 일단 잘 따라 해야 한다.

내가 막 컨설팅에 입문했을 때, 일단은 무조건 베꼈다. 선배들의 일하는 방식을 모방하고, 다른 교육 자료를 베끼고, 타 컨설팅사의 차트를 흉내내

기도 했다. 여러 PM, 선임들과 함께 일하면서 그들만의 장점과 특기를 잘 관찰한 후 각 분야별로 롤 모델을 정하고 그대로 따라 했다. 엑셀 잘하는 선임에게서 단축키 사용법이나 함수 기술을 모방했고, 논리적 사고가 뛰어난 PM에게서 구조화 스킬을 배웠다. 언변이 뛰어난 파트너들을 통해 말하고 전달하는 역량을 배웠고, 과거 컨설팅 자료를 보면서 보고서 작성 스킬을 익혔다.

 일단 먼저 베끼려는 마음을 가져야 한다. 'Role Modeling' 이론처럼 내가 닮고 싶은 각 분야마다 목표로 삼는 사람을 정해서 관찰하고 그대로 답습해 보자. 투자계의 거장 워렌 버핏이 말한 성공적인 인생을 위해 가져야 할 가장 중요한 습관은 '성공한 사람들의 좋은 습관 따라 하기'다. 다양한 선임들과 접촉을 통해 밀착해서 베끼고 모방할 때 성장이 시작되고 일머리가 트인다. 또 이를 통해 일의 기초와 기본을 배우고 익힐 수 있으며, 컨설턴트로서 갖춰야 할 기본기, 그 첫 단추를 잘 꿸 수 있게 된다.

 'Take it.' 하는 과정에서 중요한 것이 두 가지가 있다. QPS의 3대 역량 중 하나인 조망 수용 능력(Perspective Taking Ability)과 수용력(Acceptance)이다. 무엇보다 먼저, 타인을 면밀히 관찰해서 그들이 가진 관점과 장점을 발견해야 한다. 평상시 관찰력과 발견(Finding)이 중요한 이유이다. 창의력은 뛰어난 관찰력에서 비롯된다고 하는데, 상대방이 가진 특징과 장점을 잘 봐 두었다가 그것을 취하고 수용하는 것부터 시작해야 한다.

 내가 이미 잘 알고 누구보다 잘한다고, 내 생각은 다르다고 버티거나 거부해서는 안 된다. 일단 수용하고 받아들여서 그대로 따라 해보는 것이 필요하다. QPS에서 동료를 선발할 때 자기 혼자 잘난 사람이 아닌 배움에 대한 욕구가 크고 수용력이 높은 사람을 택하는 이유이기도 하다. 내 주변

고객사에서 컨설팅 수행 중인 모습

QPS 여름 아웃팅, 제주도 서바이벌 게임장

동료들에게 배울 점은 무엇인가, 그들 각자의 장점을 잘 파악하고 있는가, 나는 그들의 장점에 집중해서 배우고자 하고 있는가, 아니면 그들의 단점 때문에 힘들어만 하고 있는가? 먼저 이 생각부터 바꿔보자.

좋은 책을 많이 읽으면 그 책의 내용을 닮아 가는 경향이 생긴다. 사람의 뇌에는 미러 뉴런(Mirror Neuron)이 있어서 누군가를 모방하려는 경향이 강하기 때문에 누구든 내가 바라보고 있는 사람을 닮아가기 마련인데, 책을 많이 읽는 것도 같은 맥락이다. 세종대왕의 학습법인 백독백습(百讀百習)처럼 책을 베껴 쓰거나 명언을 읽고 쓰기까지 하면 좋은 이유가 그러하다. 내가 좋아하는 문장을 읽고 베끼고 쓰기까지 하다 보면 서서히 내 생각과 행동이 그 명

©ChatGPT

언처럼 닮아가게 된다. 내가 닮아가고자 하는 대상, 그 장점을 선택하고 그대로 베껴보자. 마침내 내가 원하던 모습과 같이 닮아가게 된다.

주니어인 초년생 시절에는 무조건 베껴야 한다. PM이나 선임들이 하는 걸 잘 관찰하고 지켜보면서 배울 점이 보이면 그대로 따라 해보자. 다만, 베끼고 모방하되 뭐 하나라도 다르게 표현하고자 노력해야 한다. Take it and make it better. 단순히 베껴선 안 되고 'Make it better.' 해야 한다. 베끼고 모방하는 과정에서 그냥 생각 없이 따라 하기만 해서는 완전한 내 것이 되지 않기 때문이다.

베낀 것을 재정리해서 나만의 색깔을 입히고 내 것으로 만들어내자. 모방하는 것만큼 중요한 것이 더 나은 것으로 개조해가는 것이다. 그저 모방하는 것은 결코 내면 깊은 곳에 정착되거나 역량화되지 못한다. 모방하되 색을 입히고 덧칠을 해서 그 누구의 것도 아닌 내 것으로 만들어내야 한

다. 선배들이 만든 장표나 과거 장표, 타 컨설팅사 장표를 많이 보고 베끼되 그대로 사용하지 말고 점 하나라도 내 생각을 입혀서 바꿔보자. 그것이 일이든 행동이든 뭐라도 내 판단에 따라 조금씩 바꿔봐야 한다.

베끼고 모방한 것에 내 생각을 더하다 보면 어느덧 일의 흐름이 보이기 시작한다. 다음 단계로 뭘 해야 할지가 보이고, 나에게 주어진 문제를 어떻게 풀어갈지, 어떤 방법으로 고객을 설득해 나갈지가 어렴풋이 보이는 시점이 온다. 이때가 바로 본격적인 성장을 시작하는 단계라 할 수 있다. 이때 중요한 행동 전략은 'Just do it.'을 통한 'Trial & Error'의 반복이다. 즉, Risk Taking을 해야 하는 시점이다. 이때부터는 생각을 많이 하기보다는 무조건 Go해야 한다.

사람은 스스로 뭔가를 직접 행할 때, 또 그 해본 것을 실수하거나 실패하면서 성장한다. 인생에는 세 가지 배움의 길이 있다. 유지적 배움, 충격적 배움, 마지막으로 창조적 배움이 그것이다. 가정에서 또는 학교나 회사에서 정규적으로 뭔가를 배워 나가는 것을 유지적 배움이라고 한다. 이 유지적 배움은 대학교를 졸업하면 멈추는 경향이 있다. 상실이나 쇼크 같은 아픔을 통해 배우는 충격적 배움은 변화나 성장은 매우 크지만 그만큼 아픔이 동반되어 오히려 퇴보할 수도 있다.

매사에 적극 도전하고 끊임없이 배우려는 자세로 주도적인 배움을 해 나가는 창조적 배움만이 진정한 성장으로 이어질 수 있다. 이 시기에는 뭐든 적극적으로 배우고 새로운 방법을 많이 시도해봐야 한다. 선임들이 하지 않았던 방법도 시도해보고, 내가 생각하는 방향대로 일을 몰고 가봐야 한다. 실수할 수도 있고 성과로 이어지지 않을 수도 있지만 주도적으로 뭔가를 해 나갈 때의 배

그룹 토의 중인 QP5 동료들

움은 그저 시키는 대로만 할 때의 성장보다 훨씬 빠르고 크다. 뭐든 주도적으로 맡아서 해보려는 정신, 누군가 하지 않으려 발을 뺄 때조차 나서서 도전하는 정신이 요구되는 시점이다.

나는 컨설팅을 하면서 주로 새로운 산업이나 새로운 방법론을 적용하는 신규 프로젝트 경험을 많이 했다. 미국의 시인이자 철학자인 에머슨의 "인생은 하나의 실험이다. 실험이 많아질수록 더 좋은 사람이 된다."는 말처럼 많이 시도하고 이를 통해 시행착오를 많이 겪어서인지 다른 사람보다 더 빨리 성장했다. Just do it. 일단 부딪쳐 보자.

I사에서 강의 중인 필자

두려운 마음이 들더라도 직접 해보고 과감히 부딪쳐 보자. 차트도 직접 작성해보고 고객과의 인터뷰나 인터렉션도 적극 응해 보자. 선임 또는 고객과 디베이팅도 해보고, 직접 설득도 해보고, 장표도 내 손으로 만들고, 교육 자료도 직접 만들어서 교육이든 미팅이든 스스로 주도해봐야 한다. 해보는 만큼 실력 또한 늘기 마련이다. 주저하거나 빼지 말고 적극 손들고 나서서 행동해야 한다.

성장의 단계를 넘어서면 조금씩 영역을 확장하는 단계가 찾아온다. 이때는 프랑스 철학자이자 문학 비평가였던 조셉 주버트(Joshep Joubert)의 말처럼 'To teach is to learn twice over.' 행동 전략으로 가야 한다. "Teaching is the best teacher."라고, 가르치는 것만큼 잘 배울 수 있는 방법은 없다. 한 번 가르치는 것은 두 번 배우는 것과 같으므로 이론이나 경험적으로 배운 것을 재정리한 후 설명해서 설득하고 가르칠 수 있어야 제대로 아는 것이 된다.

그 어느 때보다 누군가를 가르칠 때 가장 많이 성장한다. 그 가르칠 대상은 후임자만이 아니라 고객이 될 수도 있고 선임 동료들이 될 수도 있다. 현재 나에게는 가르칠 누군가나 대상이 있는가? 그 대상이 없다면 성장의 다음 단계로 나아가기 어렵다. 나에게 가르칠 대상이 있다면 제대로 가르치고 있는가? 가르치지는 않고 그저 닦달만 하고 있다면 마찬가지로 다음 단계로 나아가기 어렵다.

공군 비행단에서 강의 중인 필자

배움의 원리가 이러한데, 우리가 뭔가를 배울 때는 3단계를 거치게 된다. 가장 먼저 입력(Input) 단계를 거친다. 뭔가를 읽을 때, 들을 때, 행할 때에는 먼저 여러 정보나 개념이 내 인식 속으로 들어오게 된다. 다음으로 중요한 배움의 단계는 정리(Arrangement)다. 우리에게 입력된 것이 머릿속에서 나만의 해석을 통해 정리되지 않으면 그냥 지나가 버리고 마는데, 이런 경우는 진정 배운 것이라 할 수 없다. 머릿속으로 입력(Input)된 개념과 원리, 정보는 반드시 내 것으로 재정리(Arrangement)되어야 한다. 그래야만 다시 그것을 말이나 글로 설명할 수 있는 출력(Output) 단계로 넘어갈 수 있다.

아무리 입력이 많아도 제대로 정리되지 못한다면 쉽게 출력되기 어렵다. 누군가에게 무엇을 교육하거나 가르치려면 많은 준비를 해야 한다. 수많은 입력(Input)이 있어야 가능하며, 제대로 된 개념과 핵심을 정리(Arrangement)해야만 마침내 출력(Output)이 가능해진다. 출력 시에도 누군가를 제대로 설득하거나 이해시키기 위한 전달(Delivering) 역량이 요구된다. 많이 안다고, 제대로 정리했다고 해서 잘 전달할 수 있는 것은 아니다. 그러므로 잘 가르치는 것은 그 어느 행위보다 어려운 일이며, 그 어떤 것보다도 잘 배울 수 있는 방법이라 할 수 있겠다.

내가 누군가의 선임이 되어 후임자에게 오더할 때, 또는 리더가 되어 전

그룹 토의 중인 QPS 동료들

체를 책임지고 가르치고 훈육할 때 우리는 성장한다. 직접 업무 할당을 해 보고 아랫사람의 성과에 대해 책임져 볼 때 우리는 더 많이 배우고 더 크게 성장할 수 있다. 후임 동료가 생기면 쉽게 성장할 수 있는 기회가 찾아온 것과 같다. 직접 보여주기도 해야 하고, 가르치기도 해야 하기 때문이다. 되돌아보니 내가 상대적으로 빠른 성장을 할 수 있었던 것도 가르칠 후임들이 많이 있었기 때문이 아닌가 생각된다. 우리는 우리를 이끄는 리더보다는 후임자들에게 진심으로 감사한 마음을 가져야 한다. 가르칠 수 있는 엄청난 배움의 기회를 주기 때문이다.

우리는 누군가를 가르치고, 상호 접촉하고, 나누고, 토론할 때 성장한다. 서로 부의하며 가르치고 영향을 주고받을 때 깨닫고 성장하게 된다. 때로는 상호 간의 갈등마저도 성장의 디딤돌이 된다. 갈등이나 부딪침을 주저하지 말고 동료들과 자주 디스커션하고 교육하고 가르쳐 보자. 가르치면서 성장의 폭은 커지고 나아가 리더십 역량마저도 함께 올라간다. 물론, 가르치기 위해서는 그만큼 내가 아는 것도 많아야 하고 사전 준비도 충분히 되어 있어야 한다. 텅텅 비어 있는 깡통에서는 아무것도 나올 것이 없으니까 말이다.

나는 수영을 이렇게 3단계 학습법으로 배웠다. 처음엔 강사가 시키는 대로 따라했고 수영 책을 통해 이론을 익혔다. 다음엔 동영상을 보면서, 수영 선수들의 영법을 보며 똑같이 따라 하면서 내 몸에 맞는 방법으로 수정해서 익혀 나갔다. 이 영법, 저 영법 가리지 않고 6개월간 매일 새벽에 일어나 닥치는 대로 수영을 했다. 어느 정도 영법을 익힌 다음에는 애써 누군가를 가르쳤다. 가르치다 보니 내가 잘못하는 자세도 보였고 영법을 더 다듬고 개선할 수 있었다.

성장을 위한 3가지 행동 전략! 우리 QPS 동료들은 이러한 과정을 거쳐 점차 성장해 나가고 있다. 하루가 다르게 성장해가는 우리 동료들을 보고 있노라면 기분이 참 좋아진다! 나날이 세련되고 프로답게 정제된 모습으로 성장해가는 우리 동료들! 직급이 올라도 뒤로 빠져 있거나 말로만 하지 않고 더 높은 단계의 역할을 수행하며 점점 더 훌륭한 리더가 되어가는 모습이 참으로 멋지다! 세상 물정 모르고 그저 철없는 주니어로 입사했던 분들이 어느덧 성장해 전문가가 되고, QPS를 이끌어가는 리더가 되어 이렇게 나날이 성장하고 발전하는 모습을 보면서 살아 있음에 대한 희열을 느끼고 사업을 해야 하는 진정한 이유와 보람을 느낀다.

사람은 어떨 때 성장하는가 2 - 아신의 탄생

나는 어릴 때 자존감은 약했지만 자존심이 세서 남들로부터 욕 먹는 게 싫었다. 그래서 뭐든 남들보다 더 잘하기 위해 노력했고, 그래서인지 남들로부터 칭찬을 많이 받았다. 한 번 두 번 칭찬을 듣다 보니 어쩌면 칭찬을 받기 위해 유난히 더 애를 쓴 것이 아닐까 생각되기도 한다.

칭찬! 아무것도 아닌 작은 한마디라 여길 수 있지만, 힘이 들 때마다 또 방향을 잃을 때마다 나에게 힘을 준 것은 다른 사람들로부터 들은 칭찬의 말이었다. 요즘은 잘 기록하지 않지만, 예전엔 칭찬받은 날이면 어김없이 플래너나 노트에 기록을 해두었는데, 두고두고 보면서 내 성장의 자양분으로 삼기 위해서였다. 나는 칭찬으로 컸다 해도 과언이 아니다.

"최동규한테 배워. 여기 있는 사람 모두~"(From 해군 대령)

"얘 잘 봐둬. 리더십 전문가야!"(From 해군 중령)

"야, 최동규, 너는 볼 때마다 뭔가 틀려. 눈빛이 틀려. 너를 보면 말이야 니 미래가 보이는 것 같아."(From 해군 장성)

"오늘, 특히 본인이 잠수함 승조원도 아니면서 무장관도 한 번 안 해본 사람이 훌륭한 발표를 해준 전단 무기 과장의 발표는 잠수함 승조원들도 배워야 합니다. 특히 답변까지 본인이 직접 다 준비를 해서 아주 잘해주었습니다."(From 해군 장성)

"어, 최동규, 최동규 너는 말이야 글도 잘 쓰고 아주 그냥 장래가 촉망되

는 장교야"(From 해군 장성)

"무기 과장님 존경합니다"(From 해군 팀원)

"최동규 참 똑똑해, 최동규는 말이야 볼 때마다 눈이 동글동글한 게 번쩍번쩍해"(From 해군 장성)

"진짜 동규 선배는 말로만 하는 사람이 아니더라고요!"(From 학교 후배)

"야, 무기 과장 수고했어. 무기 과장은 하는 걸 이렇게 보면 속에 뭔가 있는 것 같아."(From 해군 제독)

"최동규 너를 보면 새마을 운동할 때 정신이 생각나! 자립, 자족, 타인에게 의존하지 않는 정신이 있어. 남들은 전부 남들 탓으로 돌리는데 최동규는 본인 탓으로 돌리니까, 전역하면 육해공군을 넘어서 대한민국을 위해 일할 거야~"(From 해군 제독)

"야, 너는 사람 기분을 읽고 기분 좋게 해주는 능력이 있어."(From 해군 제독)

"역시 최 위원님, 진정 닮고 싶네요!"(From 회사 동료)

"모 대령님이 당신 칭찬을 엄청 해서 누군가 궁금했는데 드디어 보네."(From 해군 선배)

"최 팀장은 대단해. 저 옷 입은 거 봐. 코디가 중요한데 파란 셔츠에 빨간 넥타이~ 열정을 상징하잖아~ 옷 입은 거 하나만 봐도 정말 대단한 사람인 것 같아."(From 고객사 임원)

"팀장님은 어쩜 그렇게 프레젠테이션을 잘하세요. 설명하시는 데 군더더기가 없고 귀에 쏙쏙 들어오는 게 설득력 있게 정말 잘하시네요."(From 고객사 팀장)

"팀장님은 지금도 훌륭하시지만 정말 크게 될 분 같아요!"(From 고객사 팀장)

"동규!~ 항상 정도를 가는 답답한(?) 녀석이지~!"(From 친구)

"팀장님은 정말 멋진 분이세요! 뭐든 다 해내실 분 같으세요."(From 고객사 팀장)

"팀장님은 자세부터가 다르세요. 척 보고 장교 출신인지 알았어요. 카리스마도 있으시고 프레젠테이션도 너무 잘하시고 배울 점이 참 많아 보입니다. 처음에는 다가서기 힘든 스타일이지만 한번 친해지면 엄청 좋은 사람으로 보입니다."(From 고객사 팀장)

"낮에 꿈을 꾸는 무서운 사람"(From 홀리모)

"최 팀장 정말 대단한 사람이야~"(From 고객사 임원)

"많이 배웠고 존경합니다."(From 고객사 팀장)

"늘 자신감이 넘치고, 언제나 긍정적인 마인드로 사람들과 즐겁게 일하는 네가 참 좋아 보인다. 멋지다. 친구야!"(From 친구)

"여전히 느껴지는 포스가 대단하시네요. 보이지 않게 전해주신 강력한 내공. 저를 자극하여 정신이 번쩍 나네요."(From 지인)

"작은 거인, 작은 체구에서 뿜어져 나오는 강력한 칼있으마!"(From 친구)

"매번 느끼는 거지만 언제나 진지하시고, 열정적인 모습만 봐도 에너지와 내공을 느낄 수 있었습니다."(From 홀리모)

"내가 아는 수많은~ 사람들 중 손에 꼽을 정도로 멋진 우리 삼촌… ♥"(From 조카)

"형님은 언제나 변함이 없습니다. 가장 중요하면서도 어려운 게 변함없는 거 아니겠습니까? 그런 점에서 형님 존경합니다! 여기 미국에 있으면서 형님 같은 분 한 분만 내 옆에 있으면 좋을 텐데 하는 생각, 수없이 많이 합니다."(From 홀리모)

"긍정적인 포스의 최 위워님!"(From 회사 동료)

"최 상무님은 도대체 못하는 게 뭡니까?"(From 고객사 임원)

"다들 말로만 이렇게 저렇게 살아가는 게 좋다고 하지만, 선배님은 실제로 실천하면서 살아가시는 모습이 정말 멋있습니다."(From 홀리모)

"존경하는 선배님~ 독해. 아주 독해. 꿈을 꾸는 것에 그치지 않고 꾼 꿈을 이뤄내고야 마는 당신, 아주 독해."(From 후배)

"대표님은 목소리도 참 좋으시고, 말할 때 누군가를 설득하는 힘이 있으

세요."(From 고객사 팀장)

"어떻게 10년 전이나 지금이나 똑같으세요? 진짜 한결 같으시네요."
(From 고객사 임원)

"역시, 대표님이 최고예요!"(From 고객사 임원)

"대표님이 다른 사람과 구별되는 게 뭔지 아세요? 대표님은 눈빛이 살아 있어요."(From 회사 동료)

"대표님은 목소리에 설득력이 있으세요."(From 지인)

다 정리하자면 끝도 없겠다. 칭찬을 받고 자란 나여서인지, 칭찬은 고래도 춤추게 한다고 해서인지, 나도 가급적 칭찬을 많이 하려고 노력한다. 누구에게든 칭찬할 일이 보이면 즉시 칭찬한다. 창업 전 다니던 회사에서 내 별명은 아신, 아부의 신이었다. 아신이 탄생한 순간이다. 실제로 나는 그 누구보다도 아부를 잘한다. 나는 사내에서 아부의 일인자였고, 추종하던 무리들은 젖은 낙엽 1호, 2호, 3호, 4호 등으로 불렀다. 젖은 낙엽은 한 번

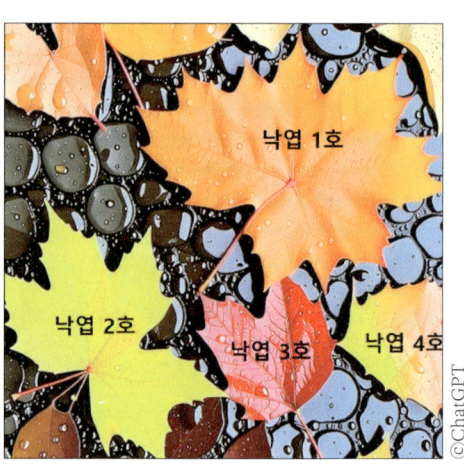

바닥에 들러붙으면 떨어지지 않는다고 해서 아부 잘하는 사람을 가리키는 말이다.

우스갯소리로 만든 닉네임이지만 나는 그 별명이 참 마음에 들었다. 당시 후배들의 아부 실력이 향상될 때마다 낙엽 4호에서 2호로, 낙엽 3호에서 1호로 레벨업시키며 한참 웃곤 했다. 당시 후배였던 현재 감순곤 대표는 줄곧 낙엽 1호를 유지했고, 현재 윤종선 대표는 낙엽 4호였는데 분발해서 2호까지 올라갔다. 아부를 잘한다는 것은 누군가의 특징이나 장점을 잘

찾아서 칭찬할 줄 아는 것과 맥을 같이한다. 사람들의 눈에 띄는 장점이나 잘한 일이 있을 때면 어김없이 그 부분을 부각시켜서 아낌없이, 또 진심으로 칭찬해 주는 것이 바로 아부다.

QPS에서 내가 입버릇처럼 하는 말이 있다.

"아부 잘하는 사람이 일도 잘하지!"

"아부 실력이 늘어난 것 보니까 실력도 좋아졌겠는데요!"

물론 동료들이 나를 칭찬할 때 어색하기도 하고, 일부러 상황을 웃어넘기기 위해서 하는 농담이라는 것을 알지만, 그럼에도 나는 진짜로 아부를 중요시한다. 아부 실력을 중시하는 이유는 아첨하라는 것이 아니라 상대방이 가진 장점과 특색을 발견해 내는 능력을 높이라는 것이다. 사람들의 변화와 특장점에 기민하게 반응하고 읽어낼 수 있는 인간관계적 민첩성을 갖추는 것이 중요하기 때문이다. 칭찬을 잘하는 사람은 고객과 상호작용도 잘하고 관계도 좋다.

물론 사람은 칭찬만 받는다고 성장하는 것도 아니고 칭찬만으로는 변하지 않는다. 때로는 질책도 필요하고 또 가끔은 뼈 아픈 피드백이 필요하기도 하다. 제대로 성장하기 위해서는 잘못된 것에 대해 고치고 개선해야 할 부분에 대해서 교정적 피드백을 받는 것도 상당히 중요하다. QPS는 조직 특성상 칭찬이나 지원적 피드백보다는 교정적 피드백이 훨씬 많다. QPS는 사람을 키울 때 하드 트레이닝을 통한 도제식 훈육 방식을 석용하고 있어서 잘못된 부분을 바로잡는 것에 우선순위를 두기 때문이다.

혹자는 칭찬보다는 따끔한 질책을 통해서 사람을 성장시키는 것이 더 효과적이라고 말하지만 내 생각은 다르다. 피드백도 중요하지만 정작 사람을 크게 키우는 것은 칭찬과 격려의 말이다. 사람을 움직이는 힘은 결국 칭찬과 격려의 말 속에 들어 있다. 칭찬, 인정과 격려는 다른 어떠한 보상보다도 사람을 다시 움직이고 성장, 발전하도록 동기 부여하는 기폭제 역할을 한다. 칭찬 한마디가 사람의 인생을 변화시킨 사례는 무수히 많다.

세계적인 영화 거장, 스티븐 스필버그는 영화를 만들다 퇴학 위기에 처했지만, 그의 재능을 알아본 담당 교사의 한 마디는 "네 영화는 정말 훌륭해, 너는 천재적인 감독이 될 거야."였다. 이 말을 통해 영화 감독의 꿈을 향해 나아갈 수 있었다고 한다. 오랜 기간 GE를 세계적인 기업으로 이끈 잭 웰치 회장 역시 어린 시절 말더듬이로 고생했지만, 그의 아버지는 "네 생각이 너무 빨라서 말이 따라가지 못하는 거야. 너는 매우 똑똑한 아이야."라는 칭찬을 해주었고, 이를 통해 그는 자신감을 얻었다고 한다. 여러 인간 군상을 보여주는 약 2천 년 전에 쓰여진 사마천의 《사기》에도, 자신을 알아주는 사람을 위해서는 목숨을 바친다는 말이 나온다. 칭찬과 격려를 통한 성장과 변화, 이는 어떠한 시대에서든 통용되는 인간사의 이치이며 자라나는 아이들뿐만 아니라 성인에게도 똑같이 적용된다.

나는 일이 기대치에 미치지 못할 때는 아주 엄하고 따끔하게 피드백하는 편이지만, 반면에 나를 감동시킬 정도로 일을 잘할 경우에는 거침없이, 아주 격하게 칭찬을 해준다. 감동받은 일에 대한 이메일 답변을 할 때마다 "Gooood job!"이라고 회신을 해주는데, 한때는 같이 일하던 동료들이 Good이라는 단어에서 o를 몇 개까지 받아 봤냐를 놓고 개수를 헤아리기도 했다고 한다. 나를 크게 감동시킬수록 o의 숫자가 많아지기 때문이다. 요즘은 내가 직접 업무에 관여하지 않기 때문에 그만큼 'Good Job!'을 말해 줄 기회도 줄었지만 예전에는 수시로 날렸다. Goooooooooood Job!

©ChatGPT

한 사람이 가진 최고의 자질을 개발하기 위해서 인정과 격려만큼 좋은 방법은 없다. 이 세상에 칭찬과 격려의 말이 가득 차서 나와 모든 사람이 무럭무럭 자라도록 칭찬하고 또 칭찬하면 좋겠다. 칭찬과 격려는 아무리 많이 해도, 또 아무리 많이 들어도 지나치지 않다. 누군가에게 잘한다 잘한다 해주면 진짜 잘한다. 칭찬은 관심의 표현이라 할 수 있는데, 관심은 결국 타인에 대한 사랑에서 비롯된다. 사람은 내가 좋아하고 사랑하는 마음이 없으면 결코 남에게 관심을 갖지 않는다.

파울로 코엘료의 소설 《피에트라 강가에서 나는 울었네》에서 "사랑한다는 것은 타인과 일치하는 것이고 상대방 속에서 신의 불꽃을 발견하는 것이다."라고 했다. 상대방에 대한 사랑, 관심, 격려, 믿음, 신뢰, 인정의 표현이 칭찬이며, 칭찬을 통해 상대방의 마음속에 있는 신의 불꽃을 점화시킬 수 있다. 사람 간의 관계에 있어서는 상호 진동 교환이 중요하다. 결국 사람은 관계를 통해 성장하고 의미를 만들어 간다. 좋은 진동수를 교환하는 것이야말로 일과 성과를 만드는 원동력이다. 서로를 알아주고 격려하고 북돋아주고 위로와 공감, 교감을 통해 위안을 얻다 보면 살아가는 이유에 대해서, 일을 해야 하는 이유에 대해서 더 깊게 생각하게 된다. 사람은 홀로 일 때보다 조직의 건강한 상호작용을 통해서 더 크게 성장할 수 있다.

엄지 척, 칭찬하고 있는 필자

인간은 이성적인 동물이라 생각하지만, 사실 지극히 감성적인 존재이기에 그 깊숙한 감성 터치 없이는 성장의 동인을 이끌기 어렵다. 보통 기업에서 제일 간과되기 쉬운 부분이 정서적인 공감과 인정이다. 잘할 때, 장점이 보일 때 칭찬과 격려의 한마디가 작은 성공 체험을 만든다. 굳이 말로 하지 않아도 어깨를 툭 친다든지 등을 토닥인다든지 믿음의 눈빛을 보내는 무언의 메시지와 엄지 척해주는 작은 보디랭귀지 하나가 그 사람을 힘 나게 한다. 사람은 억지로 변화시키려 한다고 바뀌는 게 아니다. 그 누군가를 있는 그대로 인정해 주고 행위 하나하나를 알아주고 믿어줄 때 비로소 변화하고 성장한다.

남에게 하는 칭찬은 결국 나를 그렇게 만들기도 한다. 그들이 가진 장점을 콕 집어서 끌어내고 그 사람에게 구체적인 표현으로 말할 때, 나도 그 말과 같은 특장점이 있는 사람으로 변해갈 수 있다. 나는 누군가에게 칭찬이나 격려의 말을 하고 나면 기분이 무척 좋아진다. 남에게 해준 칭찬은 결국 나에게 해주는 칭찬과 같기 때문이다. 과학적으로 보더라도 뇌의 특성상 뇌는 1인칭밖에 모르기 때문에 남에게 하는 이야기는 결국 나에게 해주는 말이 된다. 그 누구에게 칭찬을 하더라도 결국 나의 뇌리 속에 남게 되고 그것이 무의식에 반영된다. 무의식에 반영된 말과 글은 무의식적인 행동으로 이어지기 마련이다. 결국 타인에 대한 칭찬은 나를 위한 자양분인 것이다.

칭찬은 보이는 즉시 하는 것이 좋다. 나중에 모아서 하면 그 효과가 반감된다. 과거에 했던 일에 대한 칭찬도 좋지만 현재 보이는 모습을 칭찬해 보자. 큰 일을 잘한 것보다는 작더라도 조금의 변화가 보일 때마다 칭찬해 보자. 그 작은 성공 체험이 또 다른 변화를 불러일으킨다. 별것 아닌 일에도 "와우! 좋은데요.", "오~ 역시!" 이런 작은 감탄사 한마디가 큰 위력을 발휘한다.

"지난번에 이 상무께서 당신 칭찬을 많이 하던데요."

제삼자 칭찬법을 써 보는 것도 좋다. 직접 듣는 칭찬보다 누군가에게 들은 칭찬을 전달할 때 효과는 배가 된다. 가급적 공개적으로 칭찬해 보자. 칭찬은 공개적으로, 질책은 따로 불러서 해야 한다. 칭찬받을 사람이 없는 자리에서 칭찬을 한다면 효과가 더욱 증폭된다고 하니 이 또한 잘 활용해 보자.

기업에서 컨설팅을 하다 보면 칭찬에 인색한 리더를 많이 본다. 굳이 칭찬까지는 하지 않더라도 리더의 감정은 매사에 클리어한 것이 좋다. 감정 표현이든 대응이든 구성원들이 바라는 리더에 대한 기대치에 불명확성이 없도록 해 주어야 한다. 분명하게 칭찬하거나 명확하게 피드백을 줘야 한다. 애매하거나 아예 하지 않을 경우 오히려 혼란만 가중된다. 아부의 신이 되면 좋겠지만, 표현하는 것이 어렵다면 뭔가 반응할 때 감정의 명확성만이라도 보여주자. 화가 나면 화를 내고 싫으면 싫다고 해야 팔로워들이 헷갈리지 않는다.

QPS 사내 소통망인 팀즈에 올라온 필자의 칭찬 관련 글

직급이 올라갈수록, 리더가 되어 갈수록 칭찬받을 일보다는 칭찬해야 할 일이 많아진다. 그렇지만 리더 또한 사람이므로 칭찬을 먹고 자란다는 사실을 잊지 말자. 나보다 직급이 위인 동료들에게도 이것저것 보이는 대로 진심의 아부를 해보자. 칭찬받을 때 티를 내진 않더라도 아마 밤에 잠들기 전에 다시 그 칭찬을 곱씹으며 다들 무지 좋아할 거다. 나 또한 그러하니까! QPS 내에 나를 대신할 새로운 아신(아부의 신)이 탄생하길 기대해 본다.

나만 알고 싶은 시간 관리 비법 1 – 방부제 얼굴의 비결

오랜만에 만난 고객이나 지인들께 꼭 듣는 말이 있다.

"아니 어떻게 10년 전이나 지금이나 똑같으시네요."

술을 많이 마셔서 알코올 성분이 방부제 효과를 만든 것 아니냐고 농담하는 사람도 있고, 또 어떤 사람은 애인 생겼냐고 묻기도 한다. 50대 중반을 향해 가지만 주름살 하나 없는 비결에 대해 다들 궁금해한다.

이 반응과 더불어서 또 한가지 자주 듣는 질문이 있다.

"여전히 등산 많이 하시죠?"

오랜만에 사람을 만나면 이 두 가지는 거의 빼놓지 않고 듣는다. 이쯤 되면 그 비결이 등산일 거라고 추측하는 사람도 있을 것이다. 물론 매주

고객사와의 계모임 '케이퀀텀회(구, 케이맥회)' 회식

등산 중에

토요일마다 빠짐없이 하고 있는 등산이 그 이유이기도 하겠다!

한번은 전자레인지의 유해성과 관련해서 아내와 다툰 적이 있다. 아내는 전자레인지에 식은 밥을 데워서 먹는 것은 문제가 없다는 주의이고, 나는 유해하다는 입장이다. 아내가 몰래 또는 모르고 전자레인지에 밥을 돌려서 줬는데 그걸 알고서는 밥을 물리친 적이 여러 번이다. 내가 생각해도 까탈스러운 성격인지라 아내가 짜증낼 만도 하다. 전자레인지가 유해할  수도 있고 무해할 수도 있다. 유해하다고 믿는다면 뇌도 그렇게 반응할 것이고 유해한 쪽으로 신체 세포가 영향을 받을 것이다. 반대로 무해하다고 믿는다고 해도 그 믿음 대로 신체에 작용할 것임에 틀림이 없다.

나는 유해하다는 가정으로 바라보기 때문에 전자레인지에 돌린 밥을 먹는다면 당연히 몸에는 좋지 않은 반응이 올 수밖에 없다. 내 생각이 바뀌지 않는 이상 그 양상이 바뀌긴 어려울 것이다. 유해하든 무해하든 위약 효과인 플라시보가 적용될 것이기 때문이다. 우리가 일반적으로 생각하는 것보다 플라시보 효과는 훨씬 영향이 크다고 하는데, 적게는 30%에서 많게는 80%까지 나타날 수 있다는 연구 결과도 있다.

여기서 내가 하고 싶은 말은 '생각의 차이'로 인한 결과의 차이가 아니다. 우리가 건강을 바라보는 생각과 그 작은 습관의 중요성에 대해서 강조하고 싶은 것이다. 우리는 건강이 악화되면 운동을 하거나 영양제나 약을 통해서 다시 만들어 가면 된다고 여기는 경우가 많다. 사실 현재 내 건강 상태는 오랜 생활 습관의 결과로 현재에 드러난 것이므로 갑작스럽게 뭔가를 바꾼다고 좋아지진 않는다. 건강은 우리가 먹는 사소한 음식 하나부

서재의 건강 코너 중 일부

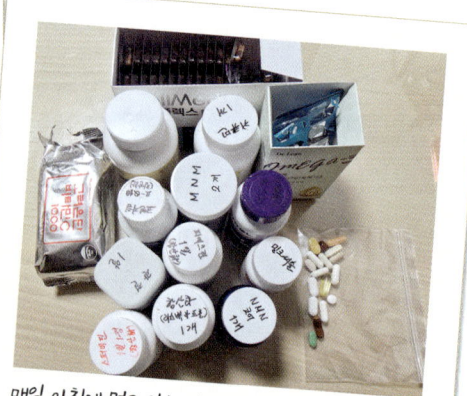
매일 아침에 먹고 있는 영양제

터 환경, 운동, 생활 습관 등 내가 매일 하고 있는 모든 사소한 행위 하나하나의 집합체로써 만들어지는 것이기 때문이다.

우리는 작은 습관을 별것 아니라고 생각하는 경향이 있지만, 작은 습관이 쌓이고 쌓여 1년, 3년, 10년에 이르면 그 힘은 아주 막강해진다. 건강을 비롯해서 모든 것은 사소한 습관의 누적이다. 무의식적으로 행하는 하루 중의 내 작은 습관이 오랜 기간 축적되면서 현재의 건강을 만들어 간다. 나는 오래전부터 이미 건강을 내 인생의 중요한 어젠다로 삼아 왔고 독서를 통해 스터디했으며 삶 속에서 실천할 것들을 하나하나 습관으로 만들어 왔다. 방부제 얼굴은 결코 하루아침에 만들어진 것이 아니다.

내가 오래전부터 매일 행하는 건강 관련 습관은 다음과 같다.

출퇴근 하루 두 번 이상 아파트 계단 타고 오르기, 매일 푸시업 100회 이상 등 맨몸 운동하기, 매주 등산하기, 한쪽 발 들고 서서 양말 신기, 샤워 중 뒷꿈치 들기, 따뜻한 물 후 찬물 샤워하기, 매일 2잔의 음양탕 마시기, 주 3회 반신욕, 하루 2회 명상, 종합 비타민, 고용량 비타민C, NMN, 라스베라트롤, 피세틴, 스퍼미딘, 오메가3 등 영양제 챙겨 먹기, 육고기 끊고 해산물과 채소 위주의 식사, 소식하기, 주 3회 간헐적 단식, 단 것 안 먹고 군것질 안 하기, 특히 탄산 음료수 절대 안 마시기, 어싱(Earthing)하기, 거울 보면서 '나는 27세다'라고 인정하고 받아들이기, 매순간 긍정하기 등 매일같이 건강 습관을 위해 노력해 왔다. '전자레인지 음식 안 먹기'는 그 중 하나일 뿐이다.

처음엔 습관 들이기가 어려웠지만, 플래너에 적어 두고서 매일 실천하려고 노력하다 보니 어느덧 습관으로 자리 잡혀서 이제는 오히려 안 하면 이상하고 찝찝한 기분이 들 정도가 되었다. 이렇게 건강 관련 많은 습관들이 내 무의식에 자리 잡아서 누군가 강요하지 않아도 저절로 하게 된다.

동의보감에서는 생숙탕이라고 언급한 것이 있다. 아무것도 아니라고 생각될 수 있는 뜨거운 물과 찬물을 7:3 비율로 섞은 음양탕을 말하는데, 하루 두 컵 마시는 것만으로도 그 효과에 놀라지 않을 수 없다. 나는 아침마다 두 컵씩 마시는데, 먹고 나면 등에서부터 축축해지면서 온몸에 땀이 난다. 비오듯 나오는 땀과 함께 몸에 쌓인 노폐물이 배출되는 것이다.

신기하게도 술을 마신 다음날엔 더 많은 땀이 난다. 돈도 안 드는 음양탕은 노폐물 제거 때문인지 피부까지 좋아지게 한다니까 안 마시면 손해다. 건강이나 노화 억제는 어느 날 갑자기 실행한 어떤 행위 하나로 만들 수 있는 것이 아니다. 건강이라는 목표도 평상시에 행하는 작지만 사소

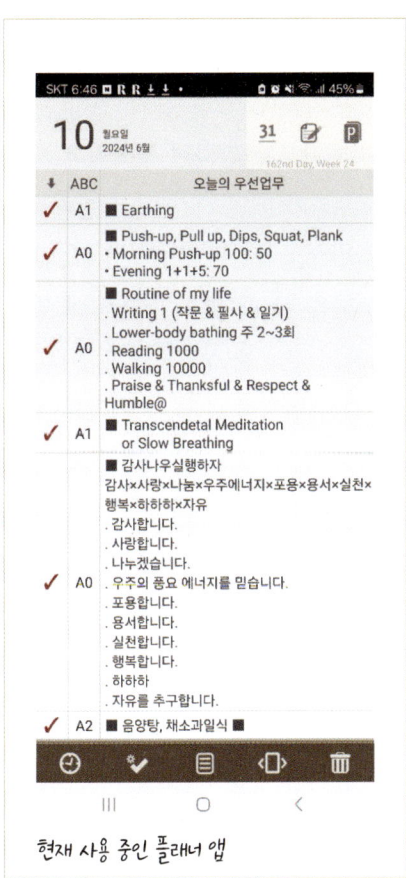

현재 사용 중인 플래너 앱

한 생각 하나, 습관 하나하나가 모여서 쌓이고 쌓여 축적됨으로써 이룰 수 있는 것이다. 건강뿐만 아니라 이 세상 모든 일이 그렇다고 할 수 있다.

매일 마시는 음양탕

우리가 어떤 일을 이루기 위해서는 무엇보다 잠재의식에 깊게 각인시키는 것이 중요한데, 잠재의식에 각인된다는 것은 무의식 중에도 저절로 행위가 일어나는 것을 말한다. 계단을 이용하겠다고 다짐했는데, 주차장에 주차를 하고 자연스럽게 엘리베이터를 탄다면 그것은 아직 무의식에 자리 잡지 못한 것이다. 만약 별 생각 없이 엘리베이터가 아닌 계단으로 간다면 무의식에 자리 잡았다고 할 수 있다. 습관화를 위해서는 우리가 매일 하는 여러 행위들을 잠재의식 속에 각인시켜야 한다. 이는 행위에만 국한된 것이 아니라 생각이나 감정도 마찬가지다. 뭔가 새로운 도전을 할 때마다 '두려움'이 밀려온다면 우리 잠재의식 속에 각인된 두려움의 근원을 살펴보아야 한다. 과거의 경험 패턴이 만들어 놓은 기억의 조각이 영향을 주고 있을 확률이 높기 때문이다.

뱀을 무서워하는 사람이 많은 것도 어릴 때 받은 교육이나 환경 영향으로 뱀에 대한 나쁜 감정 패턴이 생겼기 때문이다. 뱀은 무서운 거야, 뱀은 만지면 물어, 뱀은 독이 있어서 물리면 큰일 나, 뱀은 징그러워. 어릴 때 형성된 그 기억의 패턴이 어른이 된 후에까지 영향을 준다. 만약, 내가 어떤 연구를 위해서 뱀을 애완동물로 키우기 시작한다면, 그러면서 그 뱀을 자세히 관찰하고 먹이를 주며 애정으로 바라보기 시작한다면 뇌에서는 변화가 일어날 것이다.

뇌의 신경 세포인 뉴런에는 뱀에 대한 새로운 해석이 더해지면서 좋은

기억의 새로운 뉴런이 형성되고 여러 좋은 기억의 뉴런들 사이의 이음 부분인 시냅스라는 연결 고리가 형성되기 시작한다. 뉴런과 뉴런 사이의 강화된 시냅스는 생각과 행동이 반복되면 반복될수록 점점 더 연결 강도와 폭이 넓어지면서 '뱀은 사랑스럽다!'라는 새로운 명제의 시냅스 도로가 생겨난다. 한 번 강화된 시냅스는 잘 닦인 고속도로처럼 좀처럼 끊어지지 않고 잠재의식에 깊게깊게 각인되어서 노력하지 않아도 저절로 일어나는 자동화된 행동 패턴으로 자리 잡게 되는 것이다.

우리가 습관을 들인다는 것은 오랜 반복의 결과로 뇌에 새로운 신경 회로를 만드는 것과 같다. 새로운 시냅스로 연결하기가 어려워서 그렇지 제대로만 연결된다면 노력하지 않아도 사동 반사에 의해 저절로 이뤄진다. 웹스터 사전에 정의된 바와 같이 '시간이란 과거에서 현재를 거쳐 미래로 이어지는 크고 작은 사건들(Events)의 연속적인 체계'이다. 결국 시간 관리는 시간을 관리하는

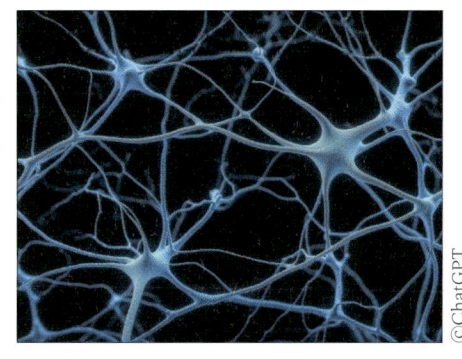

©ChatGPT

것이 아니라 매일 나에게 일어나는 크고 작은 사건들을 관리하는 것이다. 물론, 이 사건들이 의식하지 않아도 저절로 작동하도록 만들어야 한다.

내 인생 목적에 부합하는 필요한 사건들을 얼마나 많이 계획하고 그것을 유지하는가가 관건이며, 이 사건이나 행위를 잠재의식 속에 각인시키고 습관화하는 것이 시간 관리의 핵심이다. 우리가 경시하거나 간과하는 작은 습관들이 시간적으로 누적될 때 일으키는 힘은 어마무시하다.

나는 2001년부터 현재까지 24년여간 프랭클린 플래너를 사용해 왔다. 유명한 마케팅 매거진에도 '메모의 달인'으로 소개되었고 2012년 초에는 공영 방송에서 '시간 관리 달인'으로 방영된 적도 있다. 프랭클린 플래너 코치 자격도 부여받았다. 컨설팅 프로젝트를 하면서 여러 회사의 많은 구성원에게 플래너를 전파했고 구매하도록 도움도 주었다.

2018년부터는 모바일 시대에 맞춰 모바일 버전 앱으로 전환하여 사용하고 있는데, 처음엔 적응하기 힘들었지만 지금은 여러 면에서 편리함을 느끼며 잘 사용하고 있다. 아주 오랜 기간 내 인생과 일을 위한 시간 관리 및 습관 형성 도구로써 플래너를 잘 활용해 왔다. 덕분에 내 꿈과도 같았던 여러 목표를 달성할 수 있었고 계획했던 많은 일을 이룰 수 있었다. 방부제 얼굴을 포함해서 말이다.

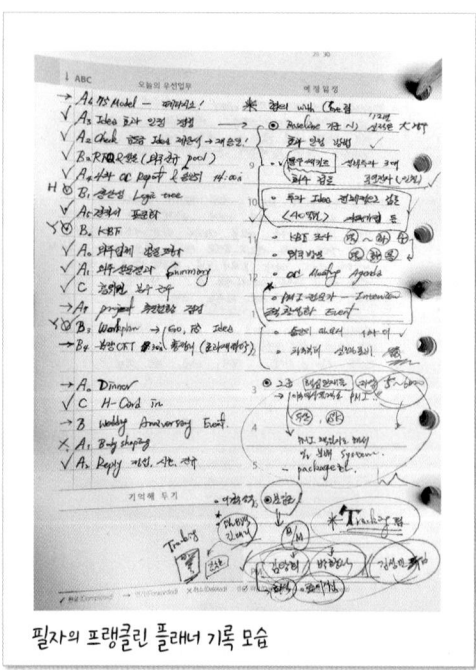

필자의 프랭클린 플래너 기록 모습

QPS 경영 컨설턴트는 제한된 기간 내에 프로젝트를 수행해야 하기 때문에 시간 관리가 매우 중요하다. 그래서 QPS 입사 시 진행되는 오리엔테이션 격인 뉴커머 아카데미 때는 내가 직접 만든 '시간 관리'와 '메모 관리' 교육을 진행한다. 또한 뉴커머 동료들에게 프랭클린 플래너와 같은 업무 및 시간 관리용 오거나이저 사용을 권장하고 있다. 매년 말이면 회사에서 만든 수첩을 나눠주기보다 본인이 희망하는 오거나이저 구입비를 지원한다.

직접 들고 다니는 오거나이저를 선호하는 사람도 있고 모바일로 관리할 수 있는 온라인 버전 앱을 선호하는 사람이 있다. 어떤 것을 사용하건 본인에 맞게 사용하면 될 일이다. 폼 나게 오거나이저를 들고 다니는 것이 중요한 것이 아니라 어떤 목표를 이루고 싶은지, 무엇을 습관으로 들일 것인지, 그것이 건강이면 건강에 대한 습관 리스트, 그것이 일이라면 일을 잘하기 위한 습관 리스트부터 정리해야 할 것이다. 오거나이저는 그저 내 행동을 습관으로 잇는 것을 도와주는 비서로서의 역할을 수행할 뿐이다.

사용한 프랭클린 플래너 연도별 모음

메모의 달인으로 매거진에 소개된 필자

필자가 사용한 프랭클린 플래너

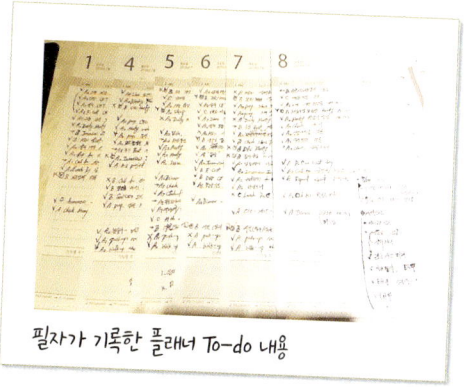
필자가 기록한 플래너 To-do 내용

나만 알고 싶은 시간 관리 비법 2 - 시간 관리의 세 가지 핵심

앞에서 이미 언급했지만, 시간 관리를 잘한다는 것은 나에게 일어날 사건 관리를 잘하는 것이다. 사건을 잘 관리하기 위해서는 우선 내가 관리하고 싶은 사건부터 선택해야 한다. 내가 관리해 나가야 할 사건이 무엇인지도 모르면서 시간 관리를 잘할 수는 없다. 그 '사건'이라는 것은 다른 말로 하면 '과업'이 될 수도 있고 '목표'나 '꿈'이 될 수도 있다. 우리에게 일어날 사건, 즉 그 과업이나 목표를 대하는 우리의 관점과 태도를 바꿔야 시간 관리 또한 잘할 수 있다. 내가 30여 년간 시간 관리를 해 오면서 깨닫게 된 시간 관리 비법, 세 가지를 소개한다.

첫째, 시간 관리를 공식으로 풀어본다면 다음과 같다.

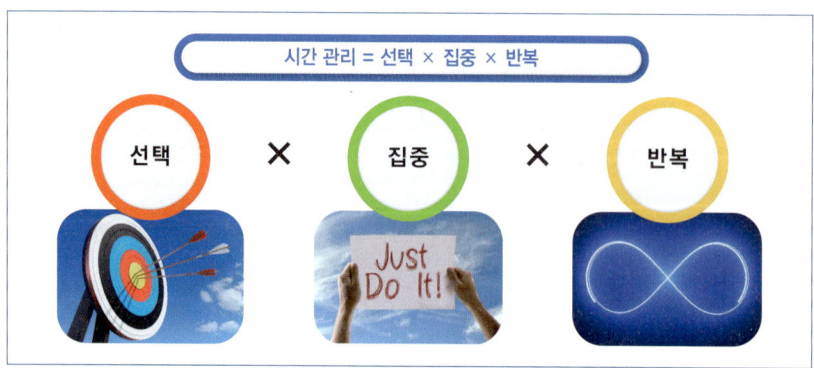

이 공식대로라면 먼저 선택부터 해야 한다. 나에게 일어나길 원하는 사건의 선택, 즉 내 인생의 주제부터 정해야 한다. 무엇이 되고 싶은지, 무엇을 이룰 것인지, 어떤 가치로 어떻게 살아갈 것인지와 같은 거창한 주제까지는 아니더라도 올해는 뭘 이룰지, 이번 달에는 뭘 할지, 이번 주에 중요하게 처리할 일은 무엇인지부터 선택해야 한다. 선택도 하지 않고 시간 관리를 잘하고자 마음먹는 것 자체가 모순이다.

운동, 공부, 여행, 사람, 습관, 음식, 믿음, 취미, 사명, 꿈, 목표 등 그 무엇이 되었든 우리는 우리에게 일어났으면 하는 그 사건부터 선택해야 한다. 모든 걸 다하고 싶다고 모든 것을 선택할 수는 없다. 한정된 시간을 생각하자면 중요한 몇 가지만 선택해서 집중 추진해야 한다. 이것저것 다 하다가는 성과 없이 시간만 흘러간다. 내가 좋아하고 잘할 수 있는 그 중요한 소수의 것을 선택하고 그것에만 오롯이 집중해야 한다.

나는 20대 초반부터 꾸준히 행해온 것이 있는데, 푸시업, 등산, 독서, 여행, 사람 만나기, 계획(메모)이다. 일찌감치 내 인생에서 원하는 것을 선택했고 집중했다. 독서, 등산, 여행, 사람, 계획(메모) 외에는 다 버리고 오직 이것들만 붙들고 늘어졌다. 대부분의 사람이 좋아하는 게임이나 골프, 당구 등 잡기는 아예 하지 않았고, 여러 취미 활동이나 여가 활동 또한 전혀 하지 않은 채 오로지 나에게 일어났으면 하는 사건들을 선택하고 남들보다 훨씬 더 강도 높게 몰입하고 집중했다.

강의, 독서, 등산하는 필자

특히, 20대 초반부터 꾸준히 푸시업을 해 왔는데, 고등학교 때 푸시업만으로 다부진 몸을 만든 친구를 보면서 따라서 실천해왔다. 한 번에 쉬지 않고 1천 회의 푸시업을 하는 사람들도 많다고 하니 더 자극이 되었다. 다른 맨몸 운동도 많이 있지만 우선 푸시업을 선택하고 그 하나에 집중했다. 그렇게 30여 년간 푸시업을 하다 보니 하루에 최고 750개까지 한 적도 있다. 오랜 세월 동안 꾸준히 집중한 덕분에 매일 보통 100개 이상, 이제는

200~300개 정도는 힘들이지 않고 한다.

오랜 세월 동안 푸시업을 선택하고 집중해 왔지만, 사실 작심삼일이 되는 경우가 많았다. 술 마시거나 컨디션이 별로면 일주일씩 쉬게 되고, 너무 바쁜 나날이 이어질 때면 한 달씩, 두 달씩 손을 놓기도 했다. 여기서 중요한 것이 바로 반복이다. 작심삼일, 작심한 달을 반복하는 것이다. 사람은 로봇이 아니기 때문에 꾸준히 이어서 행한다는 것 자체가 쉬운 일이 아니다. 하다가 그만 두고, 하다가 내려놓기 마련이다. 이럴 때 우리의 선택이 장기적 관점에서 옳다고 믿는다면, 집중할 만한 가치가 충분한 것이라 여긴다면 또다시 일어나서 시작하면 된다. 그렇게 하다 말고 하다 말기를 오랜 기간 동안 꾸준히 반복하다 보면 어려운 일도 힘들이지 않고 할 수 있는 수준에 이르게 된다.

팔굽혀펴기 중인 필자

내 인생에서 일어났으면 하는 일의 선택의 강도가 1인데, 1만큼만 집중하고 10만큼을 반복한다면 그 일은 10의 성과를 낼 뿐이다. 만약 내 선택의 강도가 10이라도 10만큼 집중하고 1만큼만을 반복한다면 성과는 100일뿐이다. 그러나 선택의 강도를 10으로 높이고, 10만큼의 집중과 10만큼을 반복해 나간다면 그 성과는 무려 1,000이 된다. 시간 관리는 무엇보다 선택의 문제이고 집중과 반복의 정도가 관건이라 할 수 있다. 나는 푸시업이라는 내 인생의 운동 주제를 100만큼의 강도로 포커스해서 선택했고 100만큼 집중했으며 100만큼을 반복해 왔다. 그러다 보니 이젠 푸시업에 최적화된 몸, 누가 보더라도 다부진 몸으로 단련되었다. 시간 관리를 잘하고 싶은가? 그렇다면 먼저, 나는 무엇을 선택할 것인가, 어떻게 집중하고 반복해 나갈 것인가부터 정립해 보자.

내 인생의 최종 목표는 한 번에 1천 개의 푸시업을 하는 것이다. 하루에

1천 개도 힘든데, 1회에 1천 개라니 목표가 좀 과하다 싶을 수 있다. 1회 1천 개, 아직은 먼 이야기일지라도 1일 1천 개는 조만간 달성 가능할 듯하다. 30여 년간, 선택에 따른 집중과 반복된 노력의 결과다. 하다가 한 달을 쉴 수도 있고 석 달을 못 할 수도 있다. 잠시 멈추더라도 선택한 그것에 집중해서 계속 반복해 나가면 된다. 하다가 그만두고 하다가 그만두더라도 집중하고 지속해서 작심삼일을 반복하다 보면 습관화가 되고, 내가 원하던 목표도 결국 이룰 수 있게 된다.

쿵후계의 달인, 이소룡은 말했다.

> "나는 한 번에 만 가지 발 차기를 연습한 사람을 두려워하지 않지만, 한 가지 발차기를 만 번 연습한 사람을 두려워한다."

젊은 시절에 이것저것 다양한 분야를 많이 경험하는 것도 좋지만 인생의 Focal Point를 가져야 한다. 인생의 소명까지는 아니더라도 최소한 내 인생을 어느 방향으로 몰아갈지는 선택하는 것이 필요하다. 시간 관리는 선택과 집중 그리고 반복이며 선택하고 집중한다는 것은 명확한 의도를 가지는 것이다. 명확한 의도도 없고 방향성마저 불투명하다면 다양성 추구는 시간이 흐를수록 별로 남는 게 없게 될 양산이 크다. 명확한 의도가 명확한 선택을 만들고 명확한 선택이 명확한 집중을 만든다. '선택 × 집중 × 반복', 이 공식대로만 꾸준히 하면 뭐든 이룰 수 있다.

출근해서 플래닝 중인 필자

둘째, 우리가 시간 관리를 잘하기 위해서 바꿔야 할 패러다임이 있다. 그것은 우선순위 설정에 관한 것이다. 시간 관리 전문가들이 제일 많이 강조하는 것이 우선순위 설정이다. 그들은 매일 해야 할 일을 To-do List로 정리하고 그 일들의 우선순위를 매기라고 말한다. 그런데 우선순위를 매기는 것도 중요하지만 시간 관리에 있어서 핵심은 내가 하지 말아야 할 것이 무엇인지를 아는 것에 있다.

이것은 앞서 말한 '선택', '집중'과 관련이 있다. 내가 할 것을 선택하고 고도로 집중하기 위해서는 거절해야 할 일, 버려야 할 습관, 멀리해야 할 것들부터 정의해 봐야 한다. 사건 관리에 있어서 최우선적으로 해야 할 일은 'Say No!'이다. 나에게 펼쳐질 사건 중에 거절할 것이 무엇인지부터 점검해 보자.

경영 컨설턴트가 되면서부터 주변에서 골프에 대한 유혹이 많았다. 창업해서 사업을 하면서부터는 더더욱 심해졌다. 보는 사람들마다 "골프 안 치고 어떻게 사업을 해요?", "대표님은 왜 골프를 안 치세요?"가 주된 질문이었으니까 말이다. 나는 이미 20대 초반부터 평생을 통해 등산으로 체력을 단련하고 산에 올라 호연지기를 기르기로 결심했기 때문에 등산을 선택했고 산에 집중했다. 1천 개의 산, 1천 회의 산을 오르는 게 내 인생 목표이다.

내가 100여 개 정도의 산을 올랐을 때 어떤 사람이 이렇게 말했던 기억이 난다.

"아니, 올라갔다가 내려올 산을 왜 가요? 매주 한 개씩 올라도 1년이면 52개밖에 안 되는데, 그렇게 해서 언제 천 산을 다 오르려고? 하하!"

이게 벌써 20여 년 전 일인데, 지금까지 853좌를 달성해서 1천 회 등반을 향해 나아가고 있다.

등산을 선택하고 전념하기 위해서 남들이 다 치는 골프는 과감히 버렸다. 골프 안 치고도 얼마든지 사업할 수 있다는 것을 보여주고도 싶었다. 시간 관리는 인생에서 일어나는 사건 관리, 이벤트 관리다. 해야 할 일을 정하되, 그 외에는 모두 버리고 거절해야 한다. 이 일 저 일 다 하고 이것저것 다 맞추다가는 인생이 "훅~" 하고 지나가 버린다. 언제 1천 산을 다 오

동료들과의 등산

중국 태항산 등산

르냐고 나를 비웃던 그 사람에게 앙갚음이라도 하듯 나는 지난 20여 년간 꾸준히 산을 오르고 올라서 심신을 단련했고 예전보다 훨씬 건강해졌으며, 더불어서 강인함을 갖추고 호연지기까지 기를 수 있었다.

 삶에는 예정에 없던 일들이 갑자기 끼어들기도 하고, 예상치 못했던 사건이나 사고가 일어나 귀중한 시간을 허비하게 만들기도 한다. 그렇기 때문에 더더욱 내 삶의 우선순위를 정해두는 것은 중요하다. 이 우선순위의 설정, 중요한 일부터 하기 위해서 가장 먼저 해야 할 일이 하지 말아야 할 것부터 정의하는 것이다. 내 인생에서 내가 선택한 사건만이 일어나도록 하려면 지금 당장 끊어내야 할 것부터 선택해야 한다. 내 인생에서 버려야 할 나쁜 습관인 의미 없는 술자리, 담배, 게임, 내 인생과 무관한 정치/스포츠 이야기나 가십거리 등 일상적인 중독과 멀리하고 싶은 일, 관계 등에서 되도록 빨리 벗어나야 한다. 오늘부터 당장 거절하고 거부하고 끊어라.

 강한 거절은 반대 급부적으로 내가 선택한 그 무엇에 대한 강한 집중을 만들어 준다. 내 인생에서 진짜 중요한 그 무언가를 선택하고 집중한다는 것은 덜 중요한 것을 포기하는 것과 같다. 아닌 것은 과감히 버리고 거절하자. 건강 관리를 위해서 좋은 음식을 먹는 것보다 해독을 하고 나쁜 음식을 멀리하는 것이 중요하듯, 시간 관리에 있어서도 좋은 것을 가득 채우는 것보다 더 중요한 것이 해로운 것을 비워내는 것이다.

시간 관리 비법, 그 세 번째는 구글의 목표 설정법인 10 × Thinking이다. 시간 관리를 잘하기 위해서는 목표부터 세우라고 하지만 쉽게 이룰 수 있는 목표를 세우는 건 의미가 없다. 나에게 펼쳐졌으면 하는 그 사건의 크기를 키워야 한다. 내가 지금껏 살면서 가장 후회되는 일이 30여 년 전에 내 인생 목표를 너무 낮게 잡은 것이다. 심지어는 그 꿈을, 그 원하던 삶을 지금 이미 다 이루어 버려서 더 후회가 된다. 왜 30년 전에 더 크고 원대하고 담대한 뜻을 세우지 않았는지 뼈저리게 후회된다. 젊은 시절에, 더 크고 원대한 꿈을 꾸었더라도 지금쯤은 이미 다 이루고도 남았을 것이다.

"작은 계획은 세우지 마라. 그것은 당신의 피를 끓게 하는 마법을 부리지 못한다. 큰 계획을 세워라. 원대한 목표를 세우고 노력해라."

미국의 유명한 건축가 다니엘 번햄의 말이다. 업무적으로든 개인적으로든 도전적으로 느껴지는 큰 목표를 세워야 한다.

"설마 내가 이걸 이룰 수 있을까!", "이건 무리야!", "이걸 어떻게 해!", "욕심 내지 말고 분수에 맞게 살자!" 이런 말들은 내 인생에서 과감히 몰아내자. 불가능한 목표를 꿈꾸고 무모한 상상을 하자. 내가 생각하는 것보다 10배, 아니 100배를 더 키워서 목표를 설정해야 한다. 10배든 100배든 명확하게 의도해서 선택하고 집중하고 반복적으로 실행한다면 우리는 뭐든 이룰 수 있다.

'매출 4조 원의 행복한 회사, Great QPS Alliance'를 꿈꾼다. 내가 이 목표를 말할 때마다 현재 우리 수준을 아는 주변 지인들의 반응은 대체로 비슷하다.

"하하! 매출 4조! 의지가 좋네요!"

"야, 우리나라 컨설팅 빅4 매출이 얼마인 줄 아니? 몇천억 원대 정도야.."

"하하! 뭘로 달성할 건데?"

남들이 비웃거나 조소할 만한 목표를 세워야 한다. 그렇지 않다면 그 목표는 10 × 적 목표가 아니다. 그 누군가가 비웃고 헛소리 정도로 치부하더라도 10~20년 후 내 삶을 뒤돌아봤을 때 절대 후회가 없도록 하기 위해서 오늘도 10 × Thinking 목표로써 나아간다. 내가 주변에 하도 떠들고 다녀서일까, 4조 원 목표를 말했을 때 어느 후배가 의아해하면서 그런다.

"형님, 원래 4천억 원 아니었어요? 더 커졌네요!"

진지한 표정으로 묻는 게 어느덧 내 목표를 믿는 눈치다. 밤낮 가릴 것 없이 하루 종일 같은 꿈을 꾸면 반드시 현실로 이루어진다.

매출 4조 원의 행복한 회사, Great QPS Alliance!

물 한방울의 힘

컨설팅 입문 초기부터 프로젝트를 진행할 때마다 매번 나를 고민하게 만든 세 가지가 있다. 첫째는 어떻게 하면 개선 방법론을 고객들도 쉽게 이해하도록 만들 수 있을까이고, 둘째는 어떻게 해야 고객의 마음을 변화, 혁신 마인드로 바꿀 수 있을까이다. 셋째는 우리가 떠난 후에도 개선 사항이 제대로 실행되고 혁신 분위기가 지속 유지되려면 어떻게 해야 하는가이다. 몇 년 정도 일해 보니 이에 대한 답을 찾을 수 있었는데, 그것은 다름 아닌 교육에 있었다.

컨설팅사에 입사해 보니 교육 자료들이 일부 있긴 했으나 너무 간단하고 부실했으며, 컨설팅 개선 방법론을 비롯해 변화 관리, 팀 빌딩 및 리더십 등 프로젝트 수행에 필요한 전 영역을 커버하지도 못하는 수준이었다.

입사 후 첫 프로젝트는 153 볼펜으로 유명한 ㈜모나미였다. PT를 잘한다고 인식이 되어 있던 나에게 첫 강의 기회가 왔다. 첫 강의 주제는 아이디어 개발을 위한 브레인스토밍 강의였다. 그때 선배들로부터 받은 교육 자료는 너무 빈약하고 허접해서 도저히 교육을 진행할 수준이 안 된다고 판단되어 강의를 수정하기로 마음먹었다. 그래서 이것저것 인터넷을 통해 서칭을 하거나 관련 책을 읽어서 교육 자료에 살을 붙이기 시작했다. 남들은 그냥 선배들로부터 전해 받은 파일 그대로 강의하는 경우가 대다수였지만, 나는 다 뜯어고치고 싶었고 실제로 그렇게 했다.

나의 강의 역사는 기존에 보유하던 교육 자료를 일부 고치는 수준에서 시작했으나 교수안을 완전히 갈아 엎을 정도로 새롭게 만들거나, 없던 교육 콘텐츠를 신규 개발하면서 교육 자료 제작 및 강의 실력이 나날이 늘어갔다. 내가 직접 만든 강의 메뉴얼은 현재 130여 개까지 늘어났다. 이러한 나의 교육 훈련에 대한 강한 애착을 기반으로 교육과 컨설팅의 장점을 결합한 COE(Coaching for Operational Excellence) 서비스를 개발하게 되었다. 중견, 중소기업의 경우 한정된 자원 및 고가의 컨설팅 비용으로 프로페셔널 컨설팅 서비스를 쉽게 도입하지 못한다. 이를 해결하기 위해 고민하던 중 COE 서비스를 개발하게 되었고, 이는 QPS 창업 시의 사업 모델이 되었다.

COE 서비스는 직무 연계성이 부족하고 일회성으로 그치고 마는 교육의 한계를 극복하고, 고가의 컨설팅 비용을 저비용으로 제공받을 수 있도록 설계한 프로그램이다. 먼저 Practical한 교육을 통해 고객이 개선 방법론을 습득하고 개선 의지를 고취하게 한다. 더불어 체계적인 컨설팅 프로

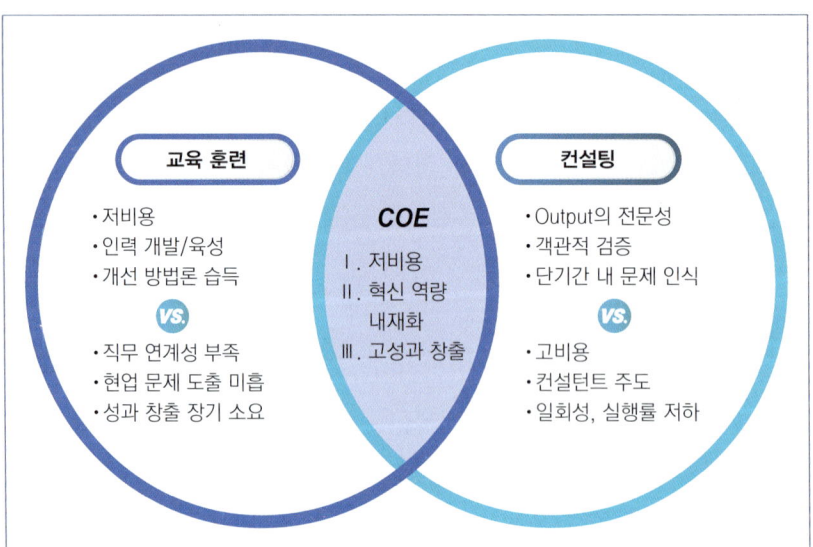

❁ COE 서비스 개념도

청주대학교에서 특강 중인 필자

M사에서 강의 중인 필자

세스에 따른 코칭 방식의 가이드를 통해 역량을 높이고 스스로 문제를 풀도록 유도함으로써 고객 주도의 성과 창출이 가능하도록 돕는다. 기업 입장에서는 성과 창출은 물론 장기적 관점에서 컨설턴트 수준의 핵심 인재를 육성할 수 있는 기회가 되는 것이다. 기업 구성원의 역량 강화와 혁신역량 내재화를 위해서는 교육 훈련과 컨설팅을 결합한 종합적인 접근 방식이 훨씬 효과적이며 장기적 관점에서도 매우 이득이다.

20여 년간의 컨설팅 수행과 교육 및 강의 경험에서 비롯된 결과이기도 하겠지만, 나는 누군가를 가르치고 교육하고 강의하는 것에 소질이 있다. 다른 사람들은 내가 천부적 재능을 가졌다고 여길 수도 있지만, 실은 엄청난 노력의 결과일 뿐이다. 남들 앞에만 서면 머리 속이 하얗게 되어서 벌벌 떨기 일쑤였던 내가, 바뀌기로 마음먹은 다음부터는 잘한다는 소리를 듣게 되었고, 교육 경험이 늘어날수록 몸에 배인 습관처럼 강의 스킬이 자연스럽게 나의 뇌리에 자리를 틀게 되었다.

나는 어떤 현상을 시각화해서 파워포인트로 차트화하는 역량이 남들보다 뛰어나다. 심지어는 어떤 문장을 읽기만 해도 내 머릿속에는 이미 이 문장을 어떻게 시각적으로 표현해서 교육받는 사람들을 설득할지에 대한 아이디어가 떠오르고, 머릿속에서 상상의 그림으로 그려진다. 책에서 읽은 텍스트를 시각화해서 교육 자료로 표현하는 훈련이 반복되면서 가능해

홍익디자인고등학교에서 강의 중인 필자

진 일인데, 이젠 어떤 문장이든 보는 즉시 시각화 아이디어가 떠오른다. 그래서인지 교육 자료도 금방 만들고, 아무리 짧은 시간에 만든 교육이라도 듣는 사람들의 반응이 좋다.

컨설팅 입문 초기에는 강의하기 전 매뉴얼의 내용을 미리 숙지해서 사전에 철저히 연습하여 완벽에 완벽을 기하기 위해 노력했다. 혼자 리허설도 하고, 차트를 넘길 때 자연스럽게 이어지도록 멘트도 써가면서 연습에 연습을 거듭했다. 그런데 이런 방식이 거듭되고 점점 익숙해지면서부터는 더이상 리허설을 하진 않는다. 교육 자료를 만드는 과정에서 이미 머릿속 상상이 전달 방법을 구체화하고 시뮬레이션하기 때문에 차트 한 장 한 장에서 어떤 포인트를 어떤 방식으로 전달할지 딱 보면 감이 온다.

내가 교육 및 강의에 대한 애정이 남다르기도 하고 그 누구보다도 교육

QPS 어드바이저 세미나

훈련의 중요성을 깊게 인식하고 있어서 QPS 내에서도 교육을 강조한다. 교육 한번 한다고 사람이 바뀌겠는가? 물론, 그렇지 않다. 책 한 권 읽는다고 사람이 바뀌지 않는 것과 같은 이치다. 사람은 교육 한 번으로 결코 바뀌지 않는다. 우리가 1시간씩 교육을 받을 때마다 커다란 양동이에 물 한 방울을 담는다고 생각해 보자. 물 한 방울 담는다고 해서 양동이의 물이 넘치겠는가? 당연히 그렇지 않다. 하지만, 계속해서 한 방울씩 담아 나가

다 보면 언젠가는 양동이가 가득차서 넘치는 날이 온다.

교육의 효과는 양동이에 담는 물 한 방울과 같다. 당장의 효과를 바랄 순 없지만 쌓이고 쌓이면 머리를 감을 수도 있고, 빨래를 할 수 있을 정도로 물이 차서 넘치게 된다. 가랑비에 옷 젖는 것처럼. 가랑비를 맞을 땐 설마 옷이 젖겠어 생각하지만 시간이 지날수록 옷이 흠뻑 젖어 버린다. 그 물방울 방울이 모여서 양동이에 물이 가득 차 넘치는 순간, 진정한 인생의 의미와 가치를 깨닫는 각성이 찾아올 수도 있다.

QPS는 교육을 매우 중요하게 생각한다. 창업 초기부터 교육 훈련을 중시하여 수시로 진행했으나 고속 성장기를 맞으면서 바빠서라는 핑계로 교육을 소홀히 하던 중에 전 직장 동료이자 현재는 맥킨지에 입사한 후배를 만나서 맥킨지 교육 체계를 듣게 되었다. 그때부터 '아차' 하는 마음이 들었다. 맥킨지는 입사하면 거의 한두 달은 교육만 받고, 승진할 때도 그렇다는 것이다. 그것도 국내가 아닌 해외에 나가서 교육 연수를 받는다는 말이 충격이었다. 글로벌 넘버 1인 컨설팅 회사도 저렇게 교육을 제대로 많이 하는데, 우리는 무엇을 하고 있는가라는 스스로에 대한 질문과 함께, 이대로는 안 되겠다는 반성이 밀려왔다. 마침, QPS브레인이라는 교육 회사를 만들기 위해서 뇌 교육학 박사인 이은정 상무를 영입한 시점이기도

QPS 뉴커머 아카데미 모습

QPS의 교육 수강 중인 제이에스티 최호천 대표와 직원들

해서 여러모로 내부 교육에 힘쓸 수 있는 여건이 마련되기도 했다.

이후부터 QPS는 사내 교육 훈련을 위한 체계를 다져 나갔다. 그리고 정성을 다했다. QPS는 뉴커머를 위한 컨설팅 입문 교육인 '뉴커머 아카데미', 별도의 시간을 할애해서 컨설팅 Skill-up 교육을 진행하는 'QPS 아카데미', 프로젝트 결과를 리뷰하는 '프로젝트 리뷰 데이'를 운영하고 있으며 매월 BBM(Big Bang Meeting)을 통해서 1일 All Day 교육을 진행하고 있다. 연간 10여 차례 이상 BBM을 진행하기 위해 노력 중인데, 외부 강사를 초청할 때도 있지만 QPS 시니어들이 돌아가면서 강의를 맡는다. 주로 내가 직접 강의를 진행하는데, 주제도 다양해서 학교에서는 전혀 배울 수 없었던 휴먼 네트워킹 방법, 올바른 걸음걸이와 걷기의 효과, 양자 물리학, 독서 방법, 어싱(Earthing), 브레인 트레이닝부터 조직 생활에 필요한 리더십, 팔로워십, 효과적인 피드백, 갈등 관리, 조직문화, 프리젠테이션 스킬, OKR 수립 방법 등 다양한 주제로 그때그때 강의 자료를 내가 직접 만들어서 강의하고 있다.

보통 회사에서 교육을 받으러 간다고 하면 다들 세 가지를 이야기한다.

"춥고, 배고프고, 잠 오겠다!"

내가 오랜 세월 직접 강의를 해 보니 역시나 교육에 참여하는 것을 마치

도살장 끌려가듯 느끼고 있었다. 그것은 그만큼 교육이 지루하고 재미가 없어서 또는 뒤통수를 때릴 만큼의 인사이트가 없어서일 것이다. 결국 재미 요소가 상당히 중요하기 때문에 1시간 교육이면 1시간 내내 딴생각 없이 교육에 집중하고 몰입하도록 유도하는 것이 관건이다. 특히 재미가 없으면 사람들은 싫증 내고 지겨워한다.

"사람들을 어떻게 집중시킬 것인가?"

"사람들은 어떨 때 집중하는가?"

"어떻게 해야 교육 내내 재미있게 만들 것인가?"

이 질문이 20년 내내 나를 따라다녔다.

그래서 교육 자료를 만들 때 가장 중요하게 생각하는 것이 있다. 교육 자료의 시각화, 참여형 시뮬레이션 실습 그리고 재미 요소 첨가, 이 세 가지다. 교육 자료에는 가급적이면 텍스트를 빼고 최대한 이미지화하기 위해 사진을 넣거나 도형화시켜서 단순화하려 노력한다. 사람은 텍스트에 반응하거나 집중하기 어렵고, 직관적으로 해석되는 그림이나 이미지가 뇌를 자극해서 쉽게 몰입할 수 있기 때문이다. 교육 시에는 가급적 피교육생들이 교육에 직접 참여하는 방법을 활용한다. 퀴즈를 내거나 질문을 하거나 조별 실습을 시켜서 단순 주입식 이론 강의가 아닌 직접 실습하고 체험하는 교육의 장을 만든다.

QPS가 교육에 있어서 가장 중요하게 생각하는 요소는 바로 재미다. QPS 교육 철학 중 하나인 '헤드 페이크 러닝(Head Fake Learning)'이라는 개념이 있는데, 랜디 포시 교수의 《마지막 강의》라는 책으로부터 알게 된 개념이다. 축구 등 스포츠 경기 중 Head Fake Running의 개념과 유사한데, 주자가 자신의 방향을 바꾸거나 속도를 조절할 때 상대방을 속이기 위해 머리를 반대로 움직이는 기술을 말한다. 교육도 마찬가지여서 한참 즐겁게 떠들고 논 것 같은데, 교육을 마치고 나니 뭔가 배운 게 있는 교육 방식이다. 교육은 즐겁고 재미있어야 하며 흥미를 유발해야 한다. 이러힌 맥락의 교육 방식을 게미피케이션(Gamification)이라고 한다. 재미 요소를 첨가하기 위해 게임 형태의 교육을 진행하는 것을 말한다.

게임 방식의 교육을 개발해서 운영하기도 하지만, QPS가 가장 많이 사용하는 교육 방식은 조별 실습 대항전이다. 교육 과정 중에 실제로 현실에 있을 법한 Case Study 실습 5~6가지를 포함시켜서 조별 대항전을 펼치는데, Case Study에 부합하는 상황이나 Data를 제공해서 조별로 협의를 통해 문제를 풀게 한다. 매 실습마다 점수를 부여해서 교육을 마칠 때 총점이 가장 높은 조가 우승하며, 우승한 조가 상품권 등의 포상을 독차지하게 만드는 방식이다. 사내에서든 고객을 상대로 한 교육이든 상당히 반응이 좋다.

QPS는 매달 개최하는 BBM 교육 시마다 조별 대항전을 통해 우승하는 조 전원에게 5만 원 상품권을 지급한다. 조별 실습을 하면서 서로 웃고 떠들고, 정답을 맞춰 보면서 탄성을 지르고 즐거워하고, 때론 아쉬워하면서 그렇게 2시간 여를 즐기다 보면 어느덧 교육이 끝나 있다. 교육을 통한 배움과 각성이 찾아오는 건 당연한 것이고, 높아진 동료 간의 친밀감과 교육받는 동안의 즐거움과 기쁨은 덤이다. 아니 어쩌면 반대일지도 모른다.

BBM 진행 시 조별 대항전, 문제 해결 중인 동료들

이번 주도 차주에 있을 BBM 교육 자료를 만들기 위해 온 정성을 쏟고 있다. 우리 동료들이 새로운 관점을 배우고, 더 나은 리더로 성장하고, 더 훌륭한 컨설턴트로 발전하고, 인생의 소중한 가치와 의미를 깨달아가기를 바라기 때문이다. 우리 동료들을 위해서 교육을 기획하고 교육 자료를 만들 때면 그 무엇과도 바꿀 수 없을 정도로 마음이 풍요롭고 기쁨으로 가득 차오른다. QPS 동료들 각자의 양동이가 가득차는 그날까지 오늘도 정성스럽게 물 한 방울 담는다.

QPS 생활상

긍정의 힘
불가능은 없다!

이 대 민
Principal Consultant

QPS에 입사 결정이 되었을 때, "QPS호에 승선한 것을 환영합니다"라는 축하를 받았던 것이 기억납니다. 그 축하는 단순히 새로운 직장으로의 입사를 축하하는 것을 넘어서, 한 배에 함께 타서 같은 목표를 향해 나아가는 동료로서의 삶이 시작됨을 의미했습니다. QPS는 서로 믿고 응원하며 서로의 성장을 도와주는 친밀한 동료가 되는 것을 추구하는 곳입니다. 이러한 동료로서의 좋은 유대 관계와 QPS의 조직문화는 치열한 컨설턴트로서 업무를 추진하는 데 있어서도 큰 힘이 된다는 것을 체감하고 있습니다. 이런 조직문화를 근간으로 우리는 훌륭한 성과를 창출하고, 어려운 과제를 극복해 나가며 동료들과 함께 성공 스토리를 만들어 갑니다. QPS는 무엇보다도 내 스스로가 끊임없이 성장을 추구해야 한다는 열망을 불러일으켜 주었습니다. 이런 긍정적인 자극은 어떠한 상황이나 작은 일 하나에서도 배울 점과 즐거움을 찾게 해줍니다. QPS에서는 무엇이든 자유롭게 제안할 수 있고 문제가 있을 경우 서로 머리를 맞대고 해결함으로써 성장할 수 있는 기회가 주어집니다. 아무리 어려운 문제 앞에서도 안 된다는 생각보다는 '안 될 이유가 뭐야?'라는 생각을 함으로써 매사를 가능성의 영역에서 판단하고 행동하게 합니다. 입사 전의 저를 돌이켜보면 저의 주관을 갖고 살았다기보다는 당장 눈앞의 일이 더 중요했고 현실에 쫓기듯 살았던 것 같습니다. 그러나 QPS 입사 후 관점을 확장하며, 나와 우리의 3년, 5년, 10년 후 미래를 그려보았고, 그 생각만으로도 가슴이 뛰었습니다. 이젠 QPS호에서 우리 동료들과 함께 새로운 꿈을 꾸고 더 멋진 미래를 향해 나아갑니다. 1%의 가능성에서도 기회를 찾아 불가능을 가능하게 만드는 곳, 바로 QPS입니다.

창립 7주년 기념 소감

가슴 뛰는 이야기가 있는
QPS, 함께
행복 경영으로

이 제 혁
Managing Director

처음 대면한 면접 자리에서부터 못마땅한 표정으로 눈에 차지 않는 부분을 지적해 주시던 분, 입사 후 한참을 옆에 두고 사소한 말투나 머리 스타일부터 걸음걸이까지 모든 것이 마음에 들지 않는다며 바꾸라 다그치시던 분, 철저한 갑을 관계 속에서도 미사여구나 수식어 없이 그저 바른말과 올곧은 말만을 내놓으시는 모습을 보고, 나는 얼마나 지독한 사람과 함께하게 되었는지, 그리고 한편으로는 내가 얼마나 지독하게 변하게 될지를 가늠해 보았던 기억이 납니다. 이분과의 대화는 늘 의미가 있어야 했고, 신념과 사명감, 성장과 방법론에 대한 가슴 뛰는 주제여야만 했고, 마치 한 번 후회스러운 인생을 살아본 이가 다시 태어나 가장 중요한 것에만 집중하며 살 듯, 군더더기 없는 삶의 패턴은 '나는 저렇게는 못 살 것 같다'며 혀를 내두르게 만들곤 했습니다. 궁금하지 않으신가요? 이분과 함께하고 있는 저는 과연 어떤 사람이 되어 있을까요? 이런 마인드를 가진 이들은 어떤 결과를 만들어 낼 수 있을까요? 작은 실수와 칭찬에 부끄러워 눈도 못 마주치던 저는 이제 '레전드가 되겠다', '파트너가 되겠다'는 포부와 목표를 외치고 다니고 있습니다. 후배분들께는 언제고 들었던 피드백을 대물림 중이고 가슴 뛰는 이야기를 나누는 것을 즐기며 스스로 '의미'에 대해 묻고 답하고 있네요. 7년 전, 한 사람의 비전으로 시작된 QPS는 이제 손꼽히는 로컬 펌으로 성장했고, 더 큰 미래를 향해 나아가고 있습니다. 수많은 어려움과 의심에도 우리의 철학과 문화를 만들어 오신 캡틴께 진심으로 감사드리며, 깊은 존경과 감사의 마음을 담아 앞으로도 '행복 경영'의 길을 함께 걸어갈 수 있기를 바라봅니다.

창립 7주년 기념 소감

캡틴의
원칙과 가르침,
존경하고 사랑합니다!

송 경 재

먼저 QPS 7주년을 진심으로 축하 드립니다! 저는 캡틴에 대한 솔직한 속마음을 전달 드리고자 합니다. QPS가 멋진 조직이 되기까지 빨리 나아갈 수 있는 방법이 있더라도 원칙과 근본을 우선시하시고 생각하시는 모든 것들을 올바른 방법으로 이루어 내시는 것이 QPS를 단단하면서도 빠르게 성장시키는 원동력이 되지 않았나 싶습니다. 사소한 것을 쉽게 넘어가지 않으시고 항상 일반적이고 보편적인 생각보단 한수 앞서 넓고 크게 보시는 것을 느끼며, '나도 저렇게 멋진 사람이 되고 싶다!' 속으로 되뇌었던 것 같습니다.

모든 QPSian이 그렇겠지만, 저는 QPS 입사 후 '세상에 이렇게 훌륭하신 대표님이 얼마나 계실까?'라고 종종 생각하곤 했습니다. QPS 입사 전 고작 몇 번의 인턴 경험, 당연히 기업의 대표님과 얘기를 나누어 본 적도 없지만, 그래도 살아오며 수많은 리더들을 경험해온 저는 최동규 캡틴의 말씀엔 진정한 영양분이 있다고 느꼈습니다. 캡틴과의 이야기는 단순히 컨설턴트로서의 조언을 넘어 인생에 통하는 깊은 교훈이 가득합니다. '와, 생각지도 못한 부분이야!', '이런 교훈이 있구나', '이건 진짜 레전드다!'라는 반응에서 끝나지 않고, 매번 배운 것을 실천하려 제 몸이 저절로 움직입니다. 그것도 모자라 배운 것들을 다른 사람에게 전파하곤 합니다. 그렇게 배운 교훈들을 하나둘 실천하다 보면 QPS라는 조직 안에서 더 성장하는 컨설턴트가, 그리고 더 나은 사람이 되는 것을 느낍니다. 단순한 동기를 부여하시는 것을 넘어 사람을 진정으로 진화시키는 '마스터 트레이너' 최동규 캡틴 진심으로 존경합니다! ^^

사랑합니다! 캡틴처럼 멋진 사람이 되겠습니다.

4

유능

QPS는 알아서 일을 만드는 사람을 좋아한다. 누군가가 오더하길 기다리기 전에 내가 맡은 역할이든 넘어서는 역할이든 적극 일을 만들고 제안하고 도모하는 동료가 되기를 원한다. 선제주동(先制主動)! 누군가 이야기하기 전에 먼저 행동하고 일을 추진해 나가는 사람은 스스로 선택하고 결정하는 것이 몸에 밴 사람이다.

감청색 정장의 비밀 – "혹시… 검사 분들이세요?"

"바탕이 외관보다 앞서면 촌스럽고, 외관이 바탕보다 앞서 이기면 호화스럽다. 외관과 바탕이 적절히 조화를 이룬 뒤에야 군자라 할 수 있다."

공자는 《논어》〈옹야〉편 16장에서 "자왈(子曰), 질승문즉야(質勝文則野), 문승질즉사(文勝質則史), 문질빈빈(文質彬彬) 연후군자(然後君子)"라며 '문질빈빈'을 강조했다. 여기서 문은 형식이나 외양적인 것을 말하고 질은 내용이나 본바탕을 의미한다. 내용과 형식이 적당하여 균형과 조화를 이루는 것을 '문질빈빈'이라고 하는데, 바탕이나 내용적인 측면뿐만 아니라 꾸밈이나 형식적인 면을 갖추는 것도 중요함을 강조한 말이다. 물론 그 반대도 마찬가지다.

20여 년 전 대위로 전역한 뒤 경영 컨설턴트가 되었을 땐 옷에 대한 관점이 없었다. 특히, 정장인 수트를 어떻게 입어야 되는지 몰랐고 그저 양복을 걸치면 되는 것 아닌가 정도의 생각이었다. 그러다 보니 바지는 길게 입고 셔츠 소매도 수트 소매보다 짧게 입었다. 기성복을 입다 보니 수트의 소매는 길고 어깨는 쳐졌으며 바지 통은 넓었다. 검정색 구두를 신고 바지 끝단이 구두 굽 아래까지 덮은 모양새는 그야말로 완전 아저씨였다.

내가 처음에 일했던 컨설팅 회사는 맥킨지 출신들이 만든 곳이어서 드레스 코드가 중요하긴 했지만, 색상은 어두운 계열 정도면 되었다. 그래서 회색, 검성색, 네이비 등 그저 무난하고 저렴한 정도만을 감안해서 수트를 골랐다. 셔츠는 밝은 색이면 되므로 스트라이프 무늬가 들어간 셔츠부터 파란색 셔츠까지 멋있다고 생각되는 색상으로 입었다.

필자의 컨설팅 4년 차 시절,
인턴 정현군과 김순곤 위원(현재, 국내 부문 대표)

그땐 몰랐지만, 지금 생각해보니 당시 내 모습은 시골에서 막 올라와 처음 양복을 입어본 사람처럼 투박하고 촌스러웠다. 오랜 장교 생활 동안 군복과 근무복, 정복까지 입고 다녔고, 옷을 몸에 딱 맞도록 입기 위해 수선도 많이 할 정도로 까다로웠는데 수트의 중요성은 깨닫지 못했다.

컨설팅 입문 후 10여 년이 지나서야 형식의 중요성을 깨닫기 시작했다. 서서히 옷 입는 스타일을 변화시켜 나갔고, 정통 수트, 클래식 구두, 드레스 셔츠 입는 법을 스터디하면서 나에게 맞는 스타일을 찾아 나갔다. 스티브 잡스, 마크 주커버그 등 유명한 기업인들의 독특한 드레스 코드를 보면서 나는 어떤 드레스 코드로 포지셔닝할 것인가를 고민했다. 창업한 이후에는 회사를 대표한다는 생각으로 맞춤 수트를 입기 시작했고 타이 등 액세서리도 더 신경 써서 남다르게 입으려고 노력했다.

사람들에게 가장 신뢰감을 주는 색상은 무엇일까? 면접 시 신뢰감을 주는 수트 색상 1, 2위가 다크 네이비와 차콜 그레이라고 한다. 이 사실을 알고부터는 감청색 양복만 입었다. 감청색은 신뢰를 주고 단정하면서도 믿음이 가는 좋은 인상을 만들어 준다. 드레스 셔

해군 장교 시절

츠는 무늬가 없는 흰색과 하늘색이 무난하지만 감청색과 대비되는 색상인 흰색으로 정했다.

밝고 긍정적인 백의의 민족, 한국의 정서를 감안할 때 흰색이 적당하다고 판단했다. 수트와 셔츠가 감청색과 흰색으로 보수적인 색상인 만큼 구두, 벨트, 시계, 커프스 링크 등은 상대적으로 튀면 좋을 듯하여 다소 화려하지만 클래식한 아이템으로 스타일의 완성도를 높였다.

QPS는 규정이나 지침을 멀리하는 조직이다. 룰(Rule)이 없는 것이 룰이다. 자율과 책임으로 운영되는 회사를 만들기 위해 가급적 지침이나 규정을 만들지 않는다. 몇 해 전, 넷플릭스 조직문화를 소개한 책《규칙 없음: No Rules Rules》를 읽고서 깜짝 놀랐다.

세종시 어느 호수에서

QPS가 추구하는 정책, 조직문화와 너무 유사했기 때문이다. 우리가 이미 하고 있는 걸 따라 했나 의구심이 들 정도였다. 그런데, 규칙 만드는 걸 지양하는 QPS에서도 절대 양보 못하는, 반드시 지켜야 하는 3가지 룰이 있다. 입사 조건이기도 하다.

첫 번째는 좋은 차를 타는 것이다. 리더급에 해당하는 조건인데, 창업 초기의 룰로 정했다. 몇 년 전부터는 상무 이상 직급자에게 제네시스 G80(또는 GV70)을 지급하는 것으로

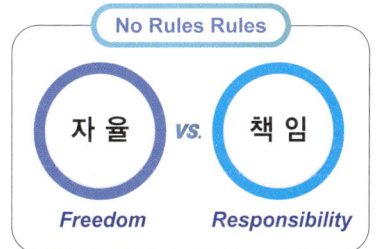

유능

자연스럽게 룰이 지켜지고 있다. 아직 큰 회사는 아니지만 좋은 차를 지급해서 프라이드도 높이고 회사의 이미지도 향상시키는 효과가 있다. 점점 더 늘어나겠지만, 회사에서 운영하는 차량만 여덟 대다.

QPS 법인 차량 옆에 있는 동료들

회사의 리더들이 좋은 차를 타고 다녀야 회사 입지 또한 올라간다. '차 아무거나 타면 어때?'라고 생각할 수 있지만 특히나 한국 사회에서는 타고 다니는 차가 우리를 대변해 준다. 사치를 하라는 말이 아니다. 준수한 차를 타야 나도 준수해지고 회사도 급이 높아진다.

두 번째 조건은 독서다. 정직원이 되기 위해서는 입사와 동시에 3개월간은 월 5권의 책을 읽어야 한다. 경영 컨설팅을 하는 사람은 끊임없이 배우고 최신 트렌드에 민감해야 한다. 이를 위해서 책보다 더 좋은 것은 없다. 정직원이 된 후에도 월 2권의 책은 읽어야 한다. 강제하진 않지만 독서는 QPS 동료들이 꼭 지켜야 할 의무 중 하나이다.

세 번째 조건은 바로 드레스 코드다. 내가 가장 까다롭게 지키길 요구하는 룰이기도 하다. 머리부터 발끝까지 단정하고 전문가다운 모습, 프로페셔널로서의 면모를 갖춰야 한다. 정장, 구두의 색상까지 지정되어 있다. 형식이 뭐가 그리 중요한가라고 반문할 수 있지만 전문직에 종사하는 사람은 복장도 중요하다. 독일 철학자 프리드리히 헤겔도 그의 저서 《대논리학》에서 "형식이 내용을 지배한다."라고 말했다.

QPS, 드레스 코드는 감청색의 플레인 수트와 흰색 드레스 셔츠, 브라운 계열의 클래식 구두만 허용한다. 다만, 타이, 벨트, 시계, 브로치, 스카프 등 액세서리는 어떤 색상이든 상관없이 뭐든 가능하다. 자율과 책임을 강조하고, No Rules Rules를 지향하는 회사가 갑자기 형식을 강조하니 자칫

QPS 동료들의 구두

회식 중인 QPS 동료들

보수적인 회사라 생각될 수도 있겠다. QPS는 놀 때 친구처럼 친밀하게 놀고 자발적인 의지로 일하는 것을 강조하는 조직이지만, 일할 때 형식을 중시한다. 이율배반적이지만 형식과 자율이 공존하는 셈이다.

 QPS의 드레스 코드는 QPS 정신인 3정, 긍정, 열정, 진정의 의미를 담아 다음과 같이 규정하고 있다.

- **흰색 드레스 셔츠**: 긍정(Positive)을 상징, 밝은 파동의 환한 색상으로 긍정을 강조
- **붉은색/버건디/브라운색 등의 액세서리**: 열정(Passion)을 상징, 엣지 있는 아이템(타이/구두/벨트/시계/브로치 등)으로 열정을 표현
- **감청색 수트**: 진정(Sincerity)을 상징, 신뢰감 주는 감청색 플레인 수트를 통해 진정성을 의미

우리가 보수적인 드레스 코드를 고집하는 이유는 크게 세 가지다. 첫째는 컨설턴트로서의 존재감 강화다. 경영 컨설턴트는 문제 해결 전문가다. 전문가가 청바지 등 아무런 옷이나 입는다면 신뢰가 떨어져 보일 수밖에

❁ QPS 드레스 코드

없다. 뭐든 그 역할다운 것이 중요하므로 경영 컨설턴트의 모습은 전문가다워야 한다.

몸에 잘 맞는 클래식 수트를 잘 차려 입으면 자세가 달라진다. 어깨가 펴지고 발걸음도 곧고 힘차게 바뀐다. 형식이 주는 또 하나의 힘이다! 몇 년 전 기사에서 군인들이 입는 군복에 태극기를 부착하면 애국심이 높아지고 태도와 자세가 달라진다는 내용을 본 적이 있다. 형식이 내용을 지배하기 때문이다.

경영 컨설턴트는 존재감(Presence)이 매우 중요하다. 존재감이란 단순히 존재한다는 사실을 넘어, 우리가 세상에서 유의미한 영향력을 행사하고 자신만의 가치를 드러내는 것을 의미한다. 존재감은 우리를 돋보이게 하고 세상과의 연결을 특별하게 만들어 준다. 존재감의 발현은 형식에서부터 시작된다. 외면이 반듯하고 탄탄해 보이지 않으면 신뢰감이 떨어지고 기세에서 밀린다. 특히, 경영 컨설턴트는 반듯함과 준수함이 느껴져야 고객으로부터 신뢰를 얻을 수 있다.

정장을 입은 필자를 따라서 걷고 있는 동료들

나는 동료들을 만날 때마다 머리부터 발끝까지 자세히 뜯어보고 피드백을 준다. 정돈되지 못한 헤어 스타일이 보이거나 정장 착용 원칙대로 입지 않으면 즉각 혼을 내거나 잔소리를 한다. 그래서인지 지방 출장을 갔다가 회사로 복귀하는 동료들은 옷매무새를 가다듬고 헤어를 정돈하느라 고속도로 휴게소에 꼭 들렀다 온다고 한다. 어느새 동료들이 들고 다니는 브리프 케이스 안에는 헤어 스프레이나 젤이 들어 있다. 나와 17여 년 함께한 파트너들도 복장 관련해서는 잔소리를 듣기 때문에 오피스에 올 때면 다들 신경을 쓴다.

필자의 구두

처음에는 굳이 딱딱한 복장을 갖춰 입어야 하는가에 대해 반발하는 사람도 있다. 색상도 적당히 비슷하면 되지 꼭 감청색을 입어야 하는가에 대해 의구심을 갖는 동료도 있다. 하지만 시간이 지나면서 기준 대로 입는 것이 의미도 있지만 멋스럽기도 하다는 것을 알게 된다. 우리 동료들 중에는 정장 차림으로 지인들을 만날 때 "신수가 훤해졌다.", "세련되어졌다.", "진짜 멋있어졌다.", "의젓해졌다." 같은 반응을 듣는 경우가 많다. 그제서야 드레스 코드가 선사하는 이미지와 그 깊은 뜻을 더 헤아리게 된다.

정장을 입은 필자

정형화된 정장을 입는 또 한가지의 장점이 있다. 아침마다 옷을 고를 필요가 없다. 어차피 동일한 색상이라서 어떤 옷을 입어도 다른 옷인 줄 모른다. 같은 옷을 일주일째 입어도 아무도 모른다. 감청색 정장의 비밀이기도 하다.

둘째는 전문가 집단으로써 신뢰감 확보다. 통일감 있는 복장으로 전문적이며 신뢰감 있는 이미지를 심어주기 위해서다. 또 한편으로는 잘못된 옷차림으로 인해 발생할 수 있는 QPS에 대한 부정적 이미지를 예방하기 위함도 있다. 사람들은 스스로가 이성적이라고 생각하지만 대부분은 감성적인 경향이 짙다. 의사 결정은

QPS 시무식 행사

동료의 생일 날, 서프라이즈 생일 파티 중인 QPS 동료들

Best Dresser상을 수여 중인 필자

이성보다 감성의 지배하에 이뤄지는 경우가 많다.

보기 좋은 떡이 맛도 있다고, 잘 차려진 음식이 맛있어 보인다. 만약 준수하게 양복을 차려 입은 신사가 건널목에 빨간불이 켜졌을 때 길을 건너면 주변에 있던 사람들은 다 따라서 길을 건널 것이다. 반대로 걸인 차림새라면 아무도 따라가지 않을 것이다. 형식이 감성을 지배하므로 정형화된 차림새가 감성에 신뢰감을 전달한다.

우리가 단체로 정장을 입고 이동할 때나 식당에 들어설 때 가장 많이 듣는 소리가 "혹시 검사세요?", "은행원이세요?", "기관에서 일하세요?"다. 한번은 동료 중 한 명의 생일을 맞아 서프라이즈 파티를 위해 동료의 와이프가 운영하는 디저트 카페에 가서 동료가 오기를 기다리고 있었는데, 주변 상인들이 "검사들이 떴다"며 난리가 난 적이 있다. 그 정도로 복장이 주는 고정된 이미지는 무시 못한다.

셋째는 QPS 정체성 확립이다. 위에서 언급했지만, 우리가 입는 정장은 QPS의 3정 정신이 내포되어 있다. 정장 차림을 함으로써 3정이 바탕이 된 생각과 행동으로 연계하게 되고, QPS 구성원의 한 사람으로서 가져야 할 서비스 정신을 확립하게 된다. 이런 QPS의 복장 철학을 강화해 나가기 위해 매년 연말 QPS Awards 시상 때 'Best Dresser'를 선발하여 포상한다. 전원 투표를 통해 그해 가장 수트가 잘 어울리는 사람, 여러 액세사리 등 옷차림을 신경 쓰며 잘 입는 사람, 본인에게 어울리도록 스타일 변화를 꾀한 동료, 여러 관점에서 베스트 드레서 1명을 선발하여 소정의 상품권과 함께 상패를 증정한다. 시니어가 선발되기도 하고 주니어가 되기도 하는데, 그해 스타일 변화가 가장 큰 사람이 선발되는 경우가 대부분이었다. 물론, 내가 선발 대상이라면 매년 베스트 드레서가 될 텐데… 아쉽다!

　감청색 정장을 입고 다니는 QPS! 딱딱하고 획일화되어 보이고 보수적으로 비춰지지만 그 속내에는 깊은 뜻 그리고 비밀(?)이 담겨 있다. 최근 맥킨지 등 빅 3 컨설팅사나 회계 법인 컨설턴트들의 복장은 사회적 추세, 특히 대기업의 복장 정책 변화의 영향으로 많이 완화되고 있다. 하지만 QPS는 끝까지 Professional로써 갖춰야 할 전문가적인 모습, 그 정통성을 지켜 나갈 것이다.

리더십 ABCD - 인생은 BCD

우리는 매 순간 뭔가를 선택하며 살아간다. 인생은 BCD라고, Birth(태어남)와 Death(죽음) 사이에는 수많은 Choice(선택)가 있어서 매일매일이 선택의 연속이다. 아침 식사는 뭘로 할지, 출근길엔 어떤 교통수단을 탈지, 보고서 스토리 라인은 어떻게 잡을지 등 작은 선택부터, 누구와 결혼할지, 어떤 인생을 살아갈지, 인생 목표를 뭘로 할지 등 수많은 크고 작은 선택을 해야 한다.

우리가 어떤 선택을 하느냐에 따라 기회(Chance)를 만들기도 하고, 새로운 도전(Challenge)의 장을 열기도 한다. 순간순간 행하는 우리의 선택이 주변 사람들과의 새로운 연결(Connection)을 만들어 사건을 탄생시키고 변화(Change)를 이끌어 간다. 우리는 매 순간 뭔가를 선택해야만 하는데, 선

©ChatGPT

택한다는 것은 곧 뭔가를 결정하는 것이며 분명하고 명확한 의도를 가지는 것과 같다.

어쩌면 삶에 있어서 선택을 한다는 것은, 양자물리학의 가설인 평행 우주 이론과도 맥을 같이 한다고 볼 수 있다. 평행 우주론은 우리가 존재하는 우주 외에도 무수히 많은 다른 우주가 존재한다는 가설이다. 물리학자인 슈뢰딩거는 고양이 실험을 통해서 입자는 동시에 여러 상태에 존재할 수 있다는 중첩의 원리를 주창했고, 관측자에 따라 입자의 상태가 결정된다고 했다. 입자가 무수히 많은 곳에 중첩되어 존재할 수 있듯이 우리가 내리는 순간의 선택이 우리 삶을 여러 다른 우주의 양상으로 전개시켜 나갈 수 있는 것이다. 내 인생을 어떤 우주로 만들어 갈 것인가는 매일 행하는 크고 작은 우리의 선택에 달려 있다.

오랜 장교 생활과 경영 컨설턴트로서 보낸 20여 년 그리고 CEO로서 사업을 이끌면서 리더로서 반드시 갖춰야 할 역량에 대해서 고찰할 수 있었

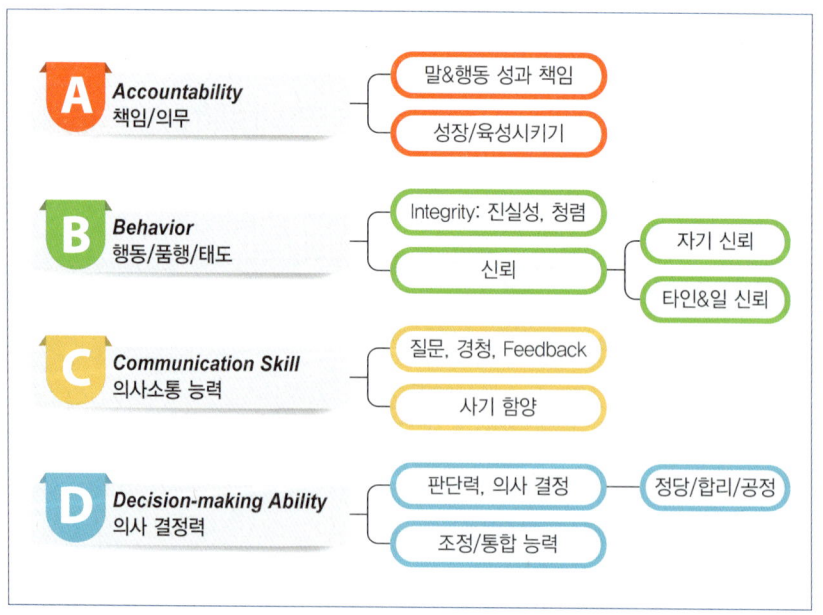

❀ 필자가 생각하는 리더십 ABCD

다. 그렇게 정립한 리더십의 필수 역량 4가지를 '리더십 ABCD'라고 명명했다. A는 Accountability(책임감), B는 Behavior(행동), C는 Communication Skills(소통 역량), D는 Decision Making Ability(의사 결정력)이다. 리더는 A, 즉 이끌어야 할 사람과 자원이 제 역할을 다하도록 책임을 지고, B, 즉 말보다는 솔선수범하여 앞장서 행동하고, C, 즉 끊임없는 소통으로 조직을 올바른 방향으로 이끌며, D, 즉 일이 제대로 이뤄지도록 매사에 옳은 결정을 행해야 한다. 이 네 가지 중 Decision Making Ability(의사 결정력)는 리더로서 반드시 갖춰야 할 필수 요소이지만 쉽게 갖춰지지 않는 역량이다.

의사 결정력을 다른 말로 하면 잘 선택하는 것이다. 우유부단함은 독재만 못하다는 말이 있는데, 리더는 매사에 올바른 판단력으로 제때에 그리고 제대로 선택하고 결정해야 한다. 뭔가를 의결하고 결정하는 것만이 의사 결정은 아니다. 의사 결정력을 또 다른 관점으로 보자면 모든 행위와 말과 글이 클리어하다는 것을 의미한다. 구성원들이 봤을 때 리더가 전하고자 하는 메시지가 무엇인지 명확하게 이해하도록 만드는 것도 의사 결정력이라 할 수 있다. 어쩌면 뭔가를 딱 부러지게 결정하는 것보다도 의사 표현을 명확하게 하는 것이 더 중요할지도 모른다. "매사에 클리어함(분명함)을 유지하는 것이 최고의 의사 결정이다!"라고 말할 수 있다.

매사에 의사 표현이 불분명하고 결정을 미루거나 피하려는 경향의 리더가 있는데, 이럴 경우, 오더 받는 사람들은 일의 방향이 헷갈리고 미뤄지는 일 때문에 의욕이 떨어져 혼동이 찾아온다. 리더는 매사에 분명한 의사 표현으로 구성원들이 불확실성에 빠지지 않도록 해줘야

BBM 행사 중에 상호 소통하는 QPS 동료들

한다. 리더가 우유부단하고 불명확하게 의사를 표현하면 향후 전개될 방향에 대한 불확실성의 증대로 혼란만 가중된다. 리더는 매사에 좋으면 좋다, 싫으면 싫다고 명확하게 의사 표현해야 한다.

의사소통 과정상 애매한 표정, 불명확한 단어 한마디가 많은 오해를 불러일으키고 일을 엉뚱한 방향으로 흘러가게 만든다. 그러므로 리더는 매사에 행동과 말에 대한 철학을 분명하게 하고 어떤 감정을 드러낼지, 내가 어떻게 느끼고 있는지를 명확하게 선택해서 내보여야 한다. 내 마음속의 상황을 명쾌하게 드러내는 것도 일종의 선택이며 의사 결정 중 하나라고 할 수 있다. 리더라면 알아 차리기 힘든 애매한 표정으로 짜증을 내기보다 차라리 명확한 의도로 크게 화를 내는 편이 낫다.

그렇다면 어떻게 해야 매사에 올바른 선택을 하고 리더로서 올바른 의사 결정력을 갖출 수 있을까? 꿈과 목표가 분명한 사람은 매사의 선택 또한 명쾌하다. 꿈과 목표를 이루는 것과 관련된 우선순위가 높은 것을 택하면 되기 때문이다. 의도를 명확히 하는 것이 결정력을 높인다. 반면, 목표가 불명확하면 우리의 감정과 선택 또한 불분명하고 모호해진다.

우리가 리더로서 갖춰야 할 철학과 행동 강령을 분명히 하면 할수록 모든 상황에서 우리의 감정과 행동에 대한 선택은 분명해지고 의사 결정력 또한 높아질 수밖에 없다. 내가 나아갈 바를 분명히 하는 것은 우리가 매 순간 행하는 크고 작은 선택에 지대한 영향을 미친다. 리더십을 명확하게 정의 내리는 것, 리더십에 있어서 중요한 요소를 정의해 보는 것만으로도 의사 결정력을 높여 나갈 수 있다.

　의도를 분명히 하는 것과 더불어 의사 결정력을 높이기 위해서는 '선택 훈련'을 많이 해보는 것이 필수적이다.

　"분석 결과가 이렇게 나왔는데 결정해 주시면 더 깊게 파보겠습니다."

　이건 그냥 리더가 결정하면 따르겠다는 말과 같다.

　"고객이 이렇게 이야기하는데 어떻게 할까요?"

　이건 그냥 전달자에 지나지 않는다.

　"그건 어떻게 할까요?"

　그저 남이 결정해주기만을 바라서는 결코 의사 결정력을 높일 수 없다. 리더와 뭔가를 논의할 때는 반드시 적절한 대안과 옵션을 함께 제시해서 리더가 쉽게 결정할 수 있도록 해주어야 한다. 리더가 결정해 줄 것을 요구하기 전에 먼저 해결 방안을 고민해서 하나의 결론을 내고 그 해법과 여러 대안을 함께 제시하는 훈련을 꾸준히 행하면 의사 결정 능력을 키울 수 있다.

　"이런 문제점이 있는데 제 생각에는 이런 방안으로 해 보면 어떨까 합니다. 이 방법 외에도 몇 가지 대안이 있습니다."

　이렇게 말이다. 대부분의 팔로워들은 리더가 나서서 결정해 주기를 바라는데, 결국 오너십의 결여로 이어진다. 일이 제대로 될 리 없다.

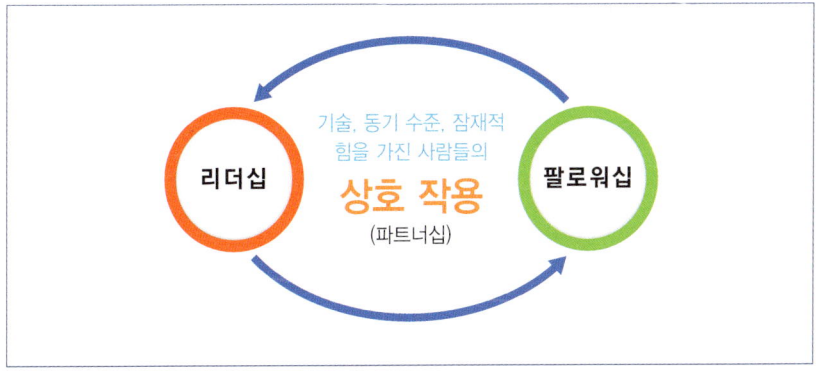

🔬 리더와 팔로워의 상호 작용

필로워가 대안과 옵션을 제시하는 것도 중요하지만 리더 또한 팔로워들에게 대안이나 옵션을 제시하도록 훈련시켜야 한다. 리더가 모든 것을 일방적으로 다 결정해 버리면 따르는 사람은 "에이, 그냥 시키는 대로만 하자."며 의욕이 꺾이게 된다. 반대로 리더가 아무것도 결정해 주지 않고 미루기만 한다면 "도대체 뭘 하자는 거야? 하자는 거야, 말자는 거야?"라며 혼란만 가중될 뿐이다. 일을 오더하는 사람이 매사에 명확하게 결정하고 표현하는 것도 중요하지만 일을 받는 사람이 스스로 의사 결정 방향을 예측해 보고 대안을 권고하도록 유도해야 한다.

"이 이슈는 어떻게 풀면 좋겠어요?"

"이 문제에 대해서는 어떻게 생각하세요?"

먼저 물어서 의견을 구하고 스스로 선택하고 결정할 수 있도록 도와줘야 한다. 그래야 팔로워가 더 주도적으로 생각하고 판단해서 결론을 내리고 선택 및 결정하는 능력을 키워 갈 수 있다. 물론 이 과정에서 잘못된 판단을 할 수도 있고 그 잘못된 판단으로 일을 망칠 수도 있다. 실패든 성공이든 이렇게 스스로 선택하고 결정하는 훈련을 반복하다 보면 의사 결정 능력은 물론, 직감도 발달하고 순간적인 판단력도 향상된다.

선택을 잘하려면 많은 선택을 해 봐야 한다. Trial & Error, 의사 결정 능력을 키우려면 그만큼 많은 결정을 해봐야 한다. QPS는 패스트 트랙 승진 제도가 있어서 입사 연도에 상관없이, 심지어는 입사 후 1년이 채 지나지 않아서 승진 및 승급하는 경우가 허다하다. 싹이 보인다 싶은 동료들에게는 현재의 역할을 넘어선 다음 역할을 맡겨 본다. 즉, 임파워먼트를 부여해서 스스로 결정하는 훈련을 시킨다. 아직 리더(임원)로서 역할이 부족하더라도 리더 역할을 맡겨 보고, PM이 아니더라도 그 역할을 맡겨 본다. 업무 역량이 부족하더라도 서브 리더 역할을 할 수 있는지 역할을 줘 보고, 하나의 과제를 잘하면 여러 개의 과제를 부여해서 감당할 수 있는지를 본다. 일종의 넥스트 레벨로 나아가기 위한 테스트이기도 하고 사전 훈련이라 할 수 있다.

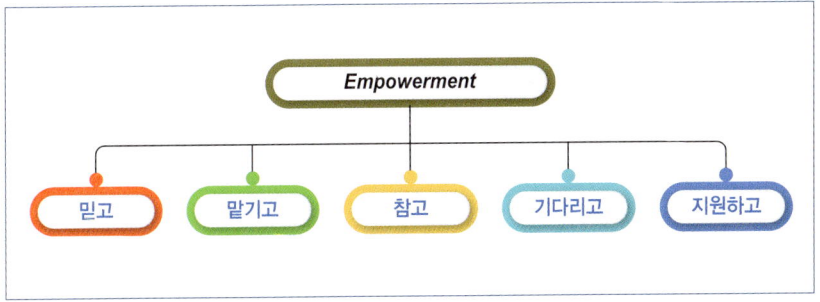

❀ 위임(Empowerment) 개념도

　조기에 다음 역할 단계로 나아갈 수 있는 기회를 주기 위해 미리 맡겨 보는데, 이를 잘 감당하는 동료도 있고 기회를 살리지 못하는 동료도 있다. 잘 활용하는 사람은 넥스트 레벨로 승급 또는 승진하지만 주어진 기회를 그저 책임에 대한 부담이나 업무 부하 증가로만 여긴다면 성장은 없고 스트레스만 가중될 뿐이다.

　QPS는 알아서 일을 만드는 사람을 좋아한다. 누군가가 오더하길 기다리기 전에 내가 맡은 역할이든 넘어서는 역할이든 적극 일을 만들고 제안하고 도모하는 동료가 되기를 원한다. 선제주동(先制主動)! 누군가 이야기하기 전에 먼저 행동하고 일을 추진해 나가는 사람은 스스로 선택하고 결정하는 것이 몸에 밴 사람이다. 누군가에게 일을 받기를 기다리거나 누군가가 나에게 오더하기를 기다리는 것에 익숙한 사람은 결코 선제 주동할 수 없다.

　알아서 일하는 사람, 누가 시키지 않아도 일을 벌리고 도모하는 사람이 되어야 훗날 탁월한 의사 결정력을 가진 훌륭한 리더가 될 수 있다. 내 스스로 인생과 일을 선택하고 알아서 결정해 봐야 한다. 남이 시키는 일만 잘해서는 결코 큰 리더가 될 수 없다. 우리가 원하는 평행 우주는 매 순간 우리가 내리는 선택(Choice)과 결정에 달렸다. 머뭇거리지 말고 지금 바로 선택(Choice)하자. 자발적인 선택, 자율(Freedom)로 일하고 알아서 결정하고 책임(Responsibility)지는 조직, 'Great QPS'를 꿈꾼다.

리더십 파이프라인 구축 1 – 무대 공포증

지금의 내 모습을 아는 사람들은 다들 의아해하겠지만, 20대 중반까지 나는 무대 공포증이 심했다. 남들 앞에서 말하거나 발표할 때면 온통 머릿속이 하얗게 되면서 낯빛은 붉어지고 떨려서 말 한마디를 제대로 못 했다. 초등학교, 중학교 시절엔 반장, 부반장도 했기에 다른 친구들보다는 남들 앞에 설 일도 많았다. 하지만, 당시 내성적인 성격 탓이었는지 남들 앞에만 서면 심장이 마구마구 뛰면서 떨렸다. 그러다 보니 남 앞에 서는 상황은 가급적 피해 다녔다.

ⒸChatGPT

한번은 대학교 때, 등 떠밀려서 고교 동문회 부회장을 맡았을 때 일인데, 동문회 행사에서 발표를 해야 할 상황이 왔지만 일부러 그 자리에 참석하지 않고 멀리멀리 도망갔던 기억이 난다. 이미 정해진 길인 해군 장교로 오랜 기간 복무해야 하는 나로서는 반드시 극복해야 할 난제 중에 난제였다. 사실 그보다는 장차 훌륭한 리더가 되겠노라, 미래엔 기업의 CEO가 되겠노라 다짐한 것을 놓고 생각해 보면 내 포부와 현실 간에는 극명한 괴리가 있었다. 전면에 서서 사람들을 이끌고 남들을 지휘하고 설득해야 할 사람이 도망이라니, 그 당시 내 모습을 생각해 보면 그저 기가 찬다.

 대학 졸업 후 장교로서의 복무가 시작되던 해, 더 이상 미룰 수 없는 오랜 숙제를 풀어야만 했기에 달라지기로 결심했다. 그때부터 의도적으로 남들 앞에 서기 위한 노력이 시작되었다. 군에서 주관하는 '나의 주장 발표 경연 대회'에 참가해서 우수상도 타 보고, 비록 초임 장교였지만, 회의 시간에 말할 기회가 있을 때면 영관급 장교들 앞에서도 적극 내 의견을 피력했다. 선배들로부터 건방지다는 말도 많이 들었지만 개의치 않았다. 군 생활 중이었는데도 퇴근 후면 2시간 여를 달려 사회에서 진행하는 6개월 과정의 스피치 교육 과정에도 참여해서 남들 앞에서 말하는 훈련을 거듭했다. 그런 노력 덕분이었을까, 입대 후

해군 장교 시절, 항공 전단에서 근무 중

3년 차, 대위 계급장을 달면서부터는 양상이 달라졌다. 당직을 선 후 지휘관들께 하는 결과 브리핑 때면 잘한다는 칭찬을 듣기 시작했다. 해군에서 군기가 세고 자긍심 높기로 유명한 잠수함 전단에서 근무할 때도, 원스타인 전단장으로부터 "최 대위는 잠수함 장교들보다 발표를 더 잘해."라는 말까지 들었다. 이런 작은 성공 체험이 쌓여가면서 자신감 또한 비례해서 높아졌는데, 어느 순간부터는 내가 남 앞에 서서 말을 하거나 무대에 오르는 것을 즐기고 있었다.

 전역 후 컨설팅 경험이 전무한 상황에서 경영 컨설턴트가 되었을 때에도 군에서 갈고 닦은 발표 실력이 나를 돋보이게 만들었다. 프로젝트 결과 보고 때 발표를 맡게 되면 워낙 또박또박하게 잘 전달하고 고객이 설득되

도록 만들다 보니 자연스럽게 윗분들 눈에 띄게 되었고, 입사 초기부터 업무적으로 인정을 받을 수 있었다.

일을 잘한다는 소문이 나다 보니 프로젝트 진행 시 Daily 미팅, 교육 및 회의 진행 등 앞에 나가서 리딩해야 하는 대부분의 일들은 나에게 몰렸다. 강의나 발표를 잘하다 보니 일도 잘한다는 인식으로 이어졌고 그 덕분에 남들보다 컨설팅을 더 빨리 배울 수 있었다. 10여 년 전만 해도 무대 공포증으로 벌벌 떨던 내가 컨설팅 입문 2년이 채 되기도 전에, 그 낯설고 어려운 환경에서도 무대를 휘어잡고 있었다.

3년여가 지날 무렵, 컨설팅의 꽃이라 할 수 있는 PM 역할을 해 볼 기회가 왔고, 당시 넘쳐 나는 자신감은 프로젝트 성공이라는 결과로 이어져서 PM으로서 자리매김할 수 있었다. 특히, 남들이 꺼려하는 처음 해 보는 산업이나 새로운 방법론을 적용하는 프로젝트는 자의 반 타의 반으로 내가 도맡았다. 그러다 보니 더 다양한 경험과 지식을 쌓을 수 있었다. 입사 5년 차부터는 역할이 확대되면서 세일즈까지 맡아야 했다.

컨설팅 입문 경험은 짧았지만, 컨설팅 주니어로서의 실무 경험부터 프로젝트를 리딩하는 PM 역할, 제안서 작성, 교육 훈련 진행 및 고객 발굴 등의 세일즈 업무까지 맡게 되었고 나아가 내부 인력 관리까지 다양한 역할 경험을 통해 업무 영역은 점차 넓어졌다. 난생 처음 해보는 일들투성이였지만 일을 배우는 게 즐거웠고 역할이 늘어날수록 일하는 재미가 커졌다. 나는 점점 무대 체질로 변해갔는데, 나에게 주어진 역할을 잘 해내기 위해 모든 업무의 디테일을 일일이 다 챙겼고, 매사를 꼼꼼히 따졌으며, 직접 결정해야 직성이 풀렸다.

A부터 Z까지 직접 관여하고 모든 업무를 내 눈으로 봐야 직성이 풀리다 보니 일의 양은 갈수록 늘어만 가고 몸이 축나기 시작했다. 과중한 업무와 스트레스는 내 심신을 점점 지치게 만들었다.

컨설팅 10년 차가 되던 어느 날 사무실에서 일하다가 땅이 꺼질 듯한 메스꺼움과 어지러움을 느끼며 기절 직전까지 갔는데, 결국 119에 의해 병원에 실려갔다. 응급실 진료 결과는 모든 게 정상이었지만, 귀 부분의 이상이 염려된다는 의사 소견에 따라 며칠 뒤에 이비인후과에 가 보니 전정 신경염이라는 진단을 받았다.

예후가 좋은 병이라고 하지만, 귀와 신경이 이어지는 부위에 염증이 생겨서 어지러움 증이 동반되는 증상인데, 과도한 교감 신경의 자극과 스트레스가 원인이라는 거다. 무대 공포증을 극복하고 그토록 원

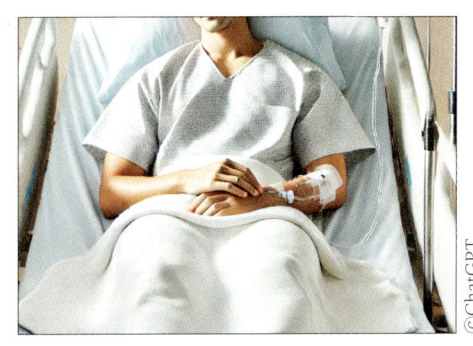

하던 무대 체질이 되었지만 그에 따른 부작용이 있을 줄이야 꿈에도 생각 못했다. 역시 모든 일을 혼자 감당하려고 하면 심신이 견디지 못한다는 것을, 혼자서 할 수 있는 일에는 한계가 있음을 절실히 깨닫는 순간이었다. 이때부터였을까, 홀로 춤추고 노래하는 독무대의 한계를 생각하게 되었고, 이렇게 일하는 게 맞는가 하는 생각이 움트기 시작했다. 이제서야 든 생각이지만, 부작용은 단순히 내 심신 악화의 문제만은 아니었다.

또 다른 부작용이 하나 있었다. 모든 것을 내가 다 주도하다 보니 후배들에게 주도권을 가질 기회를 많이 주지 못한 것이다. 그들이 직접 리딩해서 주도하고 결정할 수 있는 상황과 역할을 제대로 만들어 주지 못한 것에 대한 후회와 함께 아쉬움이 밀려왔다. 후배들이 충분히 할 수 있는 일도 못 미더워서 내가 직접 관여했고, 그들에게는 부분적인 업무만을 할당하다 보니 내 역량이 그들의 역량이 되지 못했다. 나는 짧은 기간에 일취월장했지만, 상대적으로 후배들은 상위 레벨에서의 경험이 부족해졌고, 역할 변화도 많지 않았던 것 같다. 주도적으로 경험하면서 배웠던 노하우나 성공 체험을 후배들이 충분히 맛보게 하지 못했다는 아쉬움은 창업 이후 더 크게 다가왔다.

창업 후 지금껏 생각해 온 화두, 'CEO란 어떤 역할을 수행하는 사람이

어야 하는가?'는 무대 체질에서 오는 여러 부작용을 경험한 나에게 있어 여전히 풀어야 할 큰 숙제다. 경영 컨설팅에 입문한 지 20여 년, 창업한 지는 벌써 만 7년이 되어 간다. CEO의 역할과 관련된 책도 여러 권 읽어 봤지만, 와닿는 내용이 많지 않았다.

오랜 컨설팅 경험을 통해서 본 CEO(오너)들의 경영 방식을 보니 모든 것을 직접 챙기는 Chief Everything Officer이거나 일은 좀처럼 안 하고 골프 치며 사교에 치중하면서 일은 누군가에게 맡겨 버리는 Chief Empowerment Officer, 이 두 가지 유형이 많았다. 물론 후자의 경우엔 일을 대신 맡은 사람의 책임은 무한이지만 대부분의 권한은 언제나 오너에게 가 있는 것이 문제이긴 하지만 말이다.

CEO들의 별명 중 상당수가 'O대리'라고 한다. 하나에서부터 열까지 모든 실무적인 일을 직접 챙기는 마이크로 매니징 때문인데, 컨설팅을 하면서 수도 없이 많이 봐왔다. 대다수의 경영학 교과서에서는 임파워먼트, 즉 믿고 맡기라고 하지만 대부분의 경영자들은 그러질 못한다. 톱니바퀴처럼 업무 역할과 체계가 정교하게 잘 잡힌 대기업에서야 가능한 일이다. 전문 인력도 부족하고 소수의 인력에 의존할 수밖에 없는 중견, 중소기업에서는 어려운 일일 수밖에 없다.

미국 내 10대 리더십 코치 중 한 사람인 램 차란 등 세 명의 공저자의 책 《리더십 파이프라인》을 보면 각 직급별로 변화시켜 나가야 할 역할 변화를 리더십 파이프라인이라는 개념으로 소개하고 있다.

"리더십 파이프라인은 직선으로 연결되어 있지 않고 각 단계마다 꺾이며 큰 변곡점이 있다. 한 단계에서 그보다 높은 단계로 나아갈 때는 동일한 능력이 그대로 연장되는 것이 아니라 재료가 전혀 다

《리더십 파이프라인》 표지

른 파이프라인으로 연결된다."

즉, 일선 실무자에서 초급 관리자로, 초급 관리자에서 초급 관리자의 관리자로, 영역 전담 관리자에서 사업 총괄 관리자로, 사업 총괄 관리자에서 그룹 관리자로, 그룹 관리자에서 기업 관리자가 되기까지 수도 배관(파이프라인)이 변곡점마다 꺾이듯 역할이 바뀌면 그에 상응하는 리더십 및 역량 변화가 필요하다는 것이다.

이전 역할에서 일을 잘했다고 해서 역할이 바뀌어도 잘할 수는 없다. 우리는 후광 효과(Halo Effect)의 영향 때문인지 누군가 하나를 잘하면 나머지도 으레 잘할 것이라고 기대한다. 똑똑하다고, 일을 잘한다고 해서 리더 역할을 잘 수행하는 것은 아니다. 물론 사람은 누구나 잠재력이 있고 또 자리가 사람을 만들기 때문에 역할이 바뀌면 대부분 그 역할을 잘 수행하고 적응한다지만, 각 단계별 역할에 적합한 리더십, 기술과 시간 관리 능력 및 업무 가치를 제대로 익히고 배워야 한다.

QPS를 창업하고 동료들이 점점 늘어나면서 내 역할에도 변화가 필요했고 서서히 무대에서 내려와야 하는 상황으로 바뀌었다. 더욱이 정신없이 바쁠 때면 내가 모든 것을 다 챙길 수조차 없는 상황들이 이어졌다. 갑자기 모든 것을 놓는다는 게 말은 쉽지만 결코 쉽지 않은 일이다. 무대 체질에 익숙해져 있던 나로서는 무대에서 내려가야 하는 상황이 낯설고 힘들었다.

모든 것이 내 손 안에서 돌아가야 했고, 내가 직접 봐야 했고, 나를 통해서 리딩이 되고 내가 직접 의사 결정하던 것에 익숙해 있던, 아니 그 재미에 빠져 있던 나에게 내려놓는다는 것은 매우 서운하고 아쉬운 일이었다. 그럼에도 불구하고, QPS의 제1 사업 목적인 '동료들의 성장'과 QPS의 장기적인 성장을 감안한다면 반드시 리더십 파이프라인을 구축해야만 했고, 나부터 하나씩 내려놓아야 했다. 어렵게 무대 공포증을 극복하고 그토록 원하던 무대에서 적응했고 점점 무대 체질로 변화되었지만 좀 적응할 만 하니 어느덧 무대에서 내려와야 하는 상황에 놓인 것이다. 나뿐 아니라 리더들조차도 그 전에 수행하던 역할을 내려놓게 만들어야 했다. 그래야 우리 동료들이 한 레벨씩 상위의 업무를 수행함으로써 그 역할에 적합한 리더십과 역량을 배우고 성장해 나갈 수 있다. 기존 역할을 내려놓는 입장에서 생각해 보면, 새롭지만 더 큰 역할을 수행함으로써 다음 단계로 성장해 나아갈 수 있는 발판을 다지는 기회가 된다.

리더십 파이프라인을 구축하는 것은 조직이 한 단계 나아가기 위한 성장의 선순환 구조를 만드는 것과 같다. 당장은 낯설고 어려운 역할을 감당해야 하지만 적응이 되고 한 단계 도약한다면 그만큼 시야도 넓어지고 그릇의 크기도 커지기 때문이다. QPS 성장 속도만큼 신속하게 각 리더십 파이프라인에 적합한 역할을 수행할 인재들을 채워 나가는 것이 결국 QPS

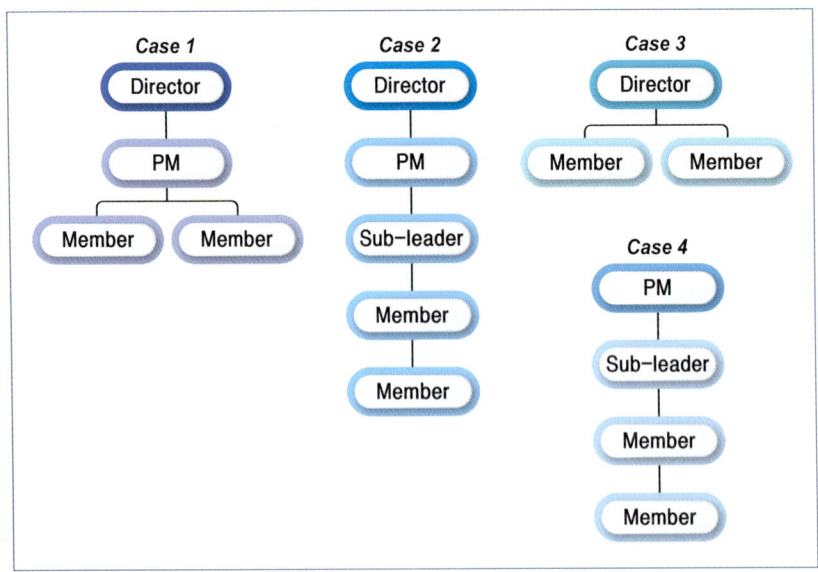

✦ QPS의 프로젝트 조직 운영 체계

성장으로 이어진다.

체계가 잘 잡힌 대기업은 그렇지 않겠지만 조직적으로 미흡할 수밖에 없는 중견, 중소기업의 경영자들을 보면 위임에 대한 염려나 두려움이 있다. 자리를 뺏기는 것은 아닌지, 내 권한이 축소되는 것은 아닌지, 나의 존재감이 떨어지는 것은 아닌지 염려한다. 그간의 축적된 경험과 이론 공부를 통해서 CEO들이 어떤 역할에 집중해야 하는지 고민이 많았던 차여서 그랬을까, 막상 한번 내려놓기 시작하니까 쉽게 적응이 되었다.

우리 동료들도 위임의 취지나 목적을 잘 이해해서인지 하나둘씩 따라 주기 시작했고 점진적으로 아래로 역할을 내리기 시작했다. 물론 무대에서 내려온다고 책임까지 면하는 것은 아니다. 위임한다는 것, 임파워먼트는 그냥 단순히 믿고 맡기는 것이 아니기 때문이다.

내가 좋아하는 문장 중에 이런 말이 있다.

"믿고 맡기되 일이 잘못되도록 내버려 두지 않는다."

믿고 맡기더라도 배우가 아닌 무대 감독으로서의 역할 수행이 필요하다. 가수의 컨디션은 좋은지, 무대 전체가 제대로 돌아가는지, 라이트는 적시에 켜졌는지, 마이크는 이상이 없는지, 특수 효과는 타이밍에 맞게 적용될 것인지 지속적으로 모니터링하고 점검해야 한다.

그러니 리더가 누군가에게 일을 믿고 맡겼다고 해서 책임까지 면하는 것은 아니다. 모든 일의 최종 책임은 내가 져야 하며 모든 잘못된 일의 책임은 리더의 몫이다. "리더의 역량은 그의 부하 직원을 보면 알 수 있다."는 경영학의 구루, 피터 드러커의 명언에 귀 기울이고 마음에 되새긴다. 아무리 전권을 주고 맡겼더라도 "무능한 직원은 없다. 무능한 리더가 있을 뿐"이라는 생각에는 변함이 없어야 한다. 나 스스로에게 전하는 말이다.

리더십 파이프라인 구축 2 – 임파워먼트 경영

임파워먼트의 사전적 의미는 무엇일까? '권한을 주다', '자율권을 주다.'로 정의되어 있다. 쉽게 말하면 권한을 주어 맡기는 것을 말한다. 단순히 권한과 자율권을 주어 맡기는 것이 임파워먼트일까? 아침에 일찍 일어나서 오랜만에 이불을 개기로 마음먹었다고 쳐 보자. 이불을 개려고 잡아 드는 순간, 엄마가 문을 열고 외친다.

"아들, 제발 이불 좀 개라."

이 말을 듣는 순간 어떤가? 갑자기 이불을 내던지고 싶어진다.

엄마가 시켜서 이불을 개면 어떤 기분이 드는가? "내가 이미 하려고 맘먹었는데, 에이 김 새네…." 하면서 바로 의욕이 떨어지게 마련이다. 내가 자발적으로 하고자 했던 일인데 누군가가 내 주도권을 침해했다는 생각이 들도록 만들기 때문이다. 엄마가 나에게 이불을 개라고 맡겼다고 임파워링한 것일까?

모든 일이 그렇지만 내가 스스로 결정할 때, 내 삶을 주도하고 직접 통제할 때 동기가 부여되고 일에 힘이 실려 추진력 또한 강해진다.

　자율 통제권은 성과와 동기 부여에 큰 영향을 미친다고 한다. 이것은 나만 봐도 알 수 있다. 나는 누군가가 나에게 일 시키는 걸 무지 싫어해서 남이 시키기 전에 미리 알아서 해 버린다. 이불 개기 사례를 다시 생각해 보자. 여기서 진정한 임파워먼트란 어떻게 하는 것일까?

　"우리 아들, 뭐든 알아서 잘해주니 엄마가 참 고마워! 필요한 거 있으면 이야기하고"

　이불을 개고 싶은 마음을 먹도록 만들어 주는 것이 진정한 임파워먼트가 아닐까! 위임받은 사람이 알아서 할 일을 찾고 부여된 권한으로 일을 통제하고 끌고 나가도록 만드는 것, 그것이 임파워먼트의 본질이다.

　임파워먼트를 일에 대한 결정권과 주도권을 가지게 만든다는 의미로 해석한다면 "그건 알아서 하세요."처럼 의미가 모호해진다. 내가 QPS 내에서 권한을 내리고 위임을 시작할 무렵부터 이 말을 많이 했던 것 같다. 아니, 아직도 많이 한다. 사실 "알아서 하세요."라는 말은 해석부터 어렵다. '뭘 어떻게 알아서 하라는 거지?', '내가 알아서 하면 당신은 뭘 해주실건가요?'라는 생각이 들 수밖에 없다.

　위임받은 사람은 알아서 고민해야 하지만, 위임하는 사람은 뭘 하는 건지, 그저 노는 것은 아닌지 의심 아닌 의심을 할 수도 있고, 자칫 방임으로 느껴질 수도 있다. 임파워먼트의 본질을 생각하자면 단순히 "알아서 하세요."라고 말하는 것은 우리가 임파워먼트를 잘못 이해한 것이 된다.

　한비자는 군주를 상급, 중급, 하급으로 나눌 수 있다고 했다. 下君盡己之能 中君盡人之力 上君盡人之智(하군진기지능 중군진인지력 상군진인지지)라 했다. 하급의 군주는 자기의 능력을 다하고, 중급의 군주는 다른 사람의 힘을 다하게 하고, 상급의 군주는 다른 사람의 지혜를 다하게 한다는 의미인데, 임파워먼트의 진정한 의미를 제대로 설명한 말이라 하겠다. 다른 사람의 지혜를 다하게 하려면 적절한 지원을 해야 하며 지혜를 끌어내는 동기 부여가 뒷받침되어야 한다.

위임한다는 것, 임파워링한다는 것은 단순히 믿고 맡기는 것이 아니다. 위임하는 만큼의 역량이 되도록 조언해 주고 동기가 부여되도록 지원해야 한다는 사실을 나도 최근에서야 깨달았다. 진심으로 믿는 마음을 표명하고 명확하게 업무 방향(Direction)을 정해 주고 일이 잘못되더라도 모든 책임은 내가 지는 것이 임파워먼트이다. 그냥 믿고 맡기는 것이 아니다.

QPS는 창업 이후 줄곧 성장을 거듭해 오면서 거의 매년 조직 개편을 단행하였고 리더들의 빠른 역할 변화를 주문했다. QPS는 승진, 승급도 빨라서 넥스트 레벨의 역할 수행이 가능하면 근무 기간에 관계없이 바로바로 승진, 승급시킨다. 그만큼 변화가 빠른 조직이다. 매년 달라져야 하는 리더십과 역할 변화로 힘들어 하는 사람도 있을 것이다. 힘든 과정인 만큼 반대 급부적인 성장이 있다는 것을 생각한다면 낯설고 어려워도 계속 밀고 나아가야 한다.

QPS가 QPS Alliance로 확장하며 법인이 4개사로 늘어나면서 더 큰 역

QPS Alliance

할적 변화가 필요했다. 오랜 기간 고민해 왔던 일이지만, 무엇보다 내 역할을 재점검하고 변화의 방향을 새롭게 모색했다. 내가 변화하지 않으면 아무도 안 변하기 때문이다.

계열사에 대표들이 생기면서 벌써 대표 직함을 단 동료만 4명이다. 누군가가 '대표님'이라고 부를 때면 자동 반사적으로 뒤돌아보는데, 나를 부르는 경우가 아닐 때가 많아졌다. 호칭이 헷갈리기도 하고 내 역할에서 뭔가 상징성이 떨어진다는 생각 때문에 호칭도 바꾸기로 했다. 나는 QPS호의 선장이기도 하고 대위 출신인 것을 감안해서 QPS 내에서는 '캡틴'(Captain)으로 호칭한다.

QPS(주)퀀텀퍼스펙티브 CEO, '캡틴 초이', 나는 QPS를 위해서 어떤 역할을 수행해야 하는 사람인가? 변화에 따르는 어쩔 수 없는 과도기가 있겠지만, Great QPS Alliance를 위해, 점진적인 승계(Succession Plan)를 위해 나는 다음 세 가지 역할을 선택하고 집중하려 한다.

첫째, 나는 Chief Envisioning Officer(최고 미래 구상 책임자)가 되려 한다. 처음엔 Chief Enlargement Officer(사업 확장, 확대)라고 정의했다. 그러나 Enlargement가 보편적인 명칭이 아니기도 하고 세일즈나 사업 확장에 국한될 수 있기 때문에 더 광의의 개념인 Chief Envisioning Officer(최고 미래 구상 책임자)라고 첫 번째 역할을 정의했다. 기업은 CEO가 상상하는 크기만큼 자라고 움직인다. 딱 그만큼이다.

기업의 CEO는 무엇보다 상상력이 커야 한다. 아직 세상에 존재하지 않는 그 무언가를 구체적으로 상상하고 그것을 이룰 수 있다고 믿고 크게 떠벌려야 한다. 사업 확장이 되었든 세일즈가 되었든 새로운 사업 구상이 되었든 QPS의 원대하고 큰 미래를, 그리고 책임지는 사람이 되고자 한다.

QPS 사무실엔 리더(임원)들 방이 없다. 물론, 내 방도 없고. 심지어 지정석조차 없는 호텔링 방식이다. 발로 뛰어다녀야 할 임원, 많은 사람을 만나서 업계 동향과 사회적 트렌드를 읽고 사업 확장과 세일즈에 힘써야 할 사람들이 사무실에만 앉아 있는 것은 문제다. 보통 기업에 가 보면 대표이사 방이 제일 크고 화려하다. 일을 하기 위한 회의 탁자가 있기보다는 커다란 소파에 티 테이블 그리고 화려한 장식들까지, 일을 위한 공간보다는 편하게 안주하기에 안성맞춤인 공간으로 보인다.

보통 임원들도 방 하나쯤은 다 가지고 있다. 독립된 공간에서 조용히 업무에 매진하기 위함일 수도 있고 사회적 신분과 명성에 걸맞은 치장이요 배려라고 할 수도 있다지만, 그러다가 점점 사무실 내에 갇혀 버릴 수도 있다. 최근에는 대기업부터 앞장서 임원들 방을 없애고 실질에 힘써 이런 부분들이 점차 사라지고 있다니 얼마나 다행인지 모른다. QPS에 CEO나 임원들의 방을 따로 두지 않는 것은 외부로 열심히 뛰어다니라는 상징적인 조치이다. 우리가 아무리 커지더라도 반드시 지켜야 할 원칙이 아닌가 생각된다.

CEO는 미래 트랜드를 분석하여 비전을 수립하고, 사업을 확장하기 위해 다양한 사람들을 만나고, 외부와의 협력을 통한 기술과 아이디어 교류 및 도입을 위해 힘써야 한다. 그러기 위해선 적극 외부로 나다녀야 한다.

QPS 5호 오피스 모습

사무실에 앉아만 있는다고 해결될 일이 아니다. 틈나는 대로 책을 읽고, 다양한 사람들을 만나고, 시대적인 조류, 미래를 읽는 것을 최우선 과제로 삼아 비전을 크게 세우고, 널리 알리며 강력하게 추진해 나가야 한다. 무엇보다도 나는 그런 Chief Envisioning Officer(최고 미래 구상 책임자)가 되고자 한다.

BBM 행사 중인 QPS

둘째, 나는 Chief Education Officer(최고 교육 책임자)다. 기업의 CEO는 끊임없이 구성원들을 성장시키기 위한 교육 훈련을 제공해야 한다. CEO의 경영 철학, 사업 철학 그리고 경영 마인드를 심어주기 위해 반복 교육과 메시지를 수시로 전달해야 한다. CEO의 철학과 생각이 모든 구성원의 생각과 일치될 수 있을 정도로 심리/정서적인 융합을 만들어 가야 한다. 가장 최근에 입사한 말단 동료조차도 CEO의 철학과 사상에 근접할 수 있는 마인드를 가질 수 있도록 만들어야 한다. 그러기 위해서 CEO는 사상, 철학, 조직문화와 관련된 부문에 있어서는 직접 교육하고 코칭해야 하며 글 또는 말로써 가르쳐야 한다.

앞서 언급한 《리더십 파이프라인》이라는 책에서도 언급된 내용이지만, 회사는 각 직급에 필요한 리더십 및 역량 강화를 위한 교육을 제공해야 한다. 누구보다도 교육에 관심이 많은 나는 진작부터 우리 동료들에게 체계적인 교육을 제공해야겠다고 고민한 끝에 BBM(Bing Bang Meeting)을 만들었다.

창업 초기에는 'QPS 아카데미'라는 이름으로 상황에 따라 진행되어 오던 것을 정례화시켰고 공모 이벤트를 통해 네이밍을 했는데, QPS의 의미와 맥을 같이하는 아주 맘에 드는 이름으로 선정되었다. 빅뱅(Big Bang)은

BBM 행사 중

약 150억 년 전 우주의 탄생을 가져온 거대한 폭발을 말하는데, 매우 높은 온도와 밀도하에서 일어난 대폭발로 먼지보다 작은, 무한히 작은 한 점에서 현재의 팽창하는 우주가 탄생되었다는 가설적 이론이다. QPS의 BBM(Bing Bang Meeting)도 동일한 맥락의 의미를 가지고 있다.

QPS호의 실적, 영업 현황을 공유하고, 프로젝트 사이트별 현황 공유, 주제 발표 및 사내외 교육, QPS News 공유 및 비전 함양, 주제 토론 및 의견 수렴, CEO 경영 철학 및 운영 방향 공유 Session 등을 통해 QPS 동료 모두가 꿈과 비전을 키워 나가고, 다 함께 성장, 발전해서 무에서 유를 창조해 나가자는 의미를 담고 있다. BBM은 1일 8시간 업무에서 벗어나 하루 종일 진행한다. 8시간 이후에는 단체 회식으로 마무리하는데, 가급적 월 1회 개최해야 하지만 여름과 겨울 각 2주간의 방학과 아웃팅 일정을 감안하면 1년에 10회 정도 개최를 목표로 하고 있다.

QPS의 Chief Education Officer(최고 교육 책임자)로서 BBM을 통해 내가 직접 교육하는 시간을 많이 가지려 한다. 컨설팅 방법론, 기본적인 업무 소양, 리더십, 양자 관점, QPS 비전과 철학 등 다양한 주제로 강의안을 만들어서 직접 교육하고 있다. BBM을 시작하던 즈음에 QPS 동료 모두가 기대하는 시간으로 만들겠다고 공언했는데, 최근의 반응을 보니 어느덧 내 약속이 지켜진 듯하다. 최근에는 시간 및 공간적 한계를 극복하기 위해 말이 아닌 글을 통해서도 그간 경험한 인생과 삶에 대한 생각 그리고 사업 철학과 조직문화에 대한 사상을 전파하기 위해 노력 중이다.

이벤트 공모 포상

셋째, 나는 Chief Energy Officer(최고 조직 활력/에너지 책임자)가 될 것이다. 기업의 CEO는 그 누구보다도 조직에 활력을 불어넣는 역할을 해야 한다. 처음엔 Chief Entertainment Officer(최고 유흥/놀이 책임자)라 칭할까도 생각해 보았으나 좀 더 광의의 의미를 담기 위해 바꾸었다. CEO는 구성원들이 신이 나서 일할 수 있도록 동기 부여하고 분위기를 고양하며 자긍심 가득할 수 있도록 급여, 복리 등 근무 여건을 개선해주어야 한다. 무엇보다 에너지 가득한 조직문화를 만들어야 하고, 그 문화가 뜨겁게 유지되도록 노력하고 솔선수범해야 한다.

나에게는 오래된 나만의 의식(Ritual)이 있다. 매주 1회 이발을 하는 것이다. 이발을 하지 않으면 왠지 에너지가 떨어지는 듯하다. 긴 머리를 자르면 힘이 빠진다는 삼손과는 정반대인 셈이다. 그래서 30여 년간 매주 이발을 하는데, 이런 사소한 의식 하나가 내 마음가짐을 정제시키고 일과 사람을 대하는 태도를 바르게 한다.

사람과 마찬가지로 조직도 나름의 의례와 의식(Ritual & Ceremony)을 한다. 특히, 잘되는 조직일수록 의례와 의식(Ritual & Ceremony)을 많이 한다고 한다.

QPS는 잘되는 조직이므로 의례와 의식(Ritual & Ceremony)을 많이 하는데, 작게는 셀카 찍기가 있다. QPS는 어떤 행사나 모임에서든 반드시 셀카를 찍는다. 함께 셀카를 찍으며 추억을 공유하면 서로 더 가까워진다는 셀피 효과를 믿기 때문이다. 또 다양한 이벤트와 공모를 개최하여 포상

하거나 교육 중 퀴즈나 조별 대항전을 통해 우수 조에 상품권을 지급한다. 생일자들을 위한 축하 서프라이즈 파티도 한다. 각종 기념일이나 의미가 있는 날은 반드시 축하를 하거나 포상을 하고 넘어간다.

QPS는 이러한 작은 의례와 의식(Ritual & Ceremony)을 통해서 조직 내에 활력을 불어넣고 함께 나눈 교감과 공감 거리를 늘려 나가며, 동료들의 자긍심을 높임과 동시에 팀워크와 친밀감을 형성해 나간다. 이러한 의례

동료의 생일 서프라이즈를 위해 SRT 역에서 생일자가 나타나기를 기다리는 동료들

Chief Energy Officer(최고 조직 활력/에너지 책임자)가 되기 위해 노력하는 모습

와 의식(Ritual & Ceremony)에 드는 돈은 비용이 아니라 튼튼한 조직문화를 구축하기 위한 효과적인 투자인 셈이다.

조직의 전략보다 중요한 것이 조직문화다. 건물도 기초와 뼈대가 중요하듯 조직도 마찬가지로 Foundation이 되는 사람과 조직문화가 중요하다. 등산을 예로 들면 강한 하체가 필수이듯, 약한 기반으로는 멀리 가지도 오래 가지도 못하기 때문이다. 아무리 체력이 좋아도 아무리 강하다고 해도 기초인 다리가 튼튼하지 않으면 멀리 나아가지 못한다. 경영의 토대는 사람이요, 조직문화다.

생일자 서프라이즈 파티에서 생일 선물 전달

20여 년 전 컨설팅 회사에 입사해서 지금껏 여러 회사를 진단하고 컨설팅하면서 알게 된 사실이 있다. 조직 내에서 신뢰를 상실했을 때 많은 문제점이 발생한다는 것이다. 조직 내 신뢰나 정서보다는 성과와 결과에만 열을 올리는 기업들도 많았다. 그들은 성과 중심, 결과 중심주의로 운영되며 조직 내 정서적인 부분은 경시하고 조직문화의 힘을 간과했다.

무엇보다 사람에 대한 관심이 없는 회사들을 볼 때마다 무

동료들로부터 받은 생일 서프라이즈 롤링 페이퍼(인원이 적을 때는 각 동료들의 생일 때마다 롤링 페이퍼를 적어서 선물과 함께 생일자에게 전달했다.)

척 안타깝다는 생각이 들었다. 경영 컨설팅 회사도 마찬가지다. 조직 내 정치 라인이 생기고 조직문화보다는 성과나 결과에만 초점을 맞추는 것을 보면서 기업을 다르게 운영할 수는 없는 것일까에 대해서 생각하게 되었다. 중이 제 머리도 못 깎는 컨설팅 펌의 현실을 보면서 훗날 회사를 만든다면 나부터 잘해야겠다는 생각이 깊어졌다. 무엇보다도 조직문화가 탄탄한 회사 만들기를 최우선 과제로 삼아야겠다는 결심을 하게 되었다.

동료들과의 회식

조직 문화는 결국 사람이 전부다. 사람이 만들어 가는 조직이므로 사람을 확대해 보면 조직문화가 된다. 결국 경영이란 개개인의 혼이 담긴 조직

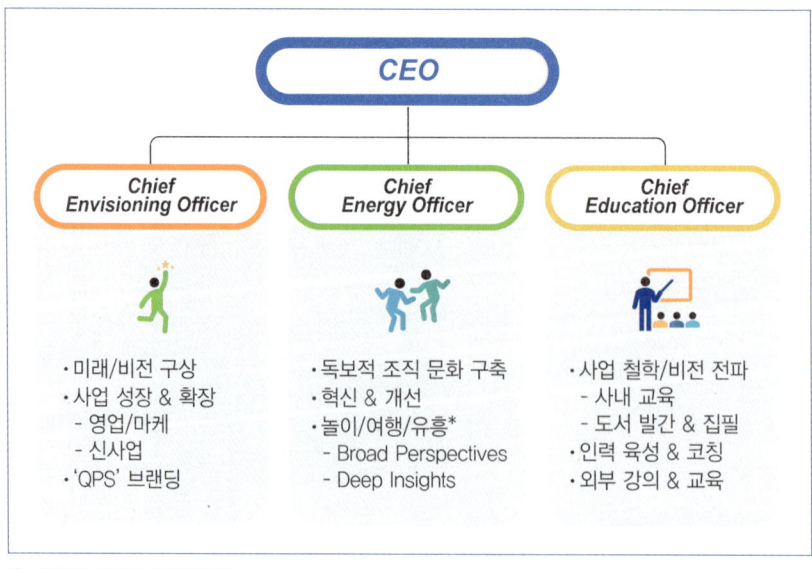

🧬 필자가 정립한 CEO 역할

QPS 오피스에서의 낮술

QPS 오피스에서의 회식

문화가 전부라고 해도 과언이 아니다! 프로세스나 시스템이 아무리 완벽해도 구성원의 마인드와 조직문화가 제대로 갖춰져 있지 않으면 제대로 정착되지도 발전하지도 못한다. 단기간에 급성장하며 커가는 회사를 보면 매출, 영업 이익 등의 실적에 집착하는 경우가 많은데, 빨리 간다고 좋은 게 아니다.

당장 눈앞의 안위나 이익은 장기적으로는 손해다. 당장 이익이 되지 않더라도, 다소 천천히 가더라도 Slow & Steady의 조직문화를 다지며 나아가야 더 멀리, 더 크게 나아갈 수 있다. 구성원들에 대한 격려, 칭찬, 공감과 인정을 통해 구성원 개개인의 존재 가치와 인간 본연의 모습을 인정해 주어야 한다. 이를 통해 그들에게 내재된 숨은 잠재력을 끄집어 낼 수 있어야 하며, 조직이 친밀해지고 유기적으로 혼연일체가 되어 살아 움직이는 에너지 활력체가 될 수 있도록 조직문화와 분위기를 만들어 가야 한다.

그러기 위해서는 함께 신나게 놀고 모두가 즐길 수 있도록 만들어야 한다. 그래서 QPS는 삼삼오오 회식을 하고, 느닷없이 대낮부터 낮술을 먹기도 한다. 함께 여행을 다니고 취미에 맞춰 동아리 활동을 하며 함께 모여 놀기 위해 애쓴다. 그 놀이에 가장 앞장서야 할 사람이 바로 나다. 그래서 나부터 에너지 넘치는 Chief Energy Officer(최고 조직 활력/에너지 책임자)가 되려 한다.

세 가지 세일즈 패러다임 변화

사람들은 낯선 사람과의 만남을 주저한다. 어렵고 불편하기 때문이다. 20여 년간 컨설팅을 하면서 다양한 사람들을 많이 만나온 나 역시 마찬가지다. 세일즈 활동 또한 10여 년 이상 해 왔지만 여전히 사람과의 첫 만남은 낯설고 불편하다. 뭘 이야기할지, 어떤 주제로 분위기를 띄울지, 어떻게 내가 원하는 바를 얻어낼지 만나기 전부터 고민이다. 생전 처음보는 낯설고 어려운 사람들을 많이 만나야 하는 세일즈는 참 어렵다! 어떻게 해야 잘할 수 있을까?

세일즈 역량은 인간관계의 정도, 휴먼 네트워크 크기에 달렸다 해도 과언이 아니다. 비단 영업만의 문제는 아니다. 삶 속에서 사람들과 좋은 관계를 지속적으로 이어 나가는 일은 중요하면서도 어려운 일이다. 상대방을 어떻게 매혹할 것인가? 어떻게 내가 원하는 대로 사람들을 이끌어 갈 것인가? 어떻게 세일즈로 연결시킬 것인가?

영업에 대한 패러다임부터 바꿔보자. 세일즈 패러다임 쉬프트 3가지이다.

첫째, 니즈 파악이다. 줄 것부터 찾아라!
저 사람을 어떻게 꼬시지? 어떻게 설득해야 내가 원하는 바를 얻을 수 있을까?
보통은 나에게 도움될 만한 사람을 만나야 할 때 이런 생각부터 한다.

내가 원하는 게 먼저 떠오르기 마련이다. 대부분 어떻게 원하는 걸 얻어낼까가 고민이다. 모든 촛점은 내가 얻을 것에 맞춰진다. 줄 것보다는 받을 게 더 큰 관심사다. 당연한 일이다.

그러나 유능한 세일즈맨들은 받을 것보다 줄 것을 먼저 생각한다. 내가 가진 돈, 시간, 재능, 열정, 긍정 에너지를 먼저 나눈다. 진심으로 상대방을 돕겠다는 맘으로 먼저 돕는다. 그러다 보면 언젠가 상대방도 나를 돕게 된다는 것을 알기 때문이다. 아니 다시 돌려받지 못하더라도 주는 것만으로도 의미가 있다. 받는 것보다는 줄 때의 기쁨이 더 크기 때문이다. 뭔가를 나눠 줄 때의 심적 보상이 훨씬 크다. 주려면 잘 줘야 한다. 그들이 진짜 원하는 것을 줘야 한다. 천 원짜리 단팥빵을 좋아하는 사람에게 만 원짜리 카스테라를 줘봐야 아무 의미도, 감동도 없다. 상대가 원하는 것을 줘야 한다.

상대가 정말 원하는 것을 주려면 어떻게 해야 할까? 먼저 원하는 것이 뭔지 알아야 한다. 아는 방법은 간단하다. 하지만 어렵다. 경청해야 하기 때문이다. 잘 듣는 것만큼 어려운 게 없다. 니즈를 파악하려면 우선 잘 들어야 한다. 이때 필요한 역량이 바로 QPS 3대 핵심 역량 중 하나인 관점 전환/조망 수용 능력인 'Perspective Taking Ability'다. 상대방의 욕구나 관점을 읽어내는 능

19년째 고객과 우정을 이어가고 있는 '우주회' 모임

력, 잘 듣는 게 1순위다. 잘 들으려면 질문을 잘해야 한다. 상대방의 니즈가 무엇인지, 어디에 관심이 있고 어떤 부분에서 가치를 느끼는지, 무엇을 좋아하고 어떤 문제로 고민하고 있는지 적절한 질문을 던지며 진심으로 관심을 가져야 한다.

먼저 그가 정말 필요로 하고 원하는 것이 무엇인지 파악하고 도움을 줘야 한다. 이건 비단, 영업만의 문제가 아니다. 모든 인간관계에서 또한 업무에 있어서 매우 중요한 부분이다. 사람들을 만날 때 항상 질문하자.

이 사람이 원하는 게 뭘까?
이 사람이 가려운 게 뭘까?
이 사람에겐 어떤 고민이 있을까?
조직 내에 어떤 Pain Point가 있는가?

무엇을 좋아하고 어디에 관심이 있는지 정성을 다해 듣고 질문해서 반드시 찾아내야 한다. 영업은 얻기 위함이 아닌 필요한 것을 주는 활동임을 명심해야 하겠다.

둘째, 타인은 나의 거울이다. 먼저 좋아하라!

영업상 미팅을 하다 보면 '저 사람은 나를 탐탁치 않게 생각하네!', '내가 맘에 안 드나 본데…', '형식상 그냥 자리만 했구나!' 이런 생각이 들 때가 있다. 그러면 넥스트에 대한 생각을 쉽게 접게 된다. 이럴 땐 어떻게 해야 할까?

우리 뇌에는 거울 신경 세포(Mirror Neuron)가 있어서 상대방을 모방하고 닮아 가려는 경향이 있다. 이 원리를 대입해 보면 남들이 나를 좋아하게 만드는 방법은 의외로 간단하다. 내가 먼저 좋아하면 된다. 물론 반대 원리도 그대로 적용된다. 내가 싫어하면 상대도 나를 싫어한다. 내가 먼저 좋아하는 마음을 가져야 그도 나를 좋아한다. 내가 진정 좋아하는 마음이 들면 상대방이 나를 좋아할 수밖에

9년째 고객과 우정을 이어가고 있는 '한규회'

없다. 타인은 나의 거울, 내가 생각하고 반응하는 그대로 상대도 반응하고 행동한다. 내가 웃어야 그도 웃는다. 그래서 하와이언들의 주문, '호오포노포노'는 참으로 일리가 있다. 내가 미워하고 싫어하는 사람이 생길 때 그 사람을 떠올리며 이렇게 주문을 외워보자.

"미안합니다. 용서하세요. 고맙습니다. 사랑합니다."

이렇게 계속 생각하다 보면 자연스럽게 미운 사람에 대한 마음이 수그러들고 다시 좋아하는 마음이 생긴다. 나도 종종 활용하는데 진짜 그렇게 된다. 이 주문만 있으면 이 세상에 미워할 사람은 없다.

상대가 나를 싫어하는데 내가 상대방을 좋아하면 뭘 해? 잘못된 전제다. 상대방이 나를 먼저 좋아하기를 기다려봤자 소용없다. 내가 상대방의 장점을 찾고 좋아할 만한 점을 찾아서 진심으로 좋아해야 한다. 진심은 통한다.

사람들을 만날 때 먼저 생각해 보자. 나는 이 사람이 필요해서 만나는 건가, 아니면 좋아해서 만나는 건가? 나는 정말 이 사람이 좋은가? 나는 이 사람과 평생 함께하고픈 맘이 있는가? 인생을 길게 보고 내가 먼저 상대를 좋아하는 마음을 가져야 한다. 나아가 상대를 사랑해야 한다. 그러다

고객과의 계모임인 한큐회에서 대만 양면산 투어

보면 세일즈 기회는 자연스럽게 열린다.

셋째, 세일즈는 확률 게임이다. 그물망을 넓히고 자주 만나라.

영업 능력은 타고나야 한다? 나도 본격적으로 영업을 공부하기 전까지는 타고나는 것이라고 여겼다. 태생적으로 성격이 활발하고 사교적이어야 한다고 말이

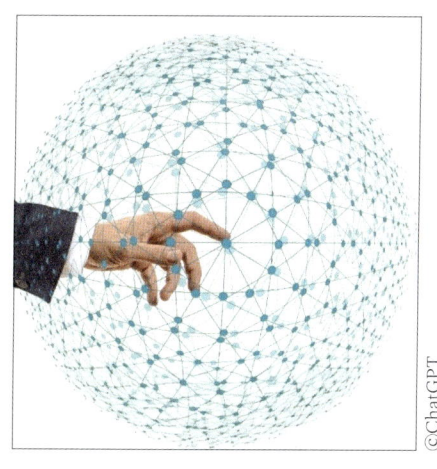

다. 하지만, 영업을 공부하면 할수록, 실전 영업을 하면 할수록 착각이었음을 깨달았다. 영업은 타고나는 것도, 대단한 스킬이 필요한 것도 아니다.

Sales is a science.

영업은 과학이요, 확률 싸움이다.

영업의 핵심은 많이 만나는 데 있다. 그물망을 넓게 쳐야 고기도 많이 잡힌다. 100명 만날 것을 1,000명을 만나면 확률상 가능성이 늘어난다. 많은 사람을 만나라 그물망이 늘어난 만큼 고기도 많이 잡히기 마련이다. 다양한 사람들과 교차점을 만들고 그물망을 넓혀가야 한다. 새로운 분야, 나와 전혀 상관없는 직업군의 다양한 사람을 만나자. 나와는 전혀 무관해 보이는 직업군의 사람들도 만나다 보면 뭔가가 이어지기 마련이다. 꼭 뭔가를 얻기

13년째 고객과 우정을 이어가고 있는 '케이퀀텀회(구, 케이맥회)'

위해 만나기보다는 다양한 사람들을 통해 폭넓은 관점을 배울 수 있기 때문이다. 온 사방, 세상 천지에 사람 점을 찍자. 그 점이 결국 선이 되고, 면이 되고, 삼차원, 사차원이 되어 사건을 만들고 형태로서 나타나 역사와 사건을 만든다.

만북사(萬권의 Book을 읽고 사랑을 나누는 모임)
친구들과 대만 투어

이때, 한 가지 간과해선 안 되는 일이 있다. 넓히는 것만이 능사는 아니라는 사실이다. 넓히되 자주 봐야 한다. 영업에는 4:12:80 법칙이라는 것이 있다. 고객에게 4번 이상 권유했던 12%의 판매원이 전체 판매량의 80%를 차지한다는 원리다. 그만큼 자주 만나야 한다. 세일즈가 잘 안 된다면 그 사람을 네 번 이상 만났는지 자문해 볼 일이다.

주식은 머리로 하는 게 아니라 엉덩이로 해야 한다고들 한다. 그만큼 길게 보유하면 수익은 나기 마련임을 강조하는 말이다. 영업은 머리가 아니라 발로 하는 것이다. 자주 만나야 정도 들고 친해진다. 닥치고 만나자. 그저 아는 사이로는 안 된다. 서로 도움을 주고받는 인생의 지인으로 만들어야 한다.

나는 '교만인우(交萬人友)'라는 인생 목표가 있다. 살아 생전에 전 세계 1만 명과 인연을 맺고 사귀겠다는 뜻이다. 또 한가지 목표는 '수퍼 커넥터'가 되는 것이다. 필요한 사람들끼리 서로 이어주고 도움 주는 삶을 살고 싶다. 10여 년 전 영업의 'ㅇ' 자도 몰랐던, 사람 만나는 게 그저 어색하고 낯설었던 나조차도 뜻을 세우고 노력해 오고 있다. 누구나 할 수 있다. 늦은 때란 없다. 매일매일 ABCD하자.

"Always Be Connecting the Dots."

사람과의 만남에서 스파크가 튀고 역사가 만들어진다.

QPS 생활상

승 진 배
Senior Consultant

상상하는 것이
이뤄지는 곳,
바로 QPS입니다

QPS 동료들은 항상 미래에 관해 이야기하고 이뤄질 수 있다고 믿습니다. 목표를 세우고 성취하기 위해 끊임없이 노력하고 이뤄냅니다. "상상하는 것이 현실이 된다"는 저의 좌우명은 동료들을 보면서 더욱 확신을 갖게 되었습니다. QPS 동료들은 항상 꿈에 관해 이야기하며 그 꿈과 목표를 향해 함께 나아갑니다. QPS 동료들은 서로의 성공을 진심으로 돕습니다. 서로에 대해 관심과 애정을 가지고 변화 과정에 대해 이야기합니다. 수시로 진솔한 피드백을 주고받으며 스스로를 돌아보고 발전할 수 있도록 긍정적인 자극을 줍니다. QPS 동료들은 서로가 무한 가능성의 존재임을 믿고 무한 가능성의 세계를 함께 열어갑니다. 입사 이후 많은 시행착오를 겪었지만 동료분들의 열렬한 지지와 응원 속에서 조금씩 변화하고 성장할 수 있었습니다. 동료들로부터 큰 사랑과 지지를 받다 보니 이에 대해 성장과 성과로써 보답해야겠다는 마음이 절로 생겨납니다. QPS 오피스에는 애니메이션 원피스의 써니호 프라모델과 피규어, 퍼즐 및 사진 등이 전시되어 있습니다. 이는 끊임없는 도전과 새로운 모험을 떠나는 QPS의 조직문화를 상징합니다. 사내 서재에 있는 다양한 장서들을 수시로 맘껏 읽고 상상하며 즐길 수 있습니다. 같은 책을 읽고 동료들과 서로의 생각을 나누면서 새로운 관점에 대해 눈 뜰 수 있습니다. QPS는 끊임없이 미래에 대한 상상과 모험을 장려합니다.

매번 새로운 산업에서 일을 해야 하는 컨설팅업의 특성상 해당 분야를 빠르게 습득하고 배워 나가는 것이 매우 중요합니다. 그만큼 어렵고 힘든 도전 상황에 직면하지만 우리가 목표하고 기대하며 상상하는 것들을 고객 사이트에 적용하고 새로운 변화를 만들어 나가는 일은 상상만으로도 흥분되고 설레는 일입니다. 매번 새로운 모험을 떠나며 상상하는 것이 이뤄지는 곳, 바로 QPS입니다.

창립 7주년 기념 소감

앞으로
70년도 함께해요!

이 대 민
Principal Consultant

　오늘은 바로 QPS 창립 7주년이라는 역사적인 날! 이 모든 성취와 영광의 중심에는 바로 캡틴이 계십니다! 캡틴은 QPS를 단단히 지탱하는 철근 콘크리트 같은 존재입니다. 하지만 그 안에 숨겨진 따뜻함은 마치 전기 장판 같은 온기를 품고 있죠.(철근에 전기 장판 조합이라니, 벌써부터 따뜻하고 튼튼한 느낌이 드시죠? 특히 이번 주 한파로 전기 장판이 너무 뜨뜻해서 꼭 쓰고 싶은 표현이었습니다.) 7년 동안 흔들림 없이 QPS를 이끌어주신 캡틴, 캡틴, 앞으로 70년은 더 함께 가시죠!(QPSian 모두 건강 관리 열심히 해야 할 듯합니다.) 감사하고, 존경하며, 살짝 무서워(?)하면서도 사랑하는 마음 가득 담아 캡틴을 칭찬합니다.

창립 7주년 기념 소감

따뜻함과 진심이 있는 회사, 항상 감사해요

김 설 아
Tran Thi Kim Thoa, 베트남인, Manager

어느덧 QPS 창립 7주년이라니 참 시간이 빨리 지났습니다. 5주년 기념식 때 처음으로 QPS 문화와 캡틴 강의하는 것을 아직도 잊을 수 없습니다. 놀랍고 신기하고 감동했습니다. 그렇게 대단하시고 멋있으신 분일 줄 몰라서 놀랍고 강의하시거나 발표하실 때 재미있기도 하고 마음에 와닿아서 신기했습니다. 특히 강경하고 단호하신 분인데 마음은 따뜻하고 항상 진심을 느끼게 해서 감동받았습니다. 그 감정들은 아직까지도 느껴지고 많이 배우고 있습니다. QPS에서 생활하면서 여러 복지를 즐기거나 동료분들이랑 함께 활동할 때마다 항상 감사하는 마음이 있습니다. 그리고 이렇게 자랑스러운 우리 QPS를 이끌어 주시느라 많이 고생하셨고 훌륭하십니다. ^^ 앞으로 QPS가 더욱 발전하고 성장할 것이라고 믿습니다. 캡틴 꿈 맞습니다. 캡틴이 계시니까요. QPS의 모든 동료분들은 언제나 캡틴과 응원하고 함께 가겠습니다.

캡틴 최고입니다!

5

지 지

사업의 순간순간에 기적과도 같이 나타난 우리 동료들이 없었다면 지금의 모습이 가능했을까? 생각하면 할수록 놀랍기도 하고 행운 가득한 일이 아니었나 싶다. 함께 노력해 준 훌륭한 동료들과 함께한다는 것만으로도 가슴 벅참과 행복감을 느낀다.

행복 경영의 비밀 – 존성유지자

QPS호의 진화, 그 절대적 동력

지금에서야 든 생각이지만, 전 직장을 퇴사하고 창업을 결심하던 즈음에 후배들의 응원과 격려가 없었다면 용기 내어 도전할 수 있었을까? 전 직장에서 퇴사를 결심할 당시, 후배들은 나가서 사업할 것을 오히려 부추겼다. 현재, QPS의 부대표이며 당시 후배였던 김성훈 부대표는 "상무님이 나가시면 무조건 따라 가겠습니다."라며 힘을 보탰고, 당시 후배였고 현재는 국내 부문을 맡고 있는 감순곤 대표는 "상무님이 나가셨으면 좋겠어요. 나가

창업 후 K사에서 강의 중인 필자

시면 저도 좀 데려가 주세요."라며 농담 반, 진담 반 응원해 주었다. 그렇게 여러 사람의 응원에 힘입어 결국 창업을 하게 되었고 아무것도 없이 깃발 하나 달랑 꽂은 종이배 수준의 QPS호가 탄생했다.

홀로 창업하고 혼자 일하면서 외롭고 힘들었다. 한 사람만 더 있었으면, 같이 상의할 사람이 있었으면 하는 아쉬움이 밀려올 때가 한두 번이 아니었다. 8개월 동안 나 홀로 광활한 바다에 홀로 떨어져 표류하는 느낌이었다. 그렇게 사업을 이어가던 중 합류해 준 두 명의 창업 동지로 인해 얼마

나 큰 힘이 되고 든든했는지 모른다. 김성훈, 감순곤, 두 사람은 아무것도 없는 QPS에 사번 2, 3번으로 합류해 주었다.

그 당시 나는 두 사람을 만날 때마다 악수를 청했다. 볼 때마다 기분이 너무 좋았고 세상을 다 얻은 듯한 감사한 마음이 일었다. 아직 이룬 것도 없고 별로 가진 것도 없었지만, 셋이 함께 뭔가를 만들어 간다는 사실만으로도 가슴이 뛰었다. 그렇게 우리는 나룻배 정도로 배를 키웠고, QPS호를 조금씩 일구어 나가기 시작했다.

세 명이 함께하면서 업무에 탄력을 받기 시작했다. 수많은 미팅과 브레인스토밍을 거쳐 사업 및 컨설팅 프로젝트를 위한 다양한 아이디어를 냈고, 실제 현업에도 적용해 볼 수 있었다. 그때 머리를 맞대고 심사숙고한 덕분에 과거 회사에서 수행했던 컨설팅 방식과는 다른, 지금의 컨설팅 방식을 새롭게 정착시킬 수 있었다.

영업적 한계로 고전하던 때에 영업 기초를 다지게 된 것도 이때의 Trial & Error 노력 덕분이다. 비록 세 명뿐이었지만 짧은 기간에 많은 것들을 함께 일구어 갔다. 그렇게 창업 1년여가 지나고 세 명만으로도 좋았지만, 뭔가 조직적으로 부족함을 느꼈다. 특히, 당시 아웃소싱 중이었던 재정 부문을 맡아줄 믿을 만한 사람이 필요했다.

그렇게 합류하게 된, 현재 CFO를 맡고 있는 나유신 부대표는 최초엔 육아 문제로 파트 타임으로 재무/회계 부문만 맡기로 했는데, 나중엔 결국 컨설팅 업무까지 맡게 되고 풀타임 근무로 전환하게 되었다. 그 당시 나 부대표가 합류하지 않았다면 지금의 재무, 자금 관리나 어드민 역할이 제대로 돌아가고 있을까 싶다. 아마 지금까지도 아웃소싱을 하고 있었을 것이다.

나 부대표가 합류하면서 마치 QPS호에 엔진을 장착한 듯했다. 드디어 나 포함 동료가 4명으로 늘어나면서 나는 CEO, 감순곤은 COO, 김성훈은 CMO, 나유신은 CFO 이렇게 각자의 역할을 구분해서 맡기로 했다. 남들이 보기엔 4명뿐인 회사에서 역할을 나누는 게 웃긴다고 할지 모른다. 하

필자와 동료들

필자와 이승호 이사의 입사 시절

필자와 동료들

지만 나룻배 수준의 QPS호 바닥을 널빤지로 조금씩 덧대고 든든한 엔진을 장착하면서 통통배 수준으로 거듭났다.

QPS호가 네 명이 되면서 사업적으로 점점 풀리기 시작했다. 영업 활성화를 위해 1년여를 고민하고 머리를 싸매어도 잘 안 풀렸는데, 갑자기 모든 일이 잘 풀리기 시작하면서 점점 동료들을 늘려야 할 시기가 온 것이다. 우리 네 명은 당시 10여 년 이상 컨설팅을 경험한 시니어급이었으므로 실무를 담당할 주니어도 QPS호에 승선시켜야 했다.

어떤 사람을 뽑아야 할까? 아직 규모도 작고 네임 밸류도 없는 QPS호에 과연 누가 들어오려고 할까? 여러 생각이 들었지만, 지인들을 통해 사람들을 소개받기 시작했다.

첫 인턴십으로 한 명이 입사했지만 1개월 반 만에 실패로 돌아갔다. 우리 정서와는 잘 안 맞기도 했고, 우리도 후배들을 맞이할 준비가 덜 되어 있었다. 이 일 덕분에 사람을 뽑는 기준에 대해서 더 깊게 생각하게 되었고, 무엇보다 정서적인 코드가 맞는 사람, 품성이 좋은 사람을 선발해야겠다고 마음먹었다.

첫 주니어 동료 맞이에 실패하던 즈음에 김 부대표 동생의 소개로 합류한 동료가 지금의 이승호 이사다. 2년 간 공공 기관에서 연구원을 수행하다가 그만두고 70여 일간 세계 여행을 다녀온 즈음에, 본인이 전공한 공학이 아닌 다양한 일을 해보고 싶어서 QPS호에 지원했다고 했다.

QPS호는 승진에 있어서 근무 연수의 제약이 없는데, 각 직급에 부합하는 역할을 수행할 수 있으면 연차와 무관하게 패스트 트랙으로 승급, 승진을 시킨다. 이승호 이사가 딱 그 케이스다. 인턴으로 입사해서 3개월 과정을 거쳐 수습 3개월까지 마친 후 정직원이 되었고 책임, 수석, 이사가 되기까지 고속 승진했다. 인턴으로 입사해서 5년도 안 되어서 이사가 되었다. 인턴부터 시작한 QPS호의 첫 주니어이프로 QPS의 마스코트라는 별명을 가진 이 이사는 습득력, 이해력이 빨라서일까 나날이 업무 수준이 향상되었고, 어느덧 성장을 거듭해 현재는 QPS호의 에이스가 되었다.

이승호 이사가 합류하고 2개월 후에 합류한 동료가 현재의 이제혁 상무다. 직장 경력 11년 차였던 이제혁 상무는 감순곤 대표가 과거 프로젝트를 할 당시에 카운터 파트 고객이었는데, 본인의 꿈을 쫓아 감 대표의 추천으로 QPS에 지원했다. 경력직임을 감안해서 당시 3Grade까지 있던 수석 직급에서 Grade 1으로 입사했다. 처음으로 경력이 많은 동료를 선발하다 보니 입사를 위해 다섯 번의 면접을 거쳤다. 그만큼 까다롭게, 일거수일투족을 면밀하게 점검했다. 드레스 코드를 중시하는 QPS이다 보니 외모적으로 마음에 들지 않는 부분에 대해 지적도 많이 받았다. 처음 봤을 때는 여러 면이 마음에 들지 않았지만, 모든 피드백을 적극 감당하고 본인의 꿈을

필자와 동료들

향한 의지를 보면서 이 상무의 미래가 그려졌다. 그렇게 이 상무도 수석 Grade 1에서 한 단계씩 승급, 승진하며 입사 4년여 만에 상무로 승진하여 QPS호를 이끄는 리더가 되었다.

현재의 이제혁 상무는 QPS호 인재상의 표본이라 할 정도로 다방면에서 훌륭한 면모로 모든 동료들이 좋아하고 Respect한다. 이 상무의 합류로 창업 2년 차에 여섯 명으로 늘어나면서 제트 엔진을 단 쾌속 보트로 거듭나기 시작했다. 아직은 소수였지만 창업 1세대라 할 수 있는 우리 여섯 명의 동료들은 똘똘 뭉쳐서 QPS호의 조직문화를 다지고 사업 체계를 잡아가며 초석을 다져 나갔다. 신기하게도 우리 동료들이 늘어날수록 컨설팅 프로젝트도 늘어났고 점점 성장 궤도를 달리기 시작했다.

만약, 여섯 명의 든든한 창업 동지들이 없었다면 지금의 QPS호가 존재할 수 있었을까? 절대 아닐 것이다. 혼자 힘으로 해낼 수 있는 일에는 한계가 있다. 여럿이 다 함께 목표한 방향으로 나아갈 때 서로에게 에너지를 주고 더 큰 일을 해낼 수 있다. 똑똑한 천재 한 명이 이끄는 회사가 아닌 평범하지만 뜻을 함께하는 동료들이 모여 함께 나아가는 회사, 상호 의존하며 서로 지지하는 동료들이 다 함께 위대한 일을 만들어 가는 회사, QPS는 그런 회사다.

창업 시즌 II라 할 수 있는 3년 차가 되던 해에 기대하지도 않았던 훌륭한 동료가 합류했다. 점점 프로젝트가 늘어나던 시기에 때마침 찾아온 기회로 천군만마를 얻은 듯한 기분이 들었는데, 사업적으로도 아주 큰 힘이 되었다. QPS 베트남 법인 설립을 주도하고, 현재 QPS비나를 잘 이끌어 가고 있는 윤종선 대표다. 윤 대표 합류와 더불어 QPS호의 파워는 더욱 막강해졌다. 고창윤 책임, 승진배 책임도 비슷한 시기에 합류했다. 이들은 QPS 최초로 지인 소개가 아닌 공모로 선발한 동료들이다. 입사 동기인 두 사람은 사회 초년생으로서 조직 분위기를 띄우며 변화의 촉매 역할을 해주었다. 기존 동료들의 입장에서 보면 젊은 후임들이 생겨나면서 조직적 활력이 솟아난 셈이다. 사실 이때부터 진정한 조직이라 할 정도의 형태를 갖추

필자와 동료들

필자와 동료들

게 되지 않았나 생각된다.

  QPS호 승선 인원이 아홉 명으로 늘어나 조직 규모와 위용을 갖추게 되면서 더 이상 작은 배가 아닌 어느 누구와도 붙어 볼 만한 전투력을 갖춘 소형 함선으로 변모해 갔다. 창업 3년 차이던 그해, 심태인 책임, 송형탁 수석, 최유리 선임 등이 합류하면서 우리는 열두 명이 되었고 QPS호의 분위기가 점점 살아나면서 사업은 더욱 번창해 갔다. 동료가 늘어난 시점인 창업 시즌 II부터 본격적으로 QPS의 조직문화에 대해 더 깊은 성찰이 시작되었고, 소통에 대해서도 더 신경 쓰며 다져 나갔다. '존성유지자' 라는 체계적인 조직문화와 운영 시스템을 만들기 위한 노력이 시작된 시기라 할 수 있다.

  그렇게 QPS호는 매년 성장, 발전을 거듭하며 오늘날의 진용을 갖추게 되었다. 훌륭한 동료들이 하나둘 조인하면서 점점 늘어났고 이젠 30여 명을 바라보고 있다. 오랜 해외 생활 경험과 여러 국가에서의 해외 프로젝트까지 경험한 윤종선 대표 덕분에 QPS비나를 설립할 수 있었다. 이후 교육훈련 및 코칭 회사인 QPS브레인을 이끄는 이은정 센터장, M&A 자문사인 QPS어드바이저리를 이끄는 장현희 대표까지 합류하면서 QPS호는 다기능 전투 선단으로 거듭나고 있다. 창업 7년여가 흐른 지금 QPS호는 4개

법인으로 확대되어 QPS Alliance가 되었다. 아직은 소형 전투 선단에 불과하지만 우리 동료들과 함께 전력을 다해 키우고 다져서 QPS호를 더욱 튼튼한 전함 그리고 무적의 호위 선단으로 만들어 나갈 것이다.

창업 시즌 I, II를 돌아보면서 참으로 감사한 마음이 들었다. 내 인생을 돌아보면, 나는 누구보다도 행운아이며 인복이 많은 사람이다.

QPS 명함 뒷면

QPS호의 현재 모습은 나 혼자가 아닌 우리 동료들 모두가 함께 일구어 왔다. 모든 것이 우리 동료들의 공이다. 이름을 다 거명할 순 없지만, QPS호에 승선한 우리 동료들 한 사람 한 사람의 땀과 노력으로 여기까지 진화해 온 것이다.

만약, 사업의 순간순간에 기적처럼 나타난 우리 동료들이 없었다면 지금의 모습이 가능했을까? 생각하면 할수록 놀랍기도 하고 행운 가득한 일이 아니었나 싶다. 함께 노력해 준 훌륭한 동료들과 함께 한다는 것만으로

QPS 5주년 기념 행사

도 가슴 벅참과 행복감을 느낀다. 일을 하다 보면 때로는 서로 갈등도 있고, 부족하다고 느낄 때도 있고 또 아쉬움이 들 때도 있다. 하지만, 함께하는 든든한 동료들이 있다는 사실만으로도 얼마나 감사하고 축복받은 일인가!

QPS 여름 아웃팅, 가평 캠핑장

나에게는 든든하고 사랑하는 동료들이 있다. 우리 동료들이 있기에 밥을 안 먹어도 배가 부르다.

QPS호의 성장과 발전, 진화에 있어서 절대적 동력은 무엇인가? 생각해 볼 여지도 없이 그건 바로 '우리 동료들'이라고 답할 수 있다.

"사랑하는 우리 동료 여러분! 모두 모두 감사합니다, 고맙고 또 고맙습니다!"

도원결의(桃園結義)

유비는 전날부터 상당히 들떠 있었다. 홀로 시작한 사업이다 보니 일은 몰려들고 혼자 해 나가기가 벅찬 일상이었다. 외롭고, 허전하고 때로는 공허감마저 느껴지는 일상에 점점 지쳐 가던 즈음, 한 달 전에 합류한 장비로 인해 큰 힘을 얻었다. 장비와 함께 보낸 기간 동안 혼자가 아닌 누군가와 함께 뭔가를 일구어 가는 것이 얼마나 큰 힘이 되는지 또 얼마나 든든한 일인지 새삼 깨달을 수 있었다. 그래서인지 더더욱 이 날만을 손꼽아 기다리고 기다렸다.

관우는 전날 만취 상태로 집에 들어갔다. 어떻게 집에 들어갔는지조차 기억하지 못할 정도로 많은 술을 마셨다. 전날의 숙취로 인해 당일 부산으로 이동하는 내내 힘들어했고 하루 종일 토하느라 음식조차 제대로 못 먹었다. 관우의 상태는 아랑곳하지 않고 유비와 장비는 그저 마냥 신이 나서 들떠 있었다. 셋이서 뭔가를 함께하는 첫날이기도 하고 사업의 결의를 위해 아웃팅을 떠나는 날이기 때문이다. 관우는 숙취로 인해 부산으로 이동하는 차 뒷좌석에서 내내 잠들어 있거나 힘들어했고, 유비와 장비는 돌아가면서 운전하면서 미래에 대해, 앞으로의 사업에 대해서 많은 대화를 나눴다. 좋은 날씨 덕분일까 마음이 한껏 부풀어 올랐다. 사업을 한 지 1년이 채 되지 않은 시점이어서 번 돈은 많지 않았다. 그래서 각자 사비를 조금씩 걷고 유비가 돈을 조금 더 내서 여행 경비를 마련했다. 이번 아웃팅은 무엇보다 장소 선정에 의미를 두고자 했다. 한 배를 탄 운명 공동체가 되자는 취지로 함께 배를 타기로 했고, 기왕이면 해외로 가자고 의견을 모았다. 여행지에서는 관광보다는 단 한 가지만을 하기로 했는데, 함께 산을 올라 산 정상에서 셋이 함께 사업 결의를 다지기로 한 것이다. 이런 의도에 맞는 최적의 장소가 바로 대마도였다.

유비 일행은 저녁 늦게서야 부산에 도착해서 예정대로 부산역 근처의 찜질방으로 갔다. 아침 일찍 대마도행 배를 타야 했기에 대충 자고 배를 타고자 한 것이다. 찜질방에서 사우나를 하면서 관우가 서서히 숙취에서 깨어서 살아나기 시작했고, 분위기가 달아오르자 사우나 후 간단히 캔 맥주도 마시고 찜질방 시그니처인 계란과 식혜도 마시며 오손도손 대화를 나누었다. 미래에 대한 거창한 계획은 없었지만 함께 뭔가를 만들어 갈 수 있다는 사실만으로도 가슴 벅차하며 함께 마시고 먹고 떠들며 즐겼다. 찜질방에서 잘 때는 밤새도록 때늦은 모기에 시달려서 자는 둥 마는 둥 그렇게 아침이 밝았다. 유비 일행은 배를 놓칠세라 서둘러 부산항으로 향했고 드디어 대마도행 배 '니나호'에 올랐다.

유비는 니나호를 타고 가는 내내 생각에 잠겼다.

'드디어 뜻이 맞는 동지들과 사업을 함께 하는구나. 이렇게 좋을 수가!'

함께 있는 것, 뜻을 함께 만들어 간다는 것 자체가 기쁨이어서 대마도를 향해 가는 내내 미래에 대한 상상의 나래를 펼칠 수 있었다. 셋은 니나호

부산항에서 유비, 관우, 장비

대마도행 니나호 승선 티켓

지정 좌석에 나란히 앉아서 그렇게 함께 배를 타고 대마도를 향했다.

그날로부터 6년이 흘렀다. 베트남 법인 소속 동료들을 제외하고, 국내 동료 22명은 KTX와 SRT를 이용해서 부산으로 속속 집결했다. 최초 계획은 부산 1박, 대마도 1박이었으나 예정했던 배 타는 날에 기상 관계상 대마도행 배가 뜨지 않는다는 소식을 접하자마자, 부산에서 1박하고 대마도에서 2박하는 일정으로 급하게 변경하여 부산으로 하루를 당겨서 내려갔다. 갑작스러운 일정 변경이었지만 다들 일사불란하게 기차표를 다시 예매하고 일정을 재정립했다. 밤 8시경 먼저 도착한 동료들은 음식물 등 준비물을 구매하는 등 제반 준비를 마쳤다. 저녁 9시경엔 먼저 합류한 동료 8명은 부산역 앞 초량 시장 횟집으로 가서 술자리를 가졌다. 먼저 내려온 유비와 장비 그리고 몇몇 동료들은 왁자지껄 이런저런 대화로 꽃을 피웠고 내일부터 본격 시작될 여행에 대한 기대감으로 한껏 들떠 있었다. 6년 전 유비 일행이 머물렀던 찜질방이 아닌 1인 1실 호텔에 묵었다.

찜질방에서 모기와의 사투 때문일까 피곤함이 가시지 않았다. 대마도 히타카츠항에 내리자마자 라멘에 나마비루(생맥주)부터 먹기로 했다. 근처를 찾다가 적당한 곳을 찾아 일본 정통 라멘에 아사히 생맥주를 한잔씩하며 기분 좋게 대마도 여행의 첫 일정을 열었다.

식사 후 대중교통 버스를 타고 목적지인 이즈하라로 향했다. 이동하는 2시간 내내 펼쳐지는 논과 밭 그리고 노인들, 대마도는 예상 외로 적막하고 조용했으며, 심지어 쓸쓸해 보이

대마도 히타카츠항에서 점심 식사 중인 유비, 장비, 관우

기까지 했다. 버스는 이동하는 내내 서다 가다를 반복했다. 몇 명 되지 않는 학생들을 태우고 등 굽은 노인들을 내려주며 그렇게 지루하게 달리고

또 달렸다. 유비는 이동 중에도 내내 상상의 나래에 젖어서 들뜬 기분이었고, 장비는 형들과 함께한다는 사실에 그저 기분이 좋았다. 관우는 어제 숙취로 인해 아직도 힘든 듯 먼 발치를 바라보며, 때론 졸면서 버스에 몸을 맡겼다. 지루함이 피곤함이 되어 갈 즈음 도착한 이즈하라라시는 마치 시골 마을 같았다. 장비가 에어비앤비로 예약한 일본식 숙소부터 찾아서 길 안내를 했고, 해가 지기 전에 아리아케산을 다녀오기 위해서 급하게 발걸음을 옮겼다.

아침에 일어나서 호텔 로비로 가 보니 22명이 모두 모여 있었다. 우리는 부산항으로 이동해서 대마도행을 안내해주실 H1투어 여행사 가이드 분을 만났다.

6년 전 그날처럼 우리는 니나호를 타고 대마도 히타카츠항으로 향했다. 유비가 6년 전에 느꼈던 그 들뜸과 설렘, 뭔지 모를 기대감과 흥분도 그대로였다. 유비, 관우 그리고 장비 3명이 함께 갔던 그 대마도를 22명이 되어서 다시 방문하게 될 줄은 6년 전에도 생각하지 못했고 그 이후에도 전혀 생각지 못했다. 6년 전 그날과 달리 파도가 높아서 전날 술을 많이 마신 동료들은 힘들어했지만, 우리는 함께 배를 타고 1시간 50여분을 항해하여 히타카츠항에 도착했다. 6년 전 그날, 유비 일행이 히타카츠항에 내리자마

QPS 대마도 아웃팅, 부산항에서

QPS 대마도 아웃팅, 히타카츠항에서 점심 식사

QPS 대마도 여행을 위한 45인승 관광버스

자 먹었던 라멘과 맥주처럼, 이번엔 우동 정식과 함께 나마비루(생맥주)를 마셨다.

식사를 마친 후 22명을 태우고 이즈하라로 향할 45인승 전용 관광버스에 탑승하였고 안전하고 편안하게 이즈하라시에 도착했다.

다다미 방 형태의 일본식 숙소에 짐을 풀고 등산복으로 갈아 입은 유비 일행은 아리아케(유명)산으로 향했다. 산으로 가던 길에 보이는 편의점에서 플라스틱 용기에 담긴 사케 3병과 등산 중에 먹을 밴또(도시락)를 샀다. 관우는 숙취에서 벗어나서인지 몸이 가벼워 보였다. 장비는 언제나 에너지가 넘쳤으므로 뭐든 할 기세다. 유비가 앞장서서 걸으며 산길을 찾아 나섰고 등산 초입, 바다 풍경이 보이는 곳에서 셀카 사진 한 컷을 남겼다. 6년 후 이 장소에서 22명의 동료들이 다시 사진을 찍게 되리라곤 전혀 예상하지 못한 채 말이다.

대마도 아리아케산 초입

대마도 아리아케산, 등산 중 점심 식사

대마도 아리아케산 정상

중간중간 우리는 연신 사진을 찍으며 한 걸음 한 걸음 신나게 산 정상을 향했다. 라멘만 먹어서인지 배가 고파와서 산 중턱에 자리를 잡고 도시락을 까먹었다. 역시 사진 한 컷, 찰칵! 시장이 반찬이라고 꿀맛이었다.

산을 오르는 내내 숲이 우거져서 훤하게 보이는 광경은 없었다. 오로지 앞만 보고 올랐는데 장대처럼 쭉쭉 뻗어 있는 삼나무가 인상적이었다. 마침내 정상 부근, 저만치서 바라보니 우거진 수풀 끝으로 둥글게 햇빛이 비쳐 오는 것이 곧 정상임을 직감할 수 있었다. 다시 한번 찰칵! 기념 사진을 찍고 드디어 정상이다. 뒤를 돌아보니 작은 섬들과 함께 광활한 바다가 펼쳐진다. 멋진 광경이다!

산 정상은 엄청 넓었는데 우리가 정상에 다다랐을 땐 마침 구름 사이로 햇빛이 비쳐 내려오는 것이 마치 유비 일행에게 뭔가 스포트 라이트를 비추는 듯한 광명이 펼쳐졌다.

대마도에 도착한 첫째 날은 저녁 식사와 술자리를 가졌고 호텔 1

대마도 아리아케산 정상 부근

박 후 다음 날, 22명의 동료들 모두 아리아케(유명)산을 올랐다. 겨울 날씨로, 기온은 5~6도 정도였지만 유비는 약속 대로 반팔에 반바지를 입었고, 이대민 수석, 유일한 책임(현재 수석)도 반팔, 반바지로 나섰다. 등산 중에는 미션이 있었다. 22명을 5개 조로 편성하여, 6년 전에 유비, 관우, 장비가 함께 등산하며 사진을 찍었던 6개의 장소를 찾아서 동일하게 사진을 찍는 것이었다. 장소를 잘 찾아서 조원이 함께 있는 사진을 찍은 우수 조 3개에 포상을 하기로 했다. 6개의 장소를 찾는 것도 어려운 일이지만 조원 전체가 함께 나오도록 사진을 찍어야 했기 때문에 조원들끼리는 다 함께 이동하게 되었다. 유비, 관우는 운 좋게 한 조가 되었고, 장비는 다른 조에 편성되었다. 유비와 관우 그리고 장비가 속한 조원들이 좋아하긴 했지만, 유비 일행도 6년 전 기억이 가물가물해서 장소가 어디인지 헷갈렸으므로 좋아할 일은 아니었다. 그렇게 한 조씩 산을 오르며 6년 전 장소를 찾고 함께 사진을 찍었다. 22명 전체가 오르는 데에는 약 2시간여가 걸린 듯하다.

22명의 동료들은 5개조로 나뉘어져 있었지만 한마음으로 6년 전의 6개의 장소를 찾았고, 웃고 떠들며, 6년 전 유비 일행의 행적을 떠올리며 전혀 힘든지도 모른 채 산 정상에 다다랐다.

아리아케산 정상에서 유비와 관우 그리고 장비의 마음은 비장했다. 세 병의 사케를 따서 건배를 외치며 각자 한 잔씩 마셨다. 그리고 유비가 관우에게 한잔, 관우가 유비에게 한잔을 따르고 러브샷을 했다. 마찬가지로 유비가 장비에게 그렇게 했다. 마지막으로 관우도 장비에게 동일하게 따르며 술을 마셨다.

세 명은 그렇게 한 잔씩 돌리면서 팔을 걸고 사업의 결의를 다졌다. 함께 사업을 해나감에 있어서 한뜻으로 의리를 지켜 나가기로 결의했다. 동지가 된다는 뜻으로 잠수함 열쇠고리를 하나씩 나눠 가졌다. 만약, 뜻을 어기는, 다른 생각에 빠진 누군가가 보이면 이 잠수함 열쇠고리 사진을 찍어서 카톡방에 올리기로 했다.

잠수함은 모두가 한 배에 타고 물 밑에 있기 때문에 해치를 열면 모두가 죽는다는 것에서 착안한 의미로 서로가 서로에게 의지하고 의리를 지키며 뜻을 함께하자는 취지였다. 이렇게 셋은 함께 배를 탔고, 함께 산 정상에 올라 다 함께 술을 나눠 마시며 결의와 의지를 다졌다. 그렇게 그날 유비, 관우 장비는 의리로 뭉쳐 함께 나아가기로 다짐하며 도원결의(桃園結義)를 했다.

대마도 아리아케산 정상에서 도원결의 중인 관우와 장비

도원결의의 징표인 잠수함 열쇠고리

대마도 아리아케산에서
도원결의 중인 유비, 관우, 장비

대마도에서 회식

　아리아케산 정상에 오른 22명의 동료들은 원형으로 빙 둘러 앉아서 준비해 간 도시락을 까 먹으며 한국에서 공수해 간 막걸리도 마셨다. 점심 식사 후에는 6년 전 그날처럼 사케를 돌려 마시며 도원결의 의식도 가졌다.

　조별로 사케를 나눠 따르고 러브샷하며 결의를 다졌다. 6년 전 유비, 관우, 장비의 마음은 어땠을까? 초심을 떠올리며 조별로 술잔 의식을 갖고 기념 사진을 남겼다. 5개 조 전체가 하나된 마음으로 초심을 떠올리며 술잔 의식을 치렀다.

　등산 행사를 마치고 하산할 무렵, 유비, 관우, 장비 셋은 남아서 함께 두 팔을 벌려 손을 잡고 기념 사진을 찍었다. 6년 전에는 전혀 예상치 못했던

대마도 아웃팅, 아리아케산 정상

대마도 아웃팅, 아리아케산 정상에서 도원결의 의식 중인 동료들

대마도 아리아케산으로의 재아웃팅 방문, 6년 전과 달라진 건 늘어난 동료들의 숫자일 뿐, 모든 여정은 완벽하게 유사했다.

유비는 물론 필자이고, 관우는 현재 국내 부문 사업을 담당하는 감순곤 대표, 장비는 김성훈 부대표다. 우리는 6년 전 그렇게 QPS 첫 아웃팅을 대마도로 갔고, 그곳 아리아케산에서 도원결의를 했다. 우리는 함께, 한뜻으로 지금까지 사업을 이어왔고, 대마도행 이후 6년여가 흐른 현재는 사업의 규모도 커졌고 동료도 많이 늘었다. QPS의 첫 해외 아웃팅인 대마도를 기점으로 QPS는 매년 동료 전원이 함께 해외로 아웃팅을 간다. 일본 홋카이도, 베트남 나트랑, 오스트리아와 체코에 이어 3명이 22명이 되어 다시 찾은 대마도, 그리고 아리아케산 정상에서의 22명의 도원결의, 말할 수조차 없을 정도로 뜻깊고 감개무량했다.

산을 오르는 내내 스스로가 대견하고 뿌듯하여 감동이 밀려왔다. 또 한

대마도 아웃팅, 아리아케산 정상

대마도 아웃팅, 아리아케산 정상에서 팔 벌려 환호하는 관우, 유비, 장비

편으로는 내가 챙겨 나가야 할 식구들이 이렇게나 많이 늘었구나 하며 어깨를 짓누르는 무게감이 느껴지기도 했다. 그저 멋진 회사 만들어 보자고, 제대로 사업 한 번 일으켜 보자고 함께한 대마도행 아웃팅이 6년여가 지난 시점에서 되돌아 보니 스노우볼처럼 동료들의 숫자는 늘고 사업은 커졌다. 앞으로 5년 후에는 100명으로 불어난 QPS 동료들이 다시 한번 다 함께 대마도 아리아케산 정상을 밟게 될 그 날을 그려 본다.

대마도에서 회식 중, QPS Awards를 진행하며 동료들과 함께 즐거워하는 모습

원피스 이야기 1 - 나의 동료가 되어라

나는 어릴 때조차 그 흔한 만화책 한 권을 안 봤다. 최근에는 웹툰 등 웹상의 만화도 많아졌지만, 영화로 만들어진 애니메이션 외에는 아예 안 본다. 40대 중반이 되도록 유일하게 본 만화책이, 중학교 시절에 아주 유행했던 이현세 작가의 《공포의 외인구단》 정도다. 예전부터 "원피스", "원피스" 하는 걸 워낙 많이 듣긴 했지만 '애들이나 보는 거지'라며 관심조차 안 가졌기에 인식조차 없다가 40대 중반이 되던 해에 우연히 보게 된 모 신문사 칼럼에서 처음 제대로 인식하게 되었다. 당시 읽었

던 칼럼에는 원피스 주인공이자 해적왕을 꿈꾸는 루피의 말이 실려 있었다.

"나의 동료가 되어라."

이 문장을 보자마자 왠지 모를 강한 끌림을 느꼈다.

그렇게 《원피스》라는 애니메이션에 관심이 생겼고, 1편부터 보기 시작했다. 처음 볼 때만 해도 원피스 전체가 1,000편 가까이 되며 현재도 계속

제작되고 있다는 사실을 까맣게 몰랐다. 주인공 루피의 어린 시절과 해적 선장인 샹크스와의 추억을 그리는 장면이 나오는 1편을 보자마자 나도 모르게 푹 빠져들고 말았다. 그렇게 정주행이 시작되어 두 달여 만에 900편까지 밤을 새워가며 순식간에 봐 버렸다. 원피스는 내가 생각했던 그저 그런 단순한 만화가 아니었다. 마치 철학책을 읽는 듯한 느낌이 들 정도로 깊은 깨달음과 각성을 주는 천재적인 작품이었다. 2014년도에 지지엔즈라는 대만 철학 교수가 펴낸, QPS 필독서이기도 한 《원피스식 인생 철학》이라는 책이 출간된 것을 보면 나만 이런 생각을 한 건 아닌 듯하다.

《원피스식 인생철학》 표지

사람을 대하는 방식, 동료 간의 우정과 동료애, 조직문화와 운영 방법, 제야의 고수들을 내 사람으로 만드는 방법, 신뢰와 믿음, 리더십, 꿈, 진정성, 열정, 정의, 의리, 용기, 협력, 도전, 야망 등 배울 점이 한두 가지가 아니었다. 온통 삶의 철학과 의미로 가득한 이 애니메이션은 도대체 뭘까? 누가 만든 걸까? 볼수록 궁금증이 커져만 갔다. 특히, 아무것도 가진 것 없고 능력도 없던 시골 꼬마에 불과했던 루피라는 주인공이 "나는 해적왕이 될 사내다."라며 여기저기 떠벌리고 다니면서 한 명, 또 한 명 함께

QPS 여름 아웃팅, 나트랑에서 동료들이 구입한 피규어에 기뻐하는 모습

항해할 동료들을 규합해서 꿈을 향해 나아가는 모습은 진정 훌륭한 리더

의 표상이 아닐까 하는 생각마저 들었다.

　주인공 루피는 매사에 긍정적이고 잘 웃고, 잘 웃기고, 사람을 무한 신뢰로 믿고, 불굴의 의지를 가졌으며, 정직하고 정의감에 불타는, 때로는 부드럽지만 그러면서도 매우 강인한 사람이다. 루피는 권위를 내려놓고 사람을 존중하며 평등하게 대한다. 큰 야망을 가지고 무모해 보일 수도 있는 도전에 나서고, 반드시 된다는 강한 믿음이 있으며, 주변 사람들을 끌어들여 자신의 동료로 만드는 매력을 가졌다. 처음엔 약한 존재였지만 점진적으로 노력해 내공과 능력을 키워 나가며 점차 해적왕

QP5 오피스에 전시되어 있는 원피스 피규어

이 될 자질을 갖추어 나가기 위해 노력하는 사람이다. 한편으로 생각해 보니 내가 1인 기업가로서 창업을 하고 우리 동료들이 한 명, 두 명 합류하며 사업을 키워온 과정이 루피의 여정과 너무도 닮아 있다는 생각이 들었다.

　원피스 251편 '로빈 이야기'에는 이런 장면이 나온다. 비비라는 아라바스타국의 공주가 루피에게 질문한다.

　"어째서 그렇게까지 동료를 믿을 수 있어요? 무조건 믿다니 그렇게 쉽게 되는 일이 아니에요."

　그러자 루피가 답한다.

　"난 도와주지 않으면 살아갈 자신이 없다. 난 검술을 쓸 줄 모른다! 항해술도 갖고 있지 않고! 요리도 못 만들고! 아무리 하고 싶은 일이 있어도 한 사람의 힘이란 거 한계가 있잖아? 동료가 필요해. 아무리 하고 싶은 일이 있어도 혼자서는 무리야. 동료가 필요해."

　루피는 함께하는 동료들을 무한 신뢰하고 무조건 믿는다. 그 강한 믿음으로 인해 동료들이 힘을 얻고, 오히려 루피를 지켜주고자 하는 마음을 갖

게 만든다.

루피는 악마의 열매를 먹어서 고무 인간이 되었기 때문에 물에 빠지면 수영할 수 없는데, 루피가 물에 빠질 때마다 검객 조로나 요리사 상디가 항상 그를 구해준다. 한 사람이 가진 취약성을 상호 의존적인 관계를 통해 보완해 가는 조직은 더 이상 한 사람의 힘이 아닌 여럿의 힘을 합친 강한 집합체로 거듭나게 된다. "우리 모두를 합친 것보다 더 강한 사람은 없다."는 말이 있는데, 루피 해적단을 두고 하는 말이다. 원피스에  서 배우게 된 여러 가지 인사이트 중에서 동료애와 의리, 신뢰와 믿음의 측면이 가장 크게 와닿았다. QPS의 '존성유지자' 조직문화에서 '지지'에 해당하는 것이다. 어쩌면 원피스라는 작품에서 얻은 영감으로 '지지'와 관련된 활동이 더욱 강화되었다고 볼 수 있다.

자신이 가진 취약성을 쉽게 드러낼 수 있는 안전한 분위기이고 또 서로의 취약성을 상호 보완해주는 팀워크와 친밀감으로 뭉쳐 있는 조직에서는 무한 신뢰가 당연한 것이다. 어쩌면 조직이 낼 수 있는 파워라는 것은 서로 믿고, 격려하고, 지지하고, 신뢰하는 것에서 비롯되는 것이 다일지도 모른다. 가장 중요한 것이 동료애와 의리, 신뢰이므로 동료들의 마음을 믿고, 동료들의 발전 가능성을 믿고, 동료들의 역량을 믿어야 한다. 의인불용(疑人不用), 용인불의(用人不疑)라고, 믿지 못할 사람은 아예 함께하지를 말고, 함께할 사람이라면 무조건 믿어야 한다. 조직에 있어서 동료애와 신뢰가 무너지면 모든 것이 끝장이다.

QPS는 우리의 롤 모델 조직을 원피스 해적단으로 삼았다. 원피스 애니메이션을 QPS 필독서처럼 반드시 봐야 할 애니메이션으로 지정했고, 사무실 장식장에는 원피스 피규어가 잔뜩 전시되어 있다. 우리 사무실 천장에는 원피스 해적단의 해적선인 메리고잉호와 써니호 프라모델이 여러 대 매달려 있다. 세계적으로 유명한 디자인 회사인 아이데오(IDEO)사 사무실 천장에 매달아 놓은 혁신과 창의, 도전을 상징하는 비행기

QPS 오피스에 전시된 원피스 피규어

날개처럼 원피스 해적선 프라모델은, QPS가 추구하는 롤 모델 조직을 만들어 갈 것을 꿈꾸고, 함께 항해하는 동료로서 서로를 지지하고 꿈을 향해 자유롭게 항해하자는 의미를 담고 있다.

주인공 루피는 어린 시절 산도둑들에게 당한 후 해적 선장인 샹크스 앞에서 다짐한다.

"나는 언젠가 이 일당에게도 지지 않는 동료를 모아서 세계 제일의 보물을 찾아서 반드시 해적왕이 될 거야!"

루피는 그 믿음에 있어 한 치의 의심도 없이 당연히 될 거라고 믿었고, 그에 걸맞은 생각과 행동을 이어 나간다. 결국 그 말을 한 지 10년 후 홀연 단신 돛단배 한 척을 몰고 해적왕이 되기 위해서 바다로 떠난다. 그 신념과 믿음이 워낙 커서일까 그를 만나는 사람들 역시 점차 그의 말을 믿게 되고, 돕고자 하는 마음으로 변화된다. 월터 아이작슨의 저서 《스티브 잡스》에서 자주 언급되는 내용 중 하나인 '현실 왜곡장(Reality Distortion Field)'과 같은 개념이다. 애플의 스티브 잡스와 동고동락했던 이들은 그의 가장 특별한 능력 중 하나로 '현실 왜곡장'을 꼽는데, 이것이 스티브 잡스가 상상했던 많은 것을 이룬 원동력이 되었다고 한다.

신념을 기반으로 행동하는 사람은 보는 것을 믿는 게 아니라 믿는 것을 보고, 사실을 믿는 게 아니라 믿고 싶은 바를 믿는다. 아직 현실에는 없지만, 현실을 왜곡함으로써 자신의 신념을 강화시키고 모호하고 불확실했던 현실을 더욱 명료하게 만든다. 다른 사람들 눈에는 허무맹랑하고 비현실적으로 보일지라도, 루피는 자신이 믿는 대로 바라보고 행동하며 그 믿음을 현실로 만들어 간다. 동료들은 비현실적이고 말이 안 된다고 여기지만 결국 그 현실 왜곡장에 동조하며 따르게 된다. 현실을 왜곡시켜 남과는 다른 결정과 선택을 하고 이를 통해 또 다른 무한 가능성

동료인 이승호 이사 집에 방문한 필자와 동료들

의 세계를 만들어 나가는 것은 어쩌면 평행 우주 이론과도 맥을 같이한다고 할 수 있겠다.

나도 사업을 시작할 때 같은 마음이었다. 두렵고 불안했지만, 꿈이 있으니까 반드시 해낼 거라는 신념 하나로 홀로 창업을 결심했다. 루피처럼 아무것도 가진 것 없이, 아무런 근거도 없이 '컨설팅 업계 최고가 되겠다.', '매출 4천억 원 회사를 만들겠다'며 닥친 현실이나 주변 사람들의 조소와는 무관하게 떠들어댔다. 자신의 뜻과 맞는 사람을 만날 때마다 "나의 동료가 되어라."라고 외쳤던 루피처럼 나도 그렇게 QPS와 통하는 동료들을 하나둘 만나면서 현실 왜곡장을 더욱 확장시켜 나갔다.

동료의 숫자가 늘어나면 늘어날수록 "나는 많이 부족한 사람이지만, 내게는 없는, 나와는 다른 능력을 가진 우리 동료들이 있으니까 우린 더 큰 일을 반드시 해낼 거야!"라며 이전보다 더 큰 꿈과 비전을 세웠다. 주변 사람들이 말도 안 된다고, 불가능하다고 했던 일들을 하나둘 현실로 만들어 내면서 우리의 '현실 왜곡장'은 점점 '현실의 장'으로 변화되고 있다. QPS

는 원피스 해적단처럼 각자의 꿈을 가진 개성이 강한 구성원들이 모여서 작지만 강한 조직을 만들고, 상호 존중과 팀웍, 신뢰, 믿음, 긍정, 열정과 진정성으로 똘똘 뭉쳐 비전을 향해 다 함께 나아가는 조직을 꿈꿔 왔으며, 또 이미 그렇게 만들어 가고 있다.

QPS호에 승선한 동료에게 배지를 달아주는 필자

QPS에 입사하여 인턴과 수습 과정을 거쳐 정식 동료가 되면 두 가지 배지를 달아 준다.

하나는 QPS CI의 로고인 원자이자 우주 모양의 배지인데, QPS가 지향하는 가능성의 세계를 뜻하며, 양자(Quntam)와 우주(Cosmology)를 상징한다. 또 하나는 원피스 해적선인 써니호 배지인데, 이는 한 배를 탄 하나된 동료로서 동료애의 의미를 담고 있으며, 언제 어디서든 비전을 향해 함께 나아간다는 운명 공동체적 관계를 상징한다. QPS는 원피스의 루피 해적단처럼 수평적이고, 격 없이 서로를 대하며, 일할 땐 확실하게 일하고, 놀 땐 신나게 노는 자율과 책임의 조직문화를 만들어가고 있다.

QPS에서 지급하는 원피스 써니호 배지와 QPS 배지

경영은 배를 운항하는 것과 유사하다고 볼 수 있다. QPS호는 선장 한 사람에 의해 운영될 수 있는 조직이 아니다. 커다란 배 하나를 움직이기 위해서는 조타사, 항해사, 요리사, 기관사, 갑판장 등 각자의 위치에서 제 역할을 해주는 동료들이 필요하듯 복잡하고 큰 배일수록 출항과 항해를 위해서는 여러 전문가가 혼연 일체가 되어 상호 협력해야만 한다. 어느 한 사람이 잘하고 못하고의 문제가 아니며 히어로 한 사람이 만들어 갈 수 있는 조직은 더더욱 아니다. QPS호는 먼 바다를 향해, 꿈과 미래를 향해 서로 지지하고 돕고, 각자의 역할을 다하며 함께 항해해 나아간다.

회식 중인 QPS 동료들

루피의 롤 모델은 빨간 머리 해적, 샹크스다. 어린 시절 산도둑들에게 잡혀서 바다 괴물에게 잡아 먹힐 위기에 처했을 때 샹크스가 나타나 루피를 살리는 대신 바다 괴물로부터 팔 한쪽을 잃고 만다.

"나는 술이든 음식이든 머리에 뒤집어쓰거나 얼굴에 침을 뱉는다거나 그런 것은 웃어넘길 수 있어. 하지만 어떤 이유가 있든 나의 친구를 상처 입히는 녀석은 용서할 수 없다!"

샹크스가 산도둑들에게 경고한다. 바다 괴물에게 팔 한쪽을 잃고도, 샹크스는 루피에게 이렇게 말한다.

"싼 거야 팔 하나쯤… 네 목숨에 비하면."

루피는 훗날 이 순간을 회상하면서 이렇게 다짐한다.

"샹크스가 나를 지켜준 것처럼 나는 나의 동료를 지킨다!"

아오키지라는 적에게 졌을 때 루피는 이렇게 다짐한다.

"이 앞의 바다에 또 이런 강한 놈이 나타나면 내가 더 강해지지 않으면 동료를 지킬 수 없어. 내겐 강함 따위는 필요 없지만 함께 있고 싶은 동료가 있으니까 내가 누구보다도 강해지지 않으면 모두 잃어버리게 돼."

QPS 동료들을 지지하고 동료애를 지켜 나가기 위해서는 무엇보다 먼저 스스로가 강해져야 한다. 우리 동료들을 지키고 성장시킬 수 있는 강한 동료가 되는 것이 먼저여야 한다. QPS 내에 '지지'의 문화가 오래도록 지켜지기 위해서는 내가 먼저 강인하고 훌륭한 리더가 되어야 한다. 나와 함께하는 사랑하는 우리 동료들을 지켜주고, 그들이 성장하고 발전할 수 있도록 돕기 위해 나부터 먼저 내공을 쌓고, 심신 수련, 호연지기를 길러 더욱 강인한 사람, 진정한 QPS호의 캡틴으로 거듭나야겠다!

원피스 이야기 2 – Brothers 1000

원피스 주인공인 루피를 떠올릴 때 가장 먼저 생각나는 점은 그의 해맑은 웃음이다. 그 웃음의 원천인 인간미와 매력은 원피스를 계속 보게 만드는 이유가 아닌가 생각된다. 루피 하면 빼놓을 수 없는 단어가 사랑, 우정, 의리, 정의, 진심, 순수, 그리고 열정이다. 다른 사람을 진심으로 돕고자 하는 순수한 마음과 사소한 일에도 전력을 다하는 그 열정과 진정성이 주변 사람들을 감화시킨다. 루피는 적과 전투할 때 외에는 어떤 일이 있어도 동료들에게 화를 내지 않으며, 과거엔 적이었더라도 오늘은 언제 그랬냐는 듯 금방 친구가 되는 원만한 성격을 가졌다. 어쩌면 그는 천진난만하고 순수한 사람이다.

QPS 오피스에 전시된 루피 피규어

루피는 매사에 정의감이 불타는 인물로 불의를 참지 못해서 어렵고 힘든 처지에 놓인 사람을 절대 그냥 지나치는 법이 없다. 그 누가 되었든 도움이 필요하면 적극 나서서 돕는데, 이런 공덕이 쌓여서일까 루피 주변에는 항상 사람들로 넘쳐난다. 세월이 흐를수록 루피를 도우려는 팬들이 늘어나서 나중에는 5,800여 명의 해적 연합이 루피 해적단을 두목으로 모시고 자기들은 부하가 되겠다고 자처하며 부자의 연을 맺는 충성 서약, 술잔 의식을 청하기도 한다. 10명도 채 안 되는 루피 해적단을 도우려는 5,800명의 해적 연합을 생각해 보자. 어떻게 그럴 수 있단 말인가? 과연 비결은 무엇일까? 뿌린 만큼 거둔다는 수확의 법칙처럼 평상시 발현되는 루피의 순수한 이타주의가 되돌아와 다시 루피를 돕는 것일까?

《맹자》에는 득도다조(得道多助)라고 "도를 얻은 사람은 도와주는 사람이 많다"라는 말이 나온다. 아무리 잘난 사람이라도 주변에서 도와주려는 사람이 많은 사람을 이길 수 있는 사람은 없다. 세상에서 가장 강한 사람은 힘이 세거나 지위가 높거나 큰 부를 소유한 사람이 아니라 주위에서 도와주려는 사람이 많은 사람이다. 그러기 위해서는 루피처럼 먼저 사

람의 마음을 얻어야 한다. 평소에 주위 사람들에게 따뜻하게 대하고, 배려하고 나누어 베푸는 등 마음을 얻어야만 도와주려는 사람도 많아진다.

나는 어린 시절과 젊은 날에 다소 뾰족하고 모난 성격이었다. 매사에 날카롭고, 예민한 성향이어서 주변과의 다툼도 있었고 갈등도 잦았다. 원칙주의자인데다 매사에 너무 진중한 성향이어서 사람들이 나를 대하는 것 자체를 어려워하기도 했다. 남들에게 나누고 베풀기보다는 내 것부터 챙기려는 이기적인 성향도 한몫했던 것 같다. 누구보다도 내 성격과 성향을 잘 알고 있었고, 인생에 있어서 사람 관계만큼 소중한 것이 없다는 것을 책을 통해 깨달으면서부터 변화해 보고자 부단히도 노력했다. 아직도 나는 득도(得道)하려면 한참 멀었지만, 사람을 중하게 여기려는 마음을 갖게 된 것만으로도 스스로가 대견하다는 생각이 든다.

"세상을 보는 데는 두 가지 방법이 있다. 한 가지는 모든 만남을 우연으로 보는 것이고, 다른 한 가지는 모든 만남을 기적으로 보는 것이다."

아인슈타인의 말이다. 사람을 사귈 때는 당장의 이익이 아니라 멀리 장기적 관점에서 바라봐야 한다. 모든 사람과의 만남에 우연은 없고 사람과의 만남 자체가 기적임을 감안한다면 사람과의 만남 자체를 얼마나 중시해야 하겠는가! "누구라도 한 사람을 대할 때 천하를 대하듯 하라."라는 말이 있는데, 기적같이 찾아온 누군가를 만날 때는 현재 그 사람의 모습이 아닌, 그 사람의 훗날 발전할 모습을 기준으로 정성을 다해서 대해야 한다.

사람의 인생은 아무도 모르기에 내가 만난 청소부가 어느 날 갑자기 대통령이 될 수도 있고, 내게 굽실거리며 구걸하던 걸인이 내일 엄청난 부자가 될 수도 있다. 그 누구에게라도 천하를 대하듯 정성을 다하고 진심을 쏟아야 한다. 누군가의 부탁에, 누군가의 니즈에 적극 반응하고, 한 끼라도 밥을 더 사고, 어려운 일일수록 앞장서서 도와야 한다. 루피의 예에서 보듯이 작더라도 내가 가진 선한 영향력을 나눌 때 나 또한 그만큼 커질 수 있다. 도움을 주고 도움을 받는 아름다운 관계를 꽃피우는 것이 인생에서 가장 중요한 일이다.

루피 주변에 그를 좋아하는 사람들로 넘쳐 나고 루피 해적단을 돕고자 하는 5,800명의 해적 연합을 보면서 얻은 아이디어가 QPS의 'Brothers 1000(브라더스 1000)' 프로젝트다. QPS는 아직 큰 조직이 아니므로 작은 조직으로서 성장하는 데 한계가 있다. 그러므로 아직 QPS가 부족한 영역

©ChatGPT

에 있어서는 전문가들과 손을 잡아야 한다. 즉, 나보다 큰 사람들, 거인의 어깨 위에 올라타야 더 쉽게, 더 멀리 갈 수 있다. 기업이든 사람이든 QPS를 좋아하고 QPS를 돕고자 하는 1,000개의 Brother(형제)를 만드는 프로젝트가 'Brothers 1000' 프로젝트인데, 우리와 관련 있는 업종일 수도 있고 아닐 수도 있지만 그 어떤 경우라도 뭔가 연결 고리가 있기 마련이다.

물론, 도움받기 위해서는 먼저 주어야 한다. 나만 도움받겠다는 태도로 임해선 안 된다. 진심과 정성을 다해 상대방의 관심과 니즈에 대해 파악하고 우리가 먼저 도울 수 있는 방법을 찾아야 한다. 꼭 우리가 도움받지 못하더라도, 그것이 무상이더라도, 도움 주는 것 자체만으로도 큰 의미가 있다. 뭔가를 바라고 주는 것은 하수가 하는 일이니 먼저 주기 위해 노력해야 한다. 루피의 삶을 보면 알 수 있듯이 'Givers gain'이라고 주는 사람이 결국 더 많이 얻게 되는 것이 인생의 진리다.

QPS 여름 아웃팅 시 베트남 나트랑 강변 투어 배에 탑승한 모습

내 젊은 날의 목표는 3C였다. 어릴 적 목표였던 해군 장교가 되는 것까지 감안하면 4C인 셈이다. 나는 해군 대위로 전역했는데, 해군에서는 대위를 Lieutenant라고 부르지만 육군 대위의 영단어는 캡틴, Captain(1C)이다. 젊은 날엔 해군 장교로서 국가에 봉사하고 조직을 이끌며 리더십을 배울 수 있었다. 전역 후에는 내가 꿈꾸던 삶, 경영 Consultant(2C)로서 기업을 혁신하고 조직과 사람을 성장시키는 변화 관리 전문가로서 활동했다.

이후 QPS를 창업하고 대표 이사, CEO(3C)로서 내가 꿈꾸던 조직을 육성하고 기업과 사람을 성장시키는 역할을 하고 있다. 최근에는 교육/코칭 회사인 QPS브레인을 설립해 강의, 집필, 코칭을 통해 비즈니스 & 라이프

Coach(4C)로서 작게는 QPSian들의 성장과 발전을 돕고, 크게는 세상의 조직과 사람들 내면에 있는 잠재력을 끌어내기 위해 노력하고 있다. 최근에는 4C를 넘어선 내 인생의 다섯 번째 C를 찾게 되었다. 그것은 사람과 사람 사이를 이어주는 Connector(5C)가 되는 것이다. 기왕이면 세계 최고의 네트워킹 능력자, 슈퍼 커넥터(Super Connector)가 되고자 한다. 서로에게 도움이 될 만한 사람들을 연결하고, 시너지를 만들어 주는 것이 얼마나 값진 일인지 몸소 체험하고 있다. 내가 만나는 모든 사람 하나하나가 내가 알고 있는 다른 모든 사람에게는 어마어마한 잠재적 시너지와 가치를 줄 수 있다. 어떤 인연이든 적극 연결하고 도와줄 때, 새로운 기회가 생기며, 더 큰 가치로 이어진다. 내 인맥 네트워크 안에서 가치 있는 연결 고리를 만들고, 또 다른 사람들을 연결하여 돕는 것, 사람들을 소개하고 연결하는 것은 내 인맥들에게뿐만 아니라 나 자신의 가치를 높이는 일이기도 하다.

  2년 전, 퇴사를 결심한 우리 동료 한 명을 경쟁 구도에 있는 글로벌 컨설팅 펌에 소개해 준 적이 있다. 평상시 연이 있던 그 회사의 파트너와 셋이서 점심을 먹으며 그 동료가 일을 엄청 잘한다며 칭찬을 많이 하면서 입사를 부탁했다. 입사 절차상 시간이 꽤 걸리긴 했지만, 결국 그 동료가 원하던 대로 입사하게 되었다.

  상식적으로 생각하자면 바보 같은 짓으로 보일 것이고, QPS에서 이미 마음이 떠난 사람을 다른 경쟁 구도에 있는 회사에 소개해 준다는 사실이 의아하게 느껴질 수도 있겠나. 당장만 보면 손해겠지만 멀리 보면 훨씬 이득인 것을 알기에 기꺼이 다리를 놓아주었다. 그 당시는 다들 이해할 수 없다는 의견이 많았지만, 내 생각엔 지금 생각해봐도 잘한 일이라고 생각된다.

  내 인생의 5C를 다시 정리해 보면 해군 대위, 1 Captain에서 경영 컨설턴트, 2 Consultant로, 다시 대표 이사, 3 CEO로서 기업을 운영하고, 다시 강의하고 가르치는 4 Coach가 되었으며, 다시 연결하고 도와주는 5 Connector, 슈퍼 커넥터로서의 삶을 살아가고 있다. 이미 여섯 번째 C에 대한 계획도 생각해 보고 있는데, 세상을 보다 아름답고 나은 곳으로 만들기 위한 사회 변혁 운동에 앞장서고 싶다. 이를 위한 여러 명칭의 C 후보를 생각 중인데, 변화와 성장의 촉매, 조력자 역할을 하는 캐탈리스트(Catalyst, 6C 후보) 또는 옳다고 믿는 것을 이루기 위해 장기적이고 단호한 운동을 벌이는 사회 운동가를 지칭하는 크루쉐이더(Crusader, 6C 후보) 등을 염두에 두고 있다. 그것이 무엇이든 내가 가진 것을 나누고, 돕고, 연결을 통해 내가 태어나기 전보다 좀 더 나은 세상을 만드는 데 일조해 가고 싶다.

Make the world a better place.

《딜리버링 해피니스》의 저자인 자포스의 전 CEO, 토니 셰이는 혁신을 위해서는 3C가 필요하다고 말했다.

> "그것이 비즈니스든 예술이든 사람들이 더 마주치고(Collision), 서로 배우고(Co-learning) 연결되면(Connectedness) 혁신은 절로 일어나는 것이니까."

세상을 바꾸고 혁신하기 위해서는 서로 만나고, 함께 배우고, 깊게 연결되어야 하는 것이다. 기업 혁신 활동에서도 동일한 원리가 적용된다. 혁신 활동의 꽃은 뭐니뭐니 해도 목표 달성이겠지만, 이보다 더 중요한 게 하나 있다. 바로 사람을 연결하는 일이다. 혁신 활동을 위해 모인 프로젝트 TF 구성원들은 처음엔 다른 부서에서 온 탓에 서로 잘 알지 못해 서먹서먹해 한다. 하지만 프로젝트가 진행될수록 서로가 잘 몰랐던 부분들도 알게 되고 혁신 활동이라는 공감대가 형성되면서 친밀감도 점점 커진다. 몇 개월간 함께 고민하고, 도전하고, 치열한 토의와 분석을 하며 함께 문제를 해결하는 과정에서 서로 밀당도 해가며 미운 정, 고운 정이 든다. 프로젝트가 마무리되는 시점에는 대부분의 사람들이 "혁신 활동의 성과가 많았지만 무엇보다 몰랐던 사람들을 알게 되고 친해져서 참 좋았다"라는 이야기를 많이 한다. 물론 그들은 이후에도 지속적인 연락과 만남을 가지게 되고

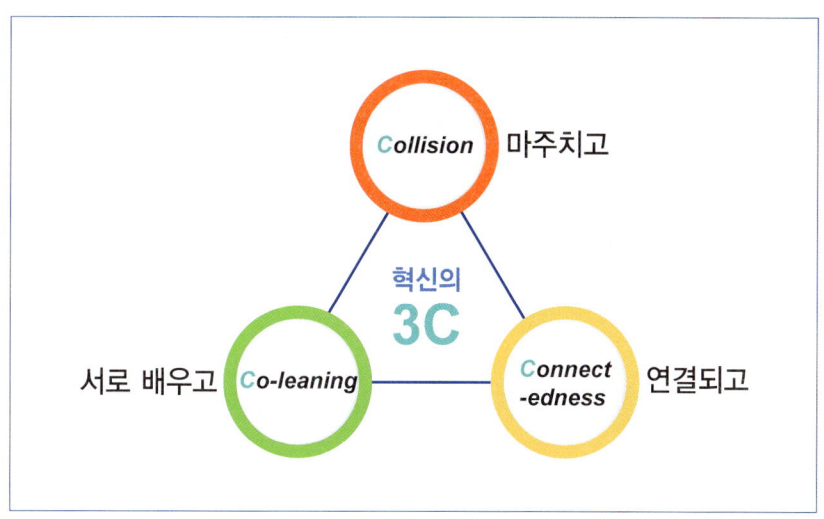

토니 셰이의 혁신의 3C

업무 협조도 전보다 훨씬 원활해져 또 다른 무형의 성과들을 만들어 낸다. 사람들이 모이고 연결될 때 비로소 스파크가 터지고 혁신이 일어난다.

  20여 년간 컨설팅을 하면서 수많은 좋은 사람들을 만났고, 그들과 오랜 인연으로 교류를 해 왔다. 오랜 기간 혁신 프로젝트를 진행해 오면서, 프로젝트의 성과 이상으로 중요한 것이 있다는 것을 깨닫게 되었다. 목표 달성에만 집착하여 주변을 돌아보지 않고, 사람과의 관계를 등한시한다면 결국 아무것도 남는 것이 없다는 사실이다. 사람을 남기지 못한다면 단기적으로는 이익이 될지 몰라도 장기적 관점에서는 마이너스임이 분명하다.

  나는 고객들과 함께하는 계 모임이 많다. 15년 이상 지속된 모임도 있고, 대부분 관계를 맺은 지 평균 10여 년 이상 이어지고 있다. 함께 중국, 일본, 대만 등으로 해외여행을 다닌 계 모임도 있고, 가족 모임이나 캠핑을 함께한 경우도 있다. 처음에는 어색하고 형식적인 관계로 출발했지만, 함께 여행하고 등산하며 술자리를 함께하는 등 사심 없는 만남이 이어지면서 깊은 우정으로 발전했다. 서로 연결되어 나누고, 도움 주고, 서로를 빛나게 해주는 좋은 인연을 만들어 가는 것만큼 값진 일이 있겠는가!

가난하고 비천한 출신이었지만, 화려한 상술과 신비한 매력, 탁월한 인품으로 거대한 부를 형성한 중국의 거상 '호설암' 이야기를 다룬 책이 있다. '상경'에 나오는 그의 어록을 다시금 마음에 새겨본다.

"안일하게 지내는 사람에게는 크고 넓은 뜻이 생길 수 없다. 큰 뜻을 가지고 큰 사업을 일으키기 위해선 부단한 연마와 수련이 선행되어야 한다. 눈은 먼 곳에 두되 가까이에 있는 인연에 충실하다 보면 장차 드넓은 천지를 만나게 될 것이다."

결국 사람이 답이다. 무엇보다 사람을 남겨야 한다.
QPS는 일반적인 기업과 달리, 동료 간의 친밀도가 상당히 높은 특별한 조직이다. 평상시엔 프로젝트 사이트가 달라서 뿔뿔이 흩어져 있지만, 실제로는 그물처럼 연결되어 있어서 서로를 비추어 주고 서로가 가진 에너지를 나누는 밀접한 인연으로 맺어진 관계다. 몇 개월 동안 떨어져 있다가 다시 만나도, 어제 만났다 헤어진 사람들처럼 그

16년째 고객과 우정을 이어가고 있는 '솔맥회', 상하이 여행

렇게 반가울 수가 없는데, 그만큼 QPS의 조직문화와 정서가 따뜻함으로 채워져 있다는 것으로 해석될 수 있다.

언제, 어디서라도 서로를 지지하고 응원하고 편이 되어주는 조직, QPS! 내가 먼저 그들의 에너지원이 되고, 그들이 필요할 때 언제든 만사 제쳐 놓고 달려가는, 루피 선장 같은 QPS호의 캡틴이 되기 위해 더욱 노력할 것이다.

QPS 동아리 1 –
주말에 대표님과 등산을 간다고? 고생해

독서가 취미가 아닌 삶이라고 해석한다면 내 유일한 취미는 등산이다. 21세 때부터 목적을 가지고 산을 오르기 시작했다. 등산을 좋아하는 친구를 따라 우연히 오르게 된 해인사가 있는 합천 가야산 국립공원, 공원 입구부터 이어지는 거대한 고목의 기운이 나를 압도했다. 그때 처음으로 영험한 기운이 이런 것이란 걸 느꼈다. 힘겹게 정상에 올랐을 때, 확 트인 조망과 상쾌함에 기분이 날아갈 것 같았다. 당시는 등산 초보여서 힘들게 오른 만큼 성취감도 컸다.

20대 초반, 동기와 함께 오른 경남 가야산 정상

그날 하산하면서 한 가지 다짐을 했다.

'30세가 되기 전에 우리나라 국도립 공원을 모두 오르자. 오를 때마다 등산 배지를 사서 벽에 지도를 붙여 꽂아두자.'

계획했던 대로 30세가 될 무렵, 그 목표를 이루었고, 전국 100대 명산 도전이라는 더 큰 목표를 세우고 달성했다.

'천산대학'

1천 개의 산을 오르는 것은 대학교 하나를 졸업하는 것과 같다는 문구를 어느 책에서 읽고 나의 인생 목표로 정했다. 평생 동안 1천 개의 산을 오르고, 1천 번 정상에 오르는 것이 목표인데, 현재까지 약 853회 정상을 밟았고 약 500여 개의 산을 올랐다.

등산 배지가 꽂혀 있는 전국 지도

국내는 물론, 캐나다 로키산맥의 마운틴 스토니 스퀘어를 비롯한 3개 산, 백두산, 후지산 및 중국의 태산과 황산 등 30여 개의 해외 산을 올랐다. 건강은 물론이고 목표 의식, 성취감, 도전 정신, 지구력, 신념, 휴먼 네트워크, 호연지기 등 등산을 통해서 많은 것을 얻었다. 누가 봐도 나임을 알 수 있는 트레이드마크, 굵어진 장딴지는 산이 준 보너스다. 독서와 더불어 등산이 내게 준 선물은 이루 다 말할 수 없을 정도다.

이렇듯 취미가 등산이다 보니 창업 후 자연스럽게 동료들과 등산을 다녔다. QPS에 합류하는 동료들은 일종의 통과 의례처럼 등산을 함께해야 했다. QPS에 동료들의 합류가 늘어나면서 주말 등산도 잦아졌다. 그러다 보니 자연스럽게 등산을 좋아하는 동료들도 생겨났다. 어느 날 술자리에서 "우리, 등산 동아리 만들어 보는 거 어때요? 등산을 좋아하는 동료들도 많아졌고, 기왕 등산하는 거 회사에서 지원하면 좋을 듯한데요!"라

파트너들과 가리왕산 등산

는 의견이 나왔다. 이렇게 QPS의 첫 동아리가 탄생했다.

등산의 매력을 잘 몰랐지만 QPS 합류 후 등산에 푹 빠져 지금껏 120회 이상 등산을 한 승진배 책임이 회장직을 맡았고, 번뜩이는 아이디어로 기발한 동아리 이름도 지었다. '산또바기', 또바기는 순우리말로 '언제나', '한결같이'라는 뜻이다. 언제나 산을 한결같이 좋아하는 모임이라는 뜻을 담고 있다. 그렇게 산또바기를 시작으로 주니어가 중심이 된 자발적인 동아리가 생기기 시작했다.

테니스 동아리인 Q-T Love(큐티러브), 밴드 동아리인 QB(퀀텀 밴드), 피트니스 Q-fit(큐핏) 마라톤 Q-run(큐런), 독서 동아리인 Q-sight(큐사이트)까지 현재 총 6개가 창단되었다. 주니어들이 회장직을 맡아 동아리를 운영하며 조직을 이끌고 기획력을 키우는 것은 자연스럽게 따라오는 보상이라 할 수 있다. QPS는 동아리 모임 활동비뿐만 아니라, 이후 식사 및 술자리 비용도 제한 없이 지원한다. 일과 사생활을 떠나 서로 자주 만나고, 대화하며 어울리기를 바라는 마음에서다.

당시 승진배 책임이 회사 생활을 하는 친구들에게 주말에 회사 대표님과 등산을 간다고 말하면, 대부분의 반응이 "고생 많네!"였다고 한다. 일반적인 시각에선 주말에 꼰대 상사와 등산 가는 걸 고생이라고 여기는 인식 때문이다. 승 책임은 스스로가 좋아서 가는 건데, 고생하러 간다는 반응이

QPS 밴드 동아리, QB(Quantum Band)에서 노래하는 모습

QPS 테니스 동아리, QT-Love

어서 당황스러웠다고 한다. QPS 분위기를 잘 몰라서 그렇기도 하지만 일반적으로는 회사 내에서의 사적 모임에 대해 좋지 않은 시선이 대부분이다. 그 후 그 친구들 두 명을 불러서 함께 청계산에 올랐다. 승책임의 요청이기도 했지만 나 역시 어떤 분위기인지 보여주고 싶었다. 회사 대표와 산에 가는 게 대단한 일은 아니지만, 주말에 기꺼이 함께하고 싶어한다는 것을 보여주는 것만으로도 충분히 의미가 있었다.

승진배 책임의 친구들과 함께 청계산 등산

사람 관계가 의미 있게 발전하려면 함께 놀고 잡담하고 술 마시는 등 무의미한 시간을 함께 하는 것에서부터 시작된다고 한다. QPS는 무의미하지만 친밀감을 높이는 활동을 적극 지원한다. 친밀감이 결국 조직문화로 발전하고 성과로 이어지기 때문이다. 친밀한 관계 속에서 탁월한 성과가 창출되는 것을 생각한다면 사적 모임을 적극 지지하고 지원하는 것은 당연한 일이다.

작년부터 산또바기는 해외 원정 산행도 시작했다. 다른 동아리와 형평성을 고려해서 저녁 식사 및 회식 정도만 지원하고 대부분 사비를 내야 하지만, 자발적 참여로 1회 해외 원정 산행은 나를 포함한 다섯 명이 일본으로 다녀왔다. 온천으로 유명한 유후인 소재의 유후다케산으로 1박 2일간 짧고 굵게 다녀왔다. 재미난 에피소드도 많았다. 하산 시 오른 곳과 다른 길로 하산하면서 길을 잃었는데, 어렵게 겨우 하산해보니 핸드폰마저 터지지 않는 산길 도로였다. 이동 수단이 없어 비행기 시간을 놓칠까 다들 전전긍긍했다. 그때 산또바기 승진배 회장께서 히치하이킹을 시작했고, 몇 번의 시도 끝에 결국 일본인 차를 얻어 탈 수 있었다. 이외에도 당황스러운 상황이 여러 번 있었지만 순간적인 기지를 발휘해 문제를 잘 해결할 수 있었다. 기획력, 문제 해결력 향상 등은 친밀감과 더불어 동아리 활동이 주는 또 하나의 소득이다.

올해는 2회차 해외 원정으로 중국 정저우시에 위치한 태항산에 다녀왔다. 산또바기 회원 정도만 갈 것으로 생각했으나 동아리를 떠나서 전원을 대상으로 신청을 받아보니 전 동료 중 80%가 참여하기로 해서 여행 기획사에서도 놀라워했다. 회사에서 일하며 만난 사람을 사석에서 주말에 다시 본다는 것은, 웬만큼 친하지 않고서는 어렵다. 가급적 피하려는 것이 일반적이다. 동아리 활동도 마찬가지다.

QPS 등산 동아리 '산또바기'의 일본 유후다케산 등산

QPS 등산 동아리 '산또바기'의 중국 태항산 해외 원정 등산

대부분의 회사에서 동아리를 운영하지만 실질적인 친목 모임으로 이어지는 경우는 드물다. 대부분 형식적으로 마지못해하거나 제대로 된 활동이 이뤄지지 않는다.

해군 시절 창설한 '훌리모' 동아리

나는 해군 장교 시절부터 형식이 아닌 실질적인 동아리를 만들고 싶었다. 그래서 대위 때 군대 내 동아리 '훌리모'(훌륭한 리더를 꿈꾸는 사람들의 모임)를 만들 것을 독려했고, 그때 결성된 모임이 25년이 지난 지금까지도 활동을 하고 있다. 동아리 창단부터 활성화까지 크게 기여한 초대 회장은 당시 상병이었고 현재는 엔터테인먼트사를 운영하는 김재덕 대표가 맡았다. 다음은 초대 회장 김재덕이 대표 이사가 되고 나서 보내온 카톡 내용이다.

"형님 잘 지내시죠? ^ ^ 제가 형님 처음 만나서 훌륭한 CEO를 꿈꾼 지가 25년이 지났는데 이제 첫발을 뗐습니다. 역시 꿈꾸면 이루어진다는 건 맞는 거 같습니다. ㅎㅎ 그 꿈을 갖게 해 주셔서 감사드리고 훌륭한 CEO가 될 수 있도록 조언 좀 부탁드리겠습니다. 언제 시간되실 때 소주 한잔하면서 얼굴 뵙고 싶습니다."

훌리모는 거의 수병(해군병)들로 구성된 동아리로 좋은 책을 읽고, 영감을 주는 영화를 보고, 내무대에서 봉사 활동을 하는 등 훌륭한 리더를 꿈꾸며 다양한 자기 계발 활동을 했다. 주말이면 한두 명씩 외출 신청을 해서 밖으로 데리고 나와 함께 등산도 하고 맛난 음식도 먹었다. 동아리 창단 1년여 후에는 군대 내 독특한 동아리로 국방일보에도 소개된 바 있다.

훌리모 초대 회장인 김재덕 대표와 함께

20년 된 해군 시절 동아리인 '훌리모' 모임

훌리모는 전역 후에도 꾸준히 연락하며 술자리를 갖는 등 모임을 이어 나가고 있다.

대기업 총무 팀원, 인사 팀장부터 엔터테인먼트 회사 대표, 인테리어 전문가, 호텔리어, 학교 사감 선생님, 편의점 운영 사장 등 다양한 직업군에서 훌륭한 리더가 되기 위해 노력하고 있다. 훌리모라는 동아리를 창단할 때부터, 우리 동아리 멤버들이 사회적으로 훌륭한 리더가 되고 위대한 일을 해낼 사람들이 될 것임을 믿었고, 평생 서로 지지하고 격려해 나가겠다는 마음을 먹었다. 이러한 경험 덕분에, 나는 형식적이고 강제적인 동아리 활동을 지양하고 스스로가 원하는 자유로운 활동, 오래도록 지속되는 자발적 동아리 모임이 활성화되길 바랐다.

QPS 동아리 2 –
고산병이 준 교훈, 연결 신호가 주는 안정감

창업 1년 차가 되던 시기, QPS 동료는 나를 포함해 세 명이었다. 사업 초기라 영업적으로도 잘 풀리지 않는 상황이어서 뭔가 변화가 필요했다. 그래서 해외 산행을 기획했는데, 동아리 활동 같은 친목 도모가 목적이라기보다는 사업에 대한 결연한 의지를 담은 해외 원정이었다. 창업 동지인 감순곤, 김성훈, 나 그리고 나의 고교 동기생이자 친한 친구인 고종원 박사, 이렇게 넷이서 말레이시아 코타키나발루에 있는 4,095m, 키나발루산 등정을 계획했다. 2,700m 백두산 등정 이후 내 인생에서 가장 높은 산에 오르게 되었다.

키나발루산 등산 중인 필자와 동료들과 친구 고종원 교수

평소 매주 등산으로 단련된 몸이라 큰 염려 없이 올랐다. 첫째 날, 우리 일행은 셀파와 함께 3,200미터 산장까지 무난하게 올랐다. 2,500m를 너머서면서부터 이상하게 속도가 더뎌졌다. 전혀 고산병 증세임을 자각하지 못했다. 그저 숨이 좀 가쁘다는 정도로 여겼다. 정상을 향한 1차 관문인 산장에 도착해 보

니 웬만한 것은 다 있었다. 저녁 식사를 하면서 미리 준비해 간 캔 막걸리도 기분 좋게 마셨다. 고산병에 알코올이 치명적이라는 사실은 까맣게 몰랐다. 고산에서는 샤워도 금지되어 있어서 대충 손발만 씻고 일출 광경을 보기 위해 새벽 2시 기상을 목표로 침실에 누웠다. 금방 잠이 들었고, 아주 꿀맛 같은 잠을 잔 듯하다.

키나발루산 3,200미터 산장에서 캔 막걸리 마시는 필자와 동료들

새벽 2시, 사람들이 깨는 소리에 눈을 떴는데, 갑자기 머리가 띵하게 아파온다. 현기증도 살짝 나는 게 컨디션이 영 아니었다. 다들 기상 후 식사를 마쳤지만 나는 속이 미식미식 멀미가 나서 아무것도 먹지 못했다. 출발 준비를 마치고 출발하려던 그 순간, 현기증이 심하게 왔다. 그때 아차 싶었다. 전혀 예상치 못한 고산병 증세였던 것이다.

키나발루산 등정 중 고산병에 시달리는 필자

'내가? 왜? 다른 사람은 멀쩡한데 나만?'

'등산 경력 25년인 나에게 왜 고산병이…?'

고산병 증세보다도 패닉 증세가 감정을 뒤흔들어 나를 더 움츠러들게 만들었다. 거짓말이 아니라 세 걸음만 가도 어지럽고 멀미가 나면서 온몸에 힘이 빠졌다. 세 걸음만 올라도 심장이 쿵쾅쿵쾅 뛰고 다리에 힘이 빠졌다. '과연 오를 수 있을까?' 몇 번을 고민하고 고민하던 차, 일단 천천히라도 가야겠다고 마음먹고 움직였다. 몸은 포기 상태였지만 겨우 마음을 달래서 움직였다. 몇 발자국 걷지도 않은 상태였는데, 포기하고 싶은 마음이 분 단위로 찾아왔다.

키나발루산 정상 4,090미터에서 기념 촬영

그때 내 옆에서 나를 부축해 가며 한 걸음 한 걸음 걷도록 격려하고 케어해 준 사람이 현재의 감순곤 대표(당시 파트너)다. 만약 감 대표가 나를 케어하지 않았다면 어땠을까! 아마 포기했을 것이다. 정상까지 대략 5~6시간 걸릴 거리를 거의 7~8시간 만에 올랐다. 일출은커녕 다들 하산할 시점인데도 여전히 나는 오르고 있었다. 우여곡절 끝에 결국 정상을 밟았지만, 그때 포기했더라면 지금 이렇게 글에 담지도 못했을 것이다.

감 대표가 옆에서 함께 오르는 것만으로도 힘이 되었다. 누군가가 옆에서 지지해 준다는 것만으로도 내가 계속 가야 할 이유가 되었다. 내 취약성은 모두 드러났지만, 그 취약성을 동료가 받아주고 케어해 주니 마음의 안정이 찾아왔다. 내가 만약 쓰러지더라도 든든한 동료가 옆에 있다는 사실이 심리적인 안정감을 주었고 고산병 때문에 비정상적인 상태에서도 정상을 밟을 수 있었다.

당시 등산 후 소감을 나눴던 세 명의 단톡방 대화 내용을 공유한다.

최동규

코타키나발루 여행!
아침에 눈을 떠서 생각해 보니 코타키나발루에서 3박 4일간의 일정이 마치 꿈인 듯 여겨지네요. 특히, 키나발루 산행은 고산병 때문에 비몽사몽하며 다녀와서 더욱 꿈같이 느껴집니다. ^^ 그만큼 환상적인 꿈을 꾼 것 같은, 인생에서 길이길이 추억으로 남을 멋진 여행이 되었습니다. 생각해 보니 이 모든 것이 두 분 덕분입니다.

우선 김 파트너님께 감사드립니다.
코타키나발루 여행 전체적인 기획부터 상세 스케줄까지 알차게 잘 수립하고 실행까지도 잘 챙겨주셨네요. 덕분에 저도 아무 생각 없이 편하게 잘 다녀왔고, 제 친구, 고 박사에게도 제가 면이 많이 섰습니다. 물론, 고 박사도 김 팟님 덕분에 큰 염려없이 아주 편안한 여행을 하게 되었구요. 계획도 계획이지만 여행 중 발생한 문제 해결(방 문제 등)부터 식사 문제, 마사지 일정 등 세세한 부분까지도 잘 기획하고 가이드해 주셔서 얼마나 편했는지 모릅니다. 마지막 날 비행기 좌석까지 비상구 입구로 잡아주셔서 진짜 참 편하게 왔네요. 마치 아주 훌륭한 여행 가이드인 것처럼 저도 김 팟님께 모든 것을 맡기고 믿고 의지했습니다. ^^ 편안한 여행 만들어 주셔서 넘 감사드립니다.

근데, 무엇보다 감동이었던 것은 비행기로 오고 가며 독서에 열중하시던 김 팟님의 모습입니다. '피플 스마트' 이슈로 고민이 많으신 시점에 《카네기 인간관계론》 책을 선정해서 독서에 몰입하시던 모습이 잊히지 않네요. 특히, 인천으로 돌아오던 비행기 내에서는 한숨도 안 자고 꼬박 책에 빠져 계시던 모습이 참 멋져 보였습니다. 그 모습을 뵈면서 고민이 깊은 만큼 성장도 크실 거라는 강한 믿음이 왔습니다. ^^
조만간 선순환 성장 사이클을 타실 듯합니다. 처음부터 잘난 사람은 없습니다. 저 역시도 부족한 점이 많지만 개선하기 위해 노력하고 있고 이겨내기 위해 이를 악무는 가운데 성장이 있었습니다. 앞으로의 미래도 그럴 겁니다. 저의 변신 과정처럼 김 팟님도 큰 변신 이뤄내시리라 믿습니다!!!

감 파트너님, 고맙습니다!
선발대로서 미리 코타키나발루 정보를 파악해두신 덕분에 더욱 편안한 여행이 되었습니다. 특히, 우리 제수씨께서 10% 할인 쿠폰도 챙겨주시고, 마사지 집 정보며 맛집 정보까지 주셔서 일정이 아주아주 알차게 이뤄졌네요. 신랑과 저희에 대한 믿음까지 주셔서 맘 편히 다녀왔습니다. 또 비록 짧게 뵈었지만, 제수씨께서 밝은 모습으로 인사까지 하시러 내려와 주셔서 너무 영광이었고 기분 좋았습니다. ^^ 제수씨께 꼭 감사 인사 전해주세요.

고 박사가 김 팟님은 몇 번 뵈었지만, 감 팟님은 처음 보는데도 어색하지 않게 대화 유도해주시고 적절하게 아부도 하시면서 분위기 살려주신 점 또한 너무 감사드립니다. 역시 분위기 메이커, 피플 스마트 역량이 탁월하다는 걸 또 한 번 느꼈습니다. 덕분에 더욱 화기애애한 무드로 마지막 회식 자리까지 잘 보낼 수 있었네요. 고 박사도 맘 편하게 기분도 좋았을 겁니다. 고맙습니다. ^^

감 파트너님, 우리 벌써 11년 지기가 되었네요. 말이 11년이지 아마 20년 이상의 정을 쌓은 것 같습니다. 이젠 서로 눈빛만 봐도 서로의 맘을 아는 사이가 된 것 같습니다. 제가 고산병이 왔을 때, 제 옆에 붙어서 저를 응원하고 케어하고 챙겨 주시던 모습, 너무 감동이었습니다! 본인 무릎이 안 좋은 상황인데도 스틱까지 빌려주시며 저를 챙기시려 애쓰시던 모습이, 그땐 어두워서 잘 안 보여도 눈에 선할 정도로 느껴졌습니다. 나중에 보니 김 팟님이 감 팟님께 스틱을 빌려 드렸더군요. 이게 바로 진정한 팀워크인가 봅니다. ^^ 이제서야 말씀드리지만, 만약 감 팟님이 그렇게 밀착해서 케어해 주

키나발루산 정상 부근에서 바라본 일출

시지 않았다면 저는 정상 등반에 성공하지 못했을 겁니다. 마지막 지점에서 먼저 도망가셨지만(ㅋㅋ) 또 그게 자극이 되어서 더 독하게 올랐네요. ^^ 저를 잘 케어해 주시고 잘 리드해 주셔서 정말 감사드립니다!

이번 여행을 한 마디로 정의 내리자면, 요즘 우리의 큰 관심인 '팀워크'가 아닌가 생각됩니다. 이 세상에 혼자 잘나서 이룰 수 있는 일에는 한계가 있다, 취약성을 드러내야 한다, 서로의 강약점을 잘 보완하면서 서로 나서서 챙기고 서로 부족한 부분을 돕고 끌어주고 밀어주면서 큰 시너지가 생기고 결국 더 큰 성장과 발전으로 이어진다는 사실을 몸소 깨닫는 소중한 시간이 되었습니다. 이 모두가 멋진 두 분 덕분입니다. 참 좋은 두 분께 감사하고 또 감사합니다. 두 분과 사업을 함께하게 된 것이 얼마나 큰 다행이고 크나 큰 감사함인지… 너무 감사드립니다. 고산병을 통해 겸손을 가르쳐 주신 신께도 감사드립니다. ^^

전체 여행을 모두 함께하진 못했습니다만, 대표님 말씀 A부터 Z까지 정독해 보니 머리 속에서 다 그려집니다!

대표님,
언급하진 않으셨지만 코타키나발루 여행 동안에도 QPS 사업과 관련되어 편하지만은 않으셨지요! 게다가 고산증으로 힘들어하시는 모습을 옆에서 보면서 걱정과 염려가 되어 그만하시는 게 어떻겠냐고 말씀드리고 싶었습니다. 그래도 날이 밝는 그 순간까지 옆에서 힘이 되어 드리고 싶었습니다. 일출 이후 정상까지는 제가 너무나 힘들어서 저 역시 포기할까 여러 번 고민했고, 대표님은 99% 정상은 힘들다 생각했습니다. 그런데 그걸 해내시네요! 정말 대단하십니다. 앞으로의 미래에 어떤 힘난한 일정이 있을지언정 포기하지 않고 도전하여 이뤄내는 QPS의 모습이 아닐까요!

산행 당일 아침 픽업 오신 차까지 나가서 인사를 해준 아내의 모습에 저 또한 놀랐습니다. 이제는 아내 역시 두 분께 여러 가지로 감사한가 봅니다. 우리의 믿음과 신념이 내부적인 것을 넘어 주변 가족과 지인들에게까지 전달

되고 있는 증거입니다. 이번 여행 함께하신 고 박사님과도 인연이 되어 만나 뵙게 되어 영광이었고, QPS 세 사람의 모습에 놀라워하고 부러워하는 모습을 느꼈습니다. 그만큼 저희가 더 성장하고 성공하는 모습을 보여 드려야겠다 다짐하게 됩니다. 그 길의 선봉에서 저희를 이끌어 주시며, 저희에게 많은 기회를 부여하시는 대표님께 말로는 다하지 못할 감사를 드립니다.

김 파트너님,
마음 고생이 많으신 와중에도 꿋꿋이 밀고 나가는 모습에서 장비의 기운이 많이 느껴집니다. 다시 생각해보면 삼국지의 장비의 모습도 그러하지 않았나 싶습니다. 꾸지람도 많이 듣지만, 그것에 굴하지 않고 도전하고 밀고 나가는 그 추진력이 대단하고!!! 오늘 이 시간까지도 남아 있는 여독인데도 불구하고, 비행 내내 책을 읽었다는 이야기를 오늘에서야 보고 정말 깜놀이네요! 전 귀국 비행기에서는 내내 잠에 취했는데…. 감사합니다!! 키나발루산 등반부터 마지막까지 잘 기획하고 수행해주신 덕분에 편하게 잘 다녀왔습니다!!! 최고입니다. 👍👍👍
두 분께 정말 감사드립니다! 올해 2019년 대박날 텐데 이 모든 기쁨을 두 분과 함께 즐길 것입니다. 또한, 팀워크로 이겨내야 할 일은 이겨내겠습니다!

김성훈

대표님, 감 파트너님, 여행 중에 불편한 점이 많으셨을 텐데 참아 주시고 칭찬해 주셔서 감사합니다! 서로 챙겨 주시고 배려해 주셔서 매순간 긍정 마인드로 다같이 정상까지 다녀올 수 있었던 것 같습니다. 고 박사님께서 워낙 대표님에 대한 신뢰가 깊으셨기 때문에 예약 과정부터 모든 걸 믿고 맡겨 주신 것 같습니다. ^^ 코타키나발루 사진을 정리하면서 다시 보니 3박 4일이 아닌, 보름 정도 여행을 다녀온 기분이 듭니다. ^^ 신체적으로, 정신적으로 한 단계 레벨업한 키나발루 산행이었습니다.

대표님,
비행기 타는 순간까지도 QPS 사업 관련하여 많은 스트레스를 받고 계셨지요. 컨디션이 정말 최악인 상황에서도 팀 분위기를 위해 정상까지 오르시

키나발루산 정상 부근 광경

는 모습을 보면서 이것이 진정한 리더의 모습이라고 생각했습니다. 삼국지의 유비가 맞으십니다! ^^ 제가 입사한 이후로 파트너로서 역할을 못하고, 피플 스마트가 부족한 피드백을 받으면서 대표님께 많은 걱정을 끼쳐드려 송구했습니다. 그래도 제가 성장할 수 있다고 믿어 주신 덕분에 《카네기 인간관계론》을 비행기에서 읽게 된 것 같습니다. 현재 저의 고민에 맞는 책을 이번 여행에서 읽게 되었고, 대표님께서도 27년 전에 영감을 받으신 책이고, 또한 제 진구노 추천해 준 책이라서 정말 신기합니다! ^^ 대표님께서 말씀하신 '선순환 성장 사이클'이 어떤 것인지 한번 제대로 느껴보고, 올라타고, 큰 변신해서 QPS 파트너로 멋지게 성장하겠습니다!

감 파트너님,
형수님께서 직접 나오셔서 인사도 해주시고, 여행에 좋은 팁들도 많이 주셔서 정말 감사했습니다. 솔직히 제가 준비한 것보다 감 팟님과 형수님이 선발대로 알려주신 정보가 이번 여행을 더욱 알차고 편하게 만들어 주셨습니다. ^^ 고 박사님과 대화를 편하게 유도하시는 감 팟님의 피플 스마트를 옆에서 보면서 막내 장비는 정말 많이 배우고 있습니다! 어쩜 그렇게 상대방의 마음을 읽고 분위기를 잘 띄워 주시는지요! 진정한 관우의 모습이 비춰지고, 막내는 배워서 따라 하겠습니다. ^^

이번 여행의 힘든 여정을 극복하고 도전하여 이뤄냄으로써 저희 QPS의 팀워크를 더욱 굳게 만든 것 같습니다. 앞으로 사업에 많은 우여곡절이 있겠지만, 서로 힘이 되어 풀어나갈 수 있을 거라 확신합니다!

조직 내에서 나를 신경 써주는 누군가와 연결되어 있다는 신호를 주고받는 것만으로도 사람은 안정감을 얻는다. 집단 내 소속감, 친밀감은 무엇보다 중요하다. 서로 이어져 있다는 신호가 꾸준히 샘솟을 때 조직은 화합하고 응집력 또한 높아진다. 키나발루산에서의 고산병 경험이 조직 운영에 있어 중요한 가르침을 주었다.

키나발루산 등정 후 식사

QPS는 똑똑한 천재 한 사람이 이끄는 조직이 아니다. 평범한 사람들이 함께 협업하여 집단 지성을 통해 문제를 해결하는 조직, 그런 사람들의 집합체가 QPS다. QPS 모두가 한마음으로 뭉쳐 한 사람으로서는 절대 해낼 수 없는 위대한 일을 해내고자 한다. 따라서 QPS 동아리 활동은 그저 그런 사적 취미 활동 모임이 아니다. 위대한 일을 해내기 위한 조직문화의 초석인 셈이다. 동아리 활동을 통해 친밀감, 소속감을 형성하여 강력한 조직문화를 만들고 'Great QPS'를 만들어 나간다. 이를 통해 보다 나은 세상을 만들기 위해 혁신과 성장을 창조하는 QPS의 사명을 완수해 나갈 것이다. 남들 눈에는 잘 보이지 않겠지만, QPS에서 동아리 활동은 우리의 사명 완수를 위한 근간이자 주춧돌이다.

명심하고 열심히~ 함께 놀자! ^^

심리적 안정감(Psychological Safety)

오랜 군 생활을 마치고 전역 후 컨설팅 회사에 입사한 지 3년여가 흘렀을 무렵의 일이다. 나는 그날도 평소처럼 5시 30분경 집을 나서서 7시 30분에 사무실에 도착했고, 오늘 할 일이 뭔지, To-do List를 점검하며 하루를 열었다. 여느 때와 마찬가지로 9시쯤 되자 다른 동료들도 하나둘 출근하기 시작했다. 평소와는 달리 컨설팅 프로젝트가 많이 줄어서 대부분의 동료들이 사무실로 출근하던 즈음이다.

오전 10시경이었을까, 내 옆자리에 있던 동료 한 명을 모 파트너가 불렀고 함께 회의실로 들어갔다. 업무 미팅이겠거니, 아니면 피드백 세션이 있나 보다 싶어서 별 생각 없이 일을 하고 있었는데, 들어간 지 얼마되지도 않아서 그 동료가 나왔다. 그리고는 또 다른 동료를 회의실로 불러들였나. 미처 5분도 안 되는 시간에 미팅을 마치고 나오고, 또다시 다른 동료가 들어가더니 또 금방 나왔다. 그렇게 네 명이 들어가고 나오는 일이 반복되었다.

'어! 나는 왜 안 부르지?'

왠지 모를 섭섭함이 느껴졌다. 진짜다!

나온 사람들은 하나같이 아무 말도 없이 주섬주섬 책상 위에 있는 짐을 챙겼다. 짐을 싼 지 30분도 채 지나지 않았는데, 다들 인사도 없이 가방을 들고 나가 버린다.

'뭐지? 무슨 일이지?'

도무지 알 수 없는 상황, 도대체 어떤 일이 일어나고 있는 건지 도저히 감을 잡을 수 없는 순간이었다. 너무 궁금해서 인사도 없이 나간 후배에게 전화를 걸었더니, "최 위원님, 저 방금 잘렸어요."라고 말했다. 아뿔싸! 네 명 모두 강제 퇴사 처리된 것이었다. 사전에 아무런 설명도 없었고, 그 즈음에는 성과 평가도 없었던 것으로 기억한다. 퇴사 절차에 대한 요지는 이랬다.

"당신은 앞으로 출근하지 않으셔도 됩니다. 급여는 1개월 치를 더 드릴 겁니다. 30분 내로 노트북을 반납하고 짐을 싸서 나가 주시면 됩니다."

그 파트너에게서 이런 말만 들었다고 한다.

그날 일은 내게 있어 상당히 충격이었다. 하루아침에 함께 일하던 동료들과 인사도 나누지 못한 채 헤어졌으니 말이다. 그리고 생각해 보니, 컨설팅 펌의 조직문화는 군대 생활 때의 조직 분위기와는 판이하게 달랐다. 군대에서는 어떻게 해서든 서로 돕고 위하고 팀워크로 서로를 보완하며 일을 함께 하는데 반해서, 컨설팅 펌의 경우는 말로는 팀워크를 앞세우지만 실제로는 협업보다 소수의 고성과자에게 의존하는 분위기가 강했다. 고성과자만 인정받고, 그들의 목소리에만 귀를 기울이는 성과 중심 조직이었다. 뭐 어쩌면 당연한 것일지도 모른다. 일반 회사도 아니고 조직 성과 창출을 돕는 경영 컨설팅 펌이기에 충분히 그럴 수 있다고 본다.

하지만 내가 꿈꿨던 컨설팅 회사의 조직문화와는 거리가 멀었다. 생각보다 보수적이고 경직되어 있었으며, 결과 중심이다 보니 성과에만 집착하게 되었다. 그러다 보니 나누고 베풀기보다는 서로 견제하고 경쟁하는 관계 속에 놓여 있기 마련이다. 당장 성과를 내고, 역량이 뛰어나서 일을 잘해야만 인정받는 분위기다. 나는 원체 자존심도 세고, 군 장교 생활을 통해 얻은 리더십과 경륜이라는 것이 있다고 생각했기 때문에 입사 초기부터, 그 누구에게도 지지 않으려 애를 썼다. 완벽주의를 지향하는 꼼꼼한 성향이기도 해서 모르는 게 생길 때면 남들에게 묻거나 부탁하기보다 늦은 밤까지 남아서 스스로 알아내거나 주말 내내 공부해서 알기 위해 노력했다.

안 그래도 혼자서 뭔가를 해결하려는 성향이었던 나는, 그날 일을 겪은 이후 그런 성향이 더 심해졌다. 더 완벽한 모습을 보이기 위해 어떤 약점도 드러내지 않았고, 남들에게 실수를 보이지 않기 위해서, 결코 지지 않기 위해서 발버둥친 듯하다. 당시 내 생각엔 무조건 유능해지는 것만이 컨설팅 조직에서 살아남을 수 있는 유일한 방법이라 여겼다. 컨설팅 펌의 특성이기도 하지만, 저성과자에 대해서 가차 없는 해고 통보를 하여 바로 내 옆에 있던 동료 네 명이 하루아침에 떠나는 모습을 보면서 마음의 문을 더욱 굳게 닫고 일에만 집중했다. 이때 겪은 일로 인해

컨설팅 입문 시절, 몰입해서 일하고 있는 필자

'내가 만약 회사를 만든다면 결코 이런 일은 없을 것이며, 이러한 조직 분위기가 되지 않도록 할 것이다!'라는 다짐을 했지만, 아직도 뇌리 속엔 씁쓸한 기억으로 남아 있다.

근데, 한 가지 아이러니한 사실은 나는 누군가에게 부탁하는 것을 극도로 꺼려했지만, 누군가가 내게 부탁하면 부탁한 것 이상으로 알려주려 애썼다는 것이다. 그런 분위기 속에서 왜 나는 그러했을까? 후배들이 성장하면 나를 넘어설 수도 있는데, 굳이 왜 알려주고 가르쳐 주고자 했을까? 내가 가지고 있던 상당량의 컨설팅 히스토리나 파일을 대가 없이 넘겨준 후배들이 많았다. 파일 하나만 공유해 달라고 부탁한 건데, 나는 내가 가진 것을 다 주고 싶었다. 그 간절한 도움에 적극 반응하고 싶었다. 컨설팅 펌

의 비인간적인 조직문화에 대한 반발 심리였을까, 아니면 부탁을 거절하지 못한 탓일까? 그 당시 딱 부러지던 내 성격상 후자가 아닌 건 분명하다.

나중에 알게 된 사실이지만, 인간은 본능적으로 누군가를 도와주고 가르치는 것을 좋아한다고 한다. 따라서 누군가가 질문하거나 도움을 요청하면, 웬만한 까칠한 성격이 아니고서야 거절할 사람은 거의 없다. 특히 QPS 내에서는 더욱 그러하다. QPS에 처음 입사한 뉴커머들은 어려운 과제를 부여받았을 때 누군가에게 질문하거나 부탁하는 것을 상당히 낯설어하거나 두려워

악수하며 서로 격려하는 QPS 동료들

한다. 그러다 보니 질문하거나 부탁을 하기보다 스스로 답을 찾으려 애 쓰지만, 결국 시간만 허비하고 결과물은 기대 이하로 나온다. 어떤 뉴커머들은 두려움 때문이 아니라, 누군가의 도움 없이 스스로 해결하는 것이 당연한 것이라 여겨서 그러기도 한다.

QPS에서는 혼자 짊어지고 고민할 필요가 없다. QPS가 막 입사한 동료들에게 바라는 것은 성과나 뚜렷한 결과물이 아니기 때문이다. QPS가 뉴커머들에게 가장 바라는 것은 동료들과의 친밀감을 형성하는 것이다. 친밀감 형성 없이 '저 정말 일 잘하는데… 이거 한번 보세요.' 이런 의식은 아무 의미가 없다. 혼자 잘나고 똑똑한 히어로를 선발하고자 한 것이 아니라 어울려서 함께 협력하며 일할 수 있는 동료를 선택한 것이기 때문이다.

어떻게 하면 저 동료와 좀 더 친밀해질 수 있을까, 내가 무엇을 하면 저 동료와 가까워질 수 있을까, 나는 지금 어떤 동료와 가장 안 친한가가 본인에게 던져야 할 질문이다. QPS에 입사해서 가장 먼저 깨우쳐야 할 것은 '나'가 아닌 '우리'다. 내가 할 수 있는 것이 아니라, 우리가 할 수 있는 것이며, 내가 만들어 가는 일이 아닌 우리가 함께 만들어 가는 일이기 때문이다.

에이미 에드먼슨은 책, 《두려움 없는 조직》에서 심리적 안정감(Psychological Safety)을 이렇게 정의했다. '인간관계의 위험으로부터 근무 환경이 안전하다고 믿는 마음', 즉, 경쟁을 통한 성과주의보다는 협력을 근간으로 하는 인간관계에 무게 중심을 둔 조직을 말한다. 또 이 책에서는 "어떤 의견을 말해도 무시당하지 않고 질책당하거나 징계받지 않는다면, 즉 구성원 모두가 심리적 안정감을 느낀다면 동료들의 눈치를 보지 않고 자기 생각이나 질문, 우려 사항을 자유롭게 말할 수 있다."라고 언급하고 있는데, 이러한 심리적 안정감을 조성하는 것이 조직이 해야 할 일이다. QPS는 심리적 안정감을 만들기 위해 노력하고 있지만, 컨설팅 펌의 성과주의 특성상 실상은 다를 수 있다.

애니메이션 《원피스》에서 주인공 루피는 자신의 취약성을 드러내며 때때로 허당 같은 모습을 보인다. 루피 선장의 실수를 주변 동료들이 만회하거나

토의 중인 QPS 동료들

도와주는 장면이 곳곳에 나온다. 루피 선장이 드러내는 이런 치부가 인간적인 매력을 만들고 함께하는 동료들과의 상호 의존성을 형성하게 만드는 것이다. 만약, 루피 캐릭터를 강인한 슈퍼맨 캐릭터로 그렸다면 정말 재미없고 진부했을 것이고, 또 그렇게 많은 동료가 루피 선장과 함께하려고도 하지 않았을 것이다. 슈퍼맨이라면 굳이 주변에서 도울 일도 없을 것이고, 함께할 필요도 없지 않은가! 원피스는 루피라는 주인공을 통해, 리더가 가장 먼저 취약성을 드러내야 함을 여실히 보여주고 있다.

완벽주의를 추구하며 무슨 일을 하든 내가 직접 해야만 직성이 풀렸던 나도 점진적으로 변화하고 있다. 혼자서 할 수 있는 일에는 한계가 있음을 알게 되었고, 나보다 더 전문가일 경우에는 그가 누구든 부탁하고 질문해

야 함을 깨달았기 때문이다. 나부터 솔선수범하려 노력하고 있으며, 무엇보다 QPS가 심리적 안정감을 느낄 수 있는 분위기를 조성하기 위해 노력하고 있다.

물론, 생각처럼 잘되지 않는 경우도 있다. 주니어 동료 중 한 명이 잘 몰라서 질문을 할 때 "지금 그걸 질문이라고 합니까?" 라고 반응했으니까 말이다. 물론, 내 속내는 컨설턴트가 예리한 핵심적인 질문을 잘하는 것도 역량이기 때문에 이를 깨우쳐 주려는 의도였다고 합리화하지만, 이런 반응을 듣는 입장에서는 당황스러울 수밖에 없다. 다시는 질문하지 않을지도 모른다. 한 번에 완벽할 수는 없으므로 나부터 계속 노력해 가야겠다.

심리적 안정감을 느끼는 분위기를 만들기 위해 노력해야겠지만, 개인의 노력도 중요하다. 맑은 물에는 물고기가 살지 못한다는 속담이 있듯이, 완벽한 사람 주위에는 친구가 없다. 실수를 기피하고 자신의 취약성을 드러내는 것을 두려워해서는 안 된다. QPS에서는 더더욱 그럴 필요가 없다. 얼마든지 실수하고 본인의 치부를 내보여야 한다. 내가 해결하기 어려운 문제에 직면했을 때는 주저하지 말고 부탁하고, 질문하고, 도움을 받자.

질문을 주고받고 있는 QPS 동료들

웨인 베이커의 저서 《나는 왜 도와달라는 말을 못할까》에는 벤자민 프랭클린의 명언이 나온다.

> "당신이 은혜를 베푼 사람보다 당신에게 호혜를 베푼 사람이 당신에게 또 다른 호의를 베풀 것이다."

사람은 누구나 부탁받았을 때 도움 주고 싶어하고 가르쳐 주기를 원한다. 누군가가 나에게 한 번 호혜를 베풀면 교감이 형성되고, 이는 또 다른 연결 고리를 만들게 되어 서로 도움을 주고받는 관계로 발전해 갈 수 있다.

QPS는 '존성유지자' 조직문화 중에서도 '성장' 못지않게 '지지'를 중요하게 여긴다. 여기서 '지지'란 여러 형태가 있겠지만, 무엇보다 우리 동료들이 인간관계 속에서 심리적 안정감(Psychological Safety)을 느낄 수 있도록 분위기를 만드는 것이다. 그러므로 우리 동료들이여,

상호 협의 중인 QPS 동료들

주저하지 말고 질문하고, 부탁하고, 도움을 받자. 물론, 작용과 반작용의 법칙은 어디에서나 적용된다. 남에게 도움을 잘 받으려면 나도 평상시에 도움을 많이 줘야 한다. 도움을 구하기 전에, 먼저 도울 수 있는 부분이 있다면 적극적으로 돕고 나누자.

QPS는 거리낌 없이 부탁하고, 적극적으로 베풀며, 기꺼이 나누고 받는 조직문화가 완전히 뿌리내릴 때까지 적극 노력해서 만들어 갈 것이다.

멋진 삶, 멋진 QPS

나는 어릴 때부터 멋진 것을 좋아해서 '멋지다!'라는 표현을 많이 사용한다. 특히, 10대 후반부터 20대 초반까지는 겉멋에 푹 빠져 있었다. 무술로 단련된 배우 이소룡이 멋있어 보였고, 청재킷을 입고 남자다운 매력을 뽐내던 최재성이라는 배우가 롤 모델이었다. 뭐니뭐니 해도 멋진 남자가 되는 것은 겉멋에 있다고 생각했다. 그저 멋있어 보이기 위해 아버지에게 졸라서 태권도를 배웠고, 청재킷과 가죽 점퍼를 입고 다니며 폼 나게 담배를 입에 무

20대 시절 가죽 재킷을 입고

는 것이 멋이라 여겼다. 태권도 3단을 딴 것도 그때 시작된 겉멋 추구 때문인 듯하다.

겉을 가꾸고 표면적으로 드러나는 가식을 더하면 멋스러워진다고 생각하며, 반항적인 삶, 일탈마저도 즐겼다. 사회가 만들어 놓았지만 내 기준에는 맞지 않는 것에 반항하고, 일탈을 통해 내 존재감을 드러내고자 했다. 반항과 일탈 또한 멋스럽다고 여긴 덕분에 뭔가 안 된다고 말하는 사회의 상식에 반기를 드는 반항아적 기질도 이때 생긴 듯하다.

20대 중반, 장교가 된 이후로는 섬세하고 샤프(Sharp)한 매력에 잔뜩 빠졌다. 샤프한 눈, 샤프한 몸매, 샤프한 옷맵시, 샤프한 능력 등 모든 것의 최고 기준을 샤프함에 두고 나 자신을 그 방향으로 몰아갔다.

"최 소위는 참 샤프해"

"최 중위, 샤프한데!"

"최 대위는 참 샤프하게 생겼네"

이런 말을 들을 때면 잠이 안 올 정도로 좋았다. 샤프해지기 위해 정복과 군복은 항상 내 몸에 맞게 수선해서 입었고, 매주 이발을 해서 단정한 용모와 샤프함을 갖추기 위해 노력했.

날카로운 칼처럼 똑 부러지는 사람이 되기 위해서 누구보다도 빠르게 일 처리를 했고, 상

해군 대위 시절

사들이 시키기 전에 예상되는 일을 알아서 하면서 엣지 있는 기획안을 만들기 위해 고민하고 노력했다. 덕분에 그 누구보다 꼼꼼하고 섬세해졌으며, 빠른 상황 판단력과 기민함을 갖출 수 있었다.

30대 초반, 경영 컨설턴트가 된 후부터는 유능한 사람이 가장 멋있어 보였다. 모든 일을 잘하고, 모르는 것이 없는 유능한 사람이 되고 싶었다. 탁월한 문제 해결력과 실력을 갖춘 전문가가 되고 싶있다. 남들보다 탁월해지기 위해 밤낮, 주말을 가리지 않고 오직 일과 배움에만 열중했다. 시간이 좀 걸리긴 했지만 유능함을 갖추는 데 어려움이 많진 않았다. 1만 시간의 법칙처럼 시간이 지날수록 나는 점점 유능해졌고 남들로부터 인정받을 수 있었다.

30대 후반이 되면서는 굵은 선에 매료되었다. 여러 기업의 경영자와 훌륭한 리더의 모습에서 보이는 굵은 목소

H사에서 컨설팅 중인 필자

리, 굵직한 몸매, 굵은 움직임 같은 굵직한 선을 보면서 닮아 가고자 마음 먹었다. 하지만 굵은 선을 만드는 것은 샤프함을 갖추는 것보다 몇 배나 더 어려운 일임을 알게 되었다.

굵음!

그저 외모가 굵다고, 보여지는 풍채가 크다고 선 굵은 사람이 되는 것은 아니다. 오랜 세월을 거쳐 내면 깊숙이 드리워진 굵은 심지와 올바른 정신

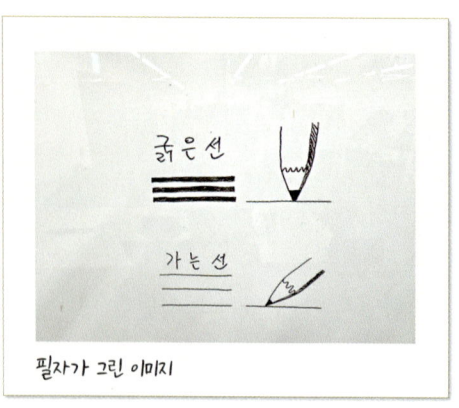

필자가 그린 이미지

이 굵은 선을 만들어 간다. 자신이 정한 원칙과 철학을 지키며, 다른 유혹에 현혹됨 없이 내가 정한 길을 묵묵히 걸어가는 것, 그것이 선 굵음이다.

당시 컨설팅을 진행하던 대기업 C 사의 경영자가 바로 그런 사람이었다. 실력 있고 존경받는 CEO였던 그분은 치열한 비즈니스 현장에 있으면서도 평생 골프를 치지 않으셨고, 주말이면 가족과 함께 농장에 가서 텃밭을 일구는 사람이었다. 일할 때도 소신과 원칙대로 정도를 강조하시던 그분의 인생 모토, "Slow & Steady"처럼 많은 유혹과 주변의 시선은 아랑곳하지 않고 인생을 멀리 보고 한 걸음 한 걸음 정도를 걸어가는 것이 바로 선 굵은 삶이다.

40대가 되면서부터는 '당당한 기풍'에 매료되었다. 언제나 변함없이 우뚝 솟아 강한 기상을 내뿜는 우리 민족의 영산, 백두산 천지! 두 번이나 그 천지를 오르며, 그 당당한 기풍과 육중한 풍모에 놀랐다.

당당함이란 무엇일까? 사전적 의미로는 '버젓하고 정대하다'는 의미를 가진다. 당당함의 매력에 빠지면서, 스스로에게 끊임없이 자문하며 그것을 찾기 시작했다.

백두산에 올라서

나는 언제나 당당하고 떳떳한 삶을 살고 싶다. 하늘 이외에는 두려움이 없으며, 어떠한 외압에도 내게 허락된 소명을 향한 신념이 흔들리지 않는 당당한 사람, 언제나 자신감 넘치고 어떠한 것에도 위축되지 않는, 그런 당당한 사람이고 싶다. 삶의 가치와 의미를 좇으며, 신뢰와 정직으로 정도를 걸으며 진실하고 성실한 인간관계를 통해 교만하지 않게 높아지고, 비굴하지 않게 낮아지는 모습으로 당당하고 떳떳한 멋진 사람이 되고자 했다.

오랜 시간이 흐른 후에서야 비로소 깨달은 사실이지만 내가 매료된 그 당당함은 내면 깊숙이 자리 잡은 품성과 관련이 있었다. 진실함, 성실함, 흔들리지 않는 신념이 당당함을 만든다. 쉽게 흉내내거나 쉽게 자리매김 되지 않는 진정한 멋, 당당함!

우연히 TV에서 본 한 변호사의 인터뷰가 아직도 뇌리에 강한 기억으로 남아 있다. 고위직 탈세 관련 방송에서 그 변호사는 정직하게 번 돈만큼의 세금을 성실히 신고한 사람으로 소개되었다. 어렴풋이 떠오르는 그때 그 변호사의 말이다.

"나는 언제나 번 돈만큼의 세금을 내기 때문에 당당하고 떳떳하게 살아갈 수 있다. 남들이 탈세를 해서 돈을 좀 더 모을지는 모르겠지만 나에게는 그런 것들이 의미가 없다. 왜냐하면 나의 당당함과 바꿀 만큼 그 돈이 가치 있는 것이 아니기 때문이다."

그 무엇과도 바꿀 수 없는 고결한 품성, 당당함을 잃는 것은 자신의 품성을 잃는 것이며, 품성을 잃는 것은 곧 자기 자신을 버리는 것과 같다.

QPS 오피스에서 QPS기 옆에서

창업 후 경영자가 된 이후부터는 중후함의 매력에 빠졌다. 말 한마디를 하더라도 무게가 실린 범접할 수 없는 카리스마를 소유한 중후한 매력을 가진 사람이 되고자 했다. 이를 위해 겉으로 보이는 좋은 차를 타고 맞춤 정장을 입는 등 외면의 무게와 기품을 갖추는 데 신경 썼으며 내면적으로는 흔들리지 않는 평정심과 강인함을 가지기 위해 노력했다.

내가 우리 동료들에게 입버릇처럼 하는 말이 있는데, "컨설턴트는 가오!"라는 말이다. 일본말에서 유래된 가오는 '보여지는 폼'을 의미하며 자존심과도 관련이 있다. QPS를 대표하는 사람으로서, 눈에 띄는 가오, 매사에 평정하는 강인함과 중후한 카리스마를 가진 리더가 되는 것이야말로 진정으로 멋진 사람이 되는 길이라고 확신했다.

10대 때부터 멋진 삶을 추구하던 내 생각 변화들은 최근에 보게 된 넷플릭스 다큐《어른 김장하》를 통해 완전히 무너지고 말았다. 젊은 시절부터 한약 사업으로 번 돈을 사회와 주변에 아무런 대가 없이 나누는 삶을 실천하는 김장하 한약사의 이야기. 아픈 사람들로부터 번 돈을 함부로 쓸 수 없다며 자동차 없이 걸어 다니고, 오랫동안 입어 헤어진 양복과 체육복 몇 벌만 입고 다니지만, 어려운 사람들과 사회의 형평적인 발전을 위해서는 아낌없이 돈을 나누고 베푸는 사람. 오른손이 한 일을 왼손이 모르게 하라는 말처럼, 나누고 베푼 사실이 알려지는 것을 극도로 꺼리는 겸손한 사람, 김장하 선생.

2부작 다큐를 순식간에 보고,《줬으면 그만이지》라는 그분의 삶을 소개한 책까지 읽으면서 너무 가슴 뛰고 흥분되었다. 진정한 리더, 멋진 리더란 바로 이런 모습이었다. 너무나도 멋지고 훌륭한, 닮고 싶은, 이 시대의 진정한 큰 어른, 김장하 선생은 내가 그동안 생각했던 멋짐의 기준을 통째로 바꾸어 놓았다.

진정한 멋짐이란 내가 가진 역량과 재능, 돈과 시간을 나누고 베푸는 데 있었다. 도덕의 기초를 인애와 동정이라고 보고 타인의 행복과 복리를 위하는 이타주의의 실현! 널리 인간을 이롭게 한다는 홍익인간의 실현, 사랑과 마음을 사회와 주변에 나누고 베푸는 것이야말로 진정한 멋짐이었

❀《줬으면 그만이지》표지

다. 한때, 사서삼경 등 동양 철학에 심취한 적이 있는데, 그때 읽었던 명심보감, 대학, 중용, 논어, 맹자에도 나누고 베푸는 것의 중요성을 강조하고 있었지만 제대로 인식하지 못했다. 평생을 한의학 공부에 심취했던 김장하 선생을 생각하며, 요즘 다시 명심보감, 논어, 도덕경을 꺼내 들었다. 인간으로서의 기본을 갖추는 것만큼 큰 멋짐을 만드는 것은 없다.

생각해 보니 우리가 정립해 놓은 QPS의 동료 선발 기준도 크게 다르지 않았다. 실력이나 학벌, 학점 등 스펙이 아닌 성품과 인성, 그 사람의 태도를 중요한 기준으로 삼는다. 긍정, 열정, 진정 3정을 갖추고 주변 사람과 어울릴 줄 아는 사람, 인성과 좋은 태도를 바탕으로 협업과 나눔을 통해 성과를 만들어 가는 사람인가가 최우선 점검 포인트다. 그렇게 선발한 동료들이 우리 예상대로 점점 성장해 가는 모습을 보자니 우리가 정말 잘하고 있다는 생각이 든다. 당장의 성과를 생각하자면 즉시 투입할 수 있는 준비된 인재를 뽑는 것이 맞겠지만, 멀리 본다면 당장의 실력과 스펙은 부족하더라도 같은 뜻으로 함께 나아갈 인성과 태도를 갖춘 동료들을 선발하는 것이 옳다.

인간으로서 마땅히 가져야 할 도덕과 성품, 덕성과 인성, '인의예지신'을 갖추고, 이를 진심 어린 마음과 사랑으로 주변에 나누고 베푸는 것이 인간이 실현할 수 있는 최고의 진정한 멋이라는 것을 이제서야 깨닫는다. 어쩌면 사업이란 함께하는 동료들을 진정한 인간으로, 큰 어른으로 성장시켜 가는 과정이 아닐까! 올바른 사람들이 올바르게 일을 하고 사회와 세상의

대의를 실현하기 위해 함께 나아가는 것, 이를 통해 우리 스스로가 큰 사람으로 성장해 가는 것, 이것이야말로 QPS가 사업을 영위하는 목적이기도 하다.

나누고 베푸는 것이 그 무엇과도 바꿀 수 없는 큰 기쁨이라는 것은 진작부터 느꼈지만, 이것이 진정한 멋이라고는 생각하지 못했다. 수십 년간 헛다리를 짚으며 많이 돌아왔지만, 지금껏 내 인생에서 멋진 삶을 추구해 온 것처럼 이제부터라도 나눔과 베풂을 통해 더 멋진 삶을 만

들어 갈 것이다. 아직은 미약하지만, 내 삶의 여러 면에서 하나씩 실천해 나가려 한다. 멋진 삶, 멋진 QPS를 위해서 말이다.

One Team 정신이 만들어 가는 끊임없는 도전

심 태 인
Senior Consultant

QPS의 초기 생활은 사실 힘듦의 연속이었습니다. QPS는 끊임없이 챌린지를 줍니다. 다르게 말하면, 도전하고 성장할 수 있는 다양한 기회와 배움을 제공합니다. QPS 아카데미를 통해 다양한 관점을 배울 수 있고, 사내 Mini Project를 통해 배움과 가르침의 기회를 제공하는 등 원한다면 얼마든지 배우고 경험할 수 있습니다. 경험해보고 싶은 프로젝트에 자원하여 다양한 Scope의 업무를 배울 수도 있고, 스스로가 Project Manager가 되어 개선 모듈을 공부하고 동료들에게 공유하는 등 리더로서의 경험을 해 볼 수 있습니다. 이와 더불어 QPS는 'Trial & Error'를 강조하며 과감한 위임과 수시 피드백을 통해 끊임없이 스스로를 개선해 나갈 것을 요구합니다. 하루하루 정해진 업무만 수행하며 시간을 보내는 것이 아닌 스스로가 다양한 배움과 일을 만들어 적극적인 삶을 살게 하는 곳이 바로 QPS입니다. 우리는 고객사에 최상의 결과물을 제공해야 하는 컨설턴트입니다. QPS에서는 컨설턴트 개개인의 역량도 뛰어나야 하지만 이보다 중요한 것은 'One Team'이 되는 것이라고 강조합니다. QPS는 항상 팀으로써 움직이며 'One Voice'를 지향합니다. 한 사람의 똑똑한 개인보다는 팀으로써의 집단지성과 시너지를 더 큰 가치로 여깁니다. 우리는 한마음 한뜻으로 업무를 수행하며, 치열한 토론을 통해 최상의 결과물을 만들어 냅니다. 이러한 'One Team' 정신 함양을 위해 강조하는 것이 바로 '친밀감'입니다.

QPS에는 매주마다 'QPS Day', '연 2회 국내외 Outing' 등 동료애와 교감을 나눌 수 있는 시간이 있습니다. 이러한 친밀감이 바탕이 되어서인지 개인적으로 힘든 시기가 찾아왔을 때도 이를 이겨낼 수 있도록 모든 동료들이 나서서 도와줍니다. QPS에서는 서로가 서로에게 힘이 되어주고 기댈 곳이 되어주는 진정한 'One

QPS 생활상

Team' 문화가 있습니다. 저는 QPS 합류 초기에 수많은 실패와 업무 적응의 어려움으로 힘든 시간을 보냈습니다. 하지만 그 모든 어려운 순간에 동료들이 함께해 주었습니다. 우리 동료분들은 제가 어려움과 도전을 이겨내고 앞으로 나아갈 수 있도록 끊임없는 지지와 격려를 보내주었으며 더 많은 시도를 할 수 있는 기회를 제공해 주었습니다. 이를 통해, QPS에서는 어려운 도전이 혼자서 감당할 몫이 아니라 동료들과 함께 극복해 나가는 것이라는 배움을 얻을 수 있었으며 동료분들의 든든함과 사람의 소중함을 깨달을 수 있었습니다. QPS는 성장을 위한 '끊임없는 도전' 기회의 장이 있으며 이를 함께 극복하고 성취해 나가는 'One Team' 정신이 가득한 곳입니다.

QPS 생활상

모두가 빛나는 곳, QPS

정경의
Senior Consultant

처음 QPS를 만난 순간, 동료들의 눈부신 존재감에 마치 빛이 난다는 느낌을 받았습니다. QPS가 모든 일에 열정적으로 행동하고 서로에게 격려와 지지를 아끼지 않는 모습을 보며 QPS가 특별한 곳임을 느끼게 해주었습니다. 첫눈에 '나도 이런 곳에서 함께 일하고 싶다'는 강한 끌림을 느꼈습니다. QPS는 단순히 업무를 수행하는 곳이 아니라 그 이상의 가치를 만들어 줍니다. 우리는 모든 과정을 '성장'이라는 하나된 인식을 통해 서로의 성장을 진심으로 돕고 동료와 함께 문제를 해결해 탁월한 결과물을 만들어 냅니다. 또한 업무 외적으로도 취미 생활을 함께하며 즐거움을 나누고, 자주 보지 못할 때는 보고 싶은 마음이 들 정도로 서로 간에 강한 친밀감이 형성되어 있습니다. 이처럼 QPS 동료들을 처음 봤을 때 느꼈던 그 빛은 QPS 생활을 해 나갈수록 더 큰 빛이 되어 서로를 더 밝게 빛나게 해준다는 것을 알게 되었습니다. 또한 우리의 밝은 빛은 QPS 내부에만 머물지 않고 외부로 뻗어 나가 새로운 빛을 만들어 냅니다. 컨설팅 프로젝트는 결코 쉽지 않은, 어려움 가득한 도전의 연속이지만 서로를 빛나게 해주는 동료들을 믿고 함께 나아가다 보면 초기에 저항하던 고객분들도 결국 우리를 믿고 의지하는 경험을 해 가면서 QPS의 선한 영향력, 밝은 빛의 힘을 다시금 느끼게 됩니다. 이러한 경험은 저에게 큰 자부심과 책임감으로 돌아와 제 삶과 업무에 주도성을 부여하고 앞으로의 더 큰 성장을 위한 원동력이 되어 줍니다. QPS는 빛나는 조직입니다! QPS의 모든 동료들은 더 나은 사람, 더 큰 빛을 내는 사람으로 성장하려 합니다.

QPS는 빛나게 만드는 조직입니다! QPS는 함께하는 모든 기업과 사람들을 성장, 발전시키기 위해 온 정성을 다합니다. 훌륭한 동료와 문화가 있는 QPS호와 함께한다면 앞으로도 모든 날들이 환한 빛으로 가득할 것입니다.

창립 7주년 기념 소감

삶의 태도와 소중한 가치를
깨닫게 해주는 곳,
QPS

승 진 배
Senior Consultant

QPS가 7주년을 맞이했다니 감회가 새롭습니다. 저에게 QPS는 단순한 일터를 넘어 인생을 배우는 배움터였습니다. 캡틴과 함께한 술자리, 등산 등 시간을 보내며 옆에서 많은 것을 듣고, 배우고, 깨달아 왔습니다. 때로는 한마디의 말이 머리를 세게 맞은 듯한 충격을 주어, 그 의미를 곱씹으며 소화할 시간이 필요하기도 했습니다. QPS는 단순히 일을 하는 곳이 아니라 삶을 살아가는 태도와 진정 소중한 가치가 무엇인지를 깨닫게 해주는 곳입니다. 그리고 저는 이 배움이 저에게만 머무는 것이 아니라 주변에도 전파되어 긍정적인 영향을 미칠 수 있기를 바랍니다. 진심으로 동료들의 성장을 돕는 회사가 세상에 얼마나 될까요? 또, 함께하는 동료들을 운명 공동체로 받아들이고 살아가는 사람들이 얼마나 될까요? QPS에서는 동료를 위하는 마음, 사랑하는 마음이 삶을 더 풍요롭게 만든다는 것을 직접 경험했습니다. 그리고 저는 이 문화를 더 많은 사람들에게 알리고, 다른 회사들이 이 가치를 본받을 수 있도록 만들고 싶습니다. 언젠가 시간이 지나 과거를 되돌아볼 때 QPS호에 승선한 내 선택을 향해 자신 있게 외칠 수 있을 것 같습니다.

"Gooooooooooooooood job!"

창립 7주년 기념 소감

QPS를 통해 성장했고
앞으로도 성장할 것입니다

유 일 한
Principal Consultant

문득 이십대에 생각했던 저의 삼십대가 생각납니다. 멋진 차를 끌고 좋은 직장에서 양복을 입고 저녁에는 회사 동료들과 술 한잔 기울이는, 드라마에서 나올 법한 비즈니스맨이었습니다. 지금 저는 QPS를 통해 제가 막연하게 그려 왔던 삶을 걸어가고 있는 것 같습니다.(좋은 차는 람보르기니가 필요하겠지만요 ㅎㅎ) 예전에 상상했던 '좋은 직장'은 단순히 높은 빌딩에서 전화/회의로 시끌벅적한 곳이었던 것 같습니다.(더 울프 오브 월스트리트, 미생이 생각나네요) 그러나 '좋은 직장'은 우리의 미션인 "Delivering Happiness"가 되는 직장이라고 지금은 굳게 믿고 있습니다. '첫째, 동료의 성장, 둘째, 기업/인력 혁신, 셋째, 이윤 추구 세 가지의 QPS 사업 목적이 어떻게 우리의 최종 미션인 Delivering Happiness라는 거지?'라며, 입사 초반에는 공감하지 못했습니다만, 저뿐만 아니라 다른 QPSian, 그리고 우리의 고객들에게까지 'Deliveing Happiness'가 되고 있다고 지금은 자신 있게 말할 수 있고, 지인들에게도 자랑할 수 있습니다. 이런 의미에서 이전에 상상했던 좋은 직장, 멋진 양복, 동료들과의 교류는 모두 이루었네요!(좋은 차는 역량을 더 쌓고 승진해서, 법인 차량 쓰겠습니다!) 최근 일화로, 지인들과의 잦은 저녁 식사 자리에서 거의 매번 컨설팅 펌에서의 고된(?) 업무 강도 및 워라벨에 대해서 동정 반, 걱정 반식의 이야기를 많이 들었지만, 그때마다 저는 이런 답변을 했습니다.

"QPS를 통해 성장했고, 앞으로도 성장할 것이며, 저의 성장이 QPS 성장에 보탬이 될 수 있다는 점에 설레는 날들로 하루하루를 보내고 있다."

"프로젝트를 진행하며 고객들의 인정과 감사를 동료들과 함께 느끼며 힘들지만 즐겁게 일할 수 있다."

"PS, 승진 제도 등 일한 만큼 인정받고 있다."

제가 이렇게 QPS에 공감하며 성장하고 신나서 일할 수 있는 이유는 무엇보다 우리의 문화인 '존성유지자' 덕분인 것 같습니다. 연공서열, 직급/직책에 관계없이 서로 존중하고 그를 바탕으로 성장하고 유능해지며 서로를 믿고 지지해주고, 삶을 더욱더 주도적으로 살 수 있는, 진정한 의미의 자유를 향해 함께 달려가는!(천재적인 발상입니다.) "나는 존중할 거야, 지지할 거야"라고 의식적으로 행동하기보다 '존성유지자'가 자연스러운 문화인 우리 QPS가 되기까지 많은 선배님들이 노력하셨겠다는 생각도 듭니다. 이제는 저희가 앞서서 문화를 지켜 나가겠습니다. 우리의 문화를 바탕으로 세 가지 사업 목적을 달성하며 'Delivering Happiness' 하겠습니다. 《존성유지자_행복경영의 비밀》은 QPSian, 지인, 고객들을 넘어서서 우리 사회에 'Delivering Happiness'를 할 수 있게 하는 좋은 책이자 강력한 방법이라고 생각합니다. 캡틴의 일화들을 읽으며 여러 가지 Insight를 얻었습니다. 이 내용들은 직장인들에게, 그리고 우리 사회에 분명 도움이 된다고 생각합니다. 끝으로 책 발간 너무 기대되며, 캡틴이 더욱 자랑스러운 요즘입니다!

6

자 유

내 돈 100만 원을 여행비로 쓰는 것은 쉽게 결정하기 어렵다. 이것저것 재다 보면 결국 못 가기도 한다. 하지만 회사가 허용한 범위 내의 법인 카드 사용은 그야말로 쉽다. 안 쓰면 바보다. 이런 식으로라도 여행을 권장해서 내보내고 싶다. 우리 동료들이 적극 해외를 다녀 보고 다양한 체험을 해보길 진심으로 원한다.

여행 중독 유발 회사

QPS에는 여행 경비 지원 제도가 있다. 연간 100만 원 한도 내에서 법인 카드로 각종 여행 경비를 결제하면 된다. 큰 금액 지원은 아니지만, 굳이 이런 제도를 만든 이유가 있다. 일을 통해서 배우는 것보다 낯선 곳으로의 여행을 통해서 훨씬 많이 배우기 때문이다. 나도 지금까지 전 세계 40개국, 180개 도시를 여행하며 많은 것을 배웠고, 덕분에 안목이 넓어섰다.

필자의 서재에 걸려 있는 세계 지도 및 방문 도시 표식

내 경험에 비추어 보면, 일에서 배우는 것보다 여행을 통해 훨씬 더 많은 자극과 통찰을 얻는다. 40대 중반을 넘긴 나이에, 21일간 캐나다, 미국을 홀로 배낭여행하며 구체적인 사업 모델을 구상하고, QPS 창업을 위한 자신감을 얻었다. 어쩌면 여행이 인생의 해답을 가르쳐 준다고 해도 과언이 아닐 것이다.

만약, 우리 동료 중 한 명이 업무에 큰 지장이 없는 상황에서 세계 여행을 위해 한 달간 쉬겠다고 한다면? 그야말로 대환영이다! 물론, 무급이 아닌 유급 휴가다. 설령 업무에 지장이 생기더라도 어떻게든 보내줄 것이다. 세계 여행을 위해 시간과 돈을 투자하겠다는 각오가 있다는 것은 그만큼 인생을 주도적으로 이끌어 간다는 것이며, 생각하며 산다는 방증이 아닐까! 물론 회사 운영을 생각하면 손실로 보일 수도 있지만, 장기적인 관점에서 보면 오히려 더 큰 이익이 된다. 여행을 가서 실컷 즐기겠지만, 여행을 통해 수많은 것을 보고, 깨닫고, 배워서 돌아올 것이기 때문이다. 여행 전보다 더욱 주도적인 모습으로 변화하는 것은 덤이다.

캐나다 밴쿠버 시청 앞에서

회사 입장에서 보면 혼자만의 여행보다는 동료들과 함께 떠나는 여행이 더 좋다. 경영 컨설팅의 특성상, 함께하는 팀원 간의 친밀감과 공감이 상당히 중요하다. 높은 업무 강도와 고객을 설득하는 과정에서 오는 스트레스가 상당하기 때문이다. 팀워크와 강한 친밀감이 없으면 버티기 힘들다. 그래서 PM은 늘상 팀 온도를 체크하고 기민하게 신경 써야 한다. 그런데 이런 관계상의 온도는 함께 스트레스 받으며 신나는 것을 할 때 올라간다고 한다. 즉, 스트레스와 신나는 상황이 공존할 때 관계의 온도와 친밀도가 더 높아진다는 것이다.

여행은 컴포트 존(Comfort Zone)을 벗어나 낯선 곳을 마주해야 하는 스트레스 상황이면서도, 동시에 새로운 것에 대한 기대감과 설렘이 가득한 순간이다. 즉, 관계 온도를 높이는 데 최적의 환경이 바로 여행인 것이다.

그러니 함께 여행하면 친해지지 않을 수 없다. 그래서 우리는 여행 경비를 지원하며, 삼삼오오 해외여행을 적극 장려한다. 수시로 동료들과 비공식적으로 해외여행을 떠나며, 공식적으로는 연 2회, 전사 국내 아웃팅과 해

외 아웃팅을 간다. 이러한 이유에서다.

사실, 여행 경비 지원 제도는 술자리에서 나온 아이디어에서 시작되었다. 여행을 좋아하는 나도 그렇지만, QPS 내에는 해외 여행에 진심인 사람들이 꽤나 있다. 그러다 보니 자연스럽게 삼삼오오 술자리에서 여행 이야기를 자주 나누게 된다. 그날도 주니어들과의 술자리에서 해외여행 에피소드가 나왔고, 회사에서 여행 경비를 지원하면 어떨까 하는 아이디어가 나왔다. 듣는 즉시 "Why not?" 충분히 가능하겠다는 생각이 들었고, 다음 날 바로 검토에 들어가 그 주에 결정해 버렸다. 이렇듯 우리는 술자리에서 잡담하다가 나온 의견이나 아이디어가 실제 회사 정책으로 반영된 경우가 많다. 여름과 겨울, 각각 2주씩 전사 휴무를 시행하는 방학 제도도 술자리에서 의결되었다.

QPS 여름 아웃팅, 베트남 나트랑 여행 중 판랑 사막

사실 내 돈 100만 원을 여행비로 쓰는 것은 쉽게 결정하기 어렵다. 이것 저것 재다 보면 결국 못 가기도 한다. 하지만 회사가 허용한 범위 내의 법인 카드 사용은 그야말로 쉽다. 안 쓰면 바보다. 이런 식으로라도 여행을 권장해서 내보내고 싶다. 우리 동료들이 적극 해외를 다녀 보고 다양한 체험을 해보길 진심으로 원한다. 여행을 통해 진정한 성장을 이뤄 가길 바란다. 우리 동료들의 '성장'이 QPS의 제1 사업 목적이기 때문이다.

프랑스 소설가 마르셀 프루스트는 "진정한 여행이란 새로운 풍경을 보는 것이 아니라 새로운 시각을 가지는 것이다"라고 했다. 여행은 새롭고

QP5 삼삼오오 여행, 헝가리 부다페스트

다양한 시각을 제공하여 인식의 지평을 넓히고 삶에 대한 통찰을 제공해 준다. Broad Perspectives를 함양하고, Deep Insights를 탐색할 수 있는 여행이야말로 진정한 성장을 만들어 준다. 이렇듯, 여행 후 더욱 성장한 동료들의 모습을 생각해보면, 여행을 보내지 않는 것이 오히려 회사 입장에서는 손해다. 경영자들이여, 손해 볼 일을 하지 말지어다!

여행은 '발로 하는 독서'라고 할 정도로, 여행 내내 많은 생각을 하게 된다. 여행을 하면서 비로소 내 자신이 객관적으로 보인다. 현실에 처한 내 모습이 보인다. 한국을 떠나 낯선 곳에서, 내 안에 있는 나 자신을 바라보게 된다. 사소한 일에 짜증내거나 화를 내는 모습 등, 뭔가 도전하기를 주저하는 모습, 의존하려는 성향, 안전한 곳에만 머무르려 했던 모습 등, 스스로를 더욱 깊이 있고, 객관적으로 바라보게 된다. 이것만으로도 여행을 떠나야 할 충분한 이유가 된다. 현실 속에서는 보지 못했던 것들을 그저 바라보기만 해도, 이미 변화는 시작되기 때문이다.

변화 없는 삶은 가치도, 의미도 없다. 평생을 변화해야 한다. 변화는 우주의 원리다! 변화하지 않는 것은 아무것도 없다. 변화에 대한 도전과 응전은 인간의 의무다! 여행을 계기로, 주도적으로 삶을 변화시켜야 한다. 그래야 성장과 발전이 뒤따른다

QP5 여름 아웃팅, 베트남 나트랑 빈펄 리조트에서 즐거워하는 동료들

여행은 낯선 것에 대한 도전

이기도 하다. 미지의 세계로 몸을 던져 내 안의 두려움을 극복하는 과정이다. Comfort Zone을 벗어나 Growth Zone으로 나아가기 위한 가장 효과적인 수단이 여행이다. 낯설고 불편한 곳으로의 여행이 계속될수록, 삶에서 '두려움'은 점점 제거되어 간다. '두려움이 없는 삶!'이 양자 역학적 가능성의 세계를 만든다. 가능성을 저해하는 제1 요소는 바로 내 안에 잠재된 정체불명의 '두려움'이다. 두려움이 사라지면, 우리는 무엇이든 도전하고 질 수 있다. 여행이 바로 그런 변화를 만들어준다. 여행은 '두려움'조차 두렵게 만든다. 그러니 두려움이 도망갈 수밖에….

QPS 여름 아웃팅, 베트남 나트랑

사업가들 중에 여행을 통해서 사업 아이디어를 낸 경우가 많다. 스티브

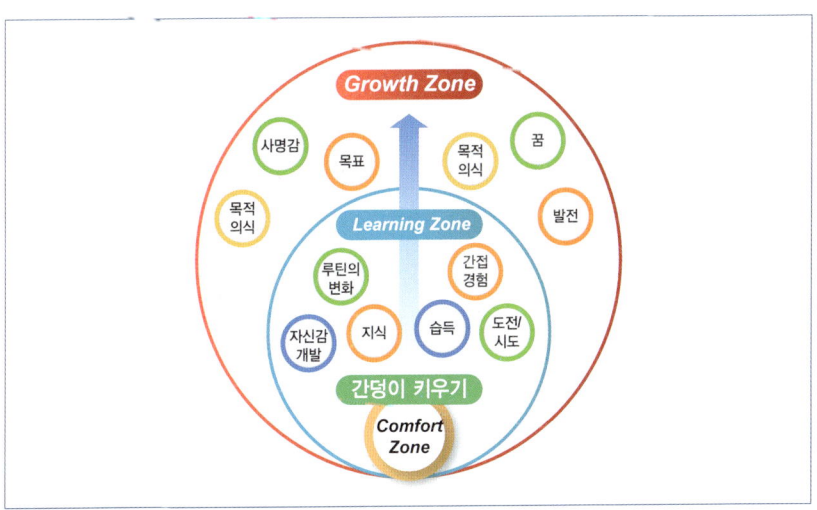

Growth Zone 개념도

잡스는 인도 여행 중 명상을 체험하며 단순함의 가치를 깨닫고, 이를 통해 애플의 미니멀리즘 디자인 철학을 완성할 수 있었고, 아마존의 제프 베조스는 여행 중 만난 사람들과의 대화에서 온라인 서점의 잠재력을 발견하게 되었다. 스타벅스 창업자인 하워드 슐츠는 이탈리아 여행 중에 에스프레소 바의 분위기와 커피 문화에 매료되어 미국 시애틀에 있는 시장에 작은 커피점을 열었고, 작금의 전 세계적인 스타벅스로 키울 수 있었다. 투자계의 거장인 짐 로저스 또한 세계 각지를 오토바이와 차로 여행하며 다양한 경제 현상을 살핀 덕에 막대한 부를 축적할 수 있었다.

QPS 삼삼오오 여행, 동료들과 아프리카 모로코에서

내 인생 목표 중 하나는 '행만리로(行萬里路)'다. 살아생전에 전 세계 100개국, 500개 도시를 여행하는 것이 목표다. 젊은 날에는 빚을 내서라도 여행을 떠나야 한다. 사람들이 죽기 전에 가장 후회하는 것에 대한 조사를 많이 하는데, 여러 책에서도 자주 소개된 바 있다. 그중 10가지에 꼭 드는 것이 있는데, 바로 '여행을 많이 못한 것'이었다.

"나이 들면 가야지!"

"은퇴하면 여행 많이 해야지!"

그러나 그땐 못한다. 때마다 이런저런 사정이 생기기 마련이다. 여행은 자신을 시험하고 단련하는 과정이자, 때로는 고행이기도 해서 나이가 들수록 더욱 힘들어진다. 한시라도 젊은 날에 세계를 누비고 다녀야 한다. 결심이 섰다면 망설이지 말고 지금 바로 떠나라. 여행은 아무리 강조해도 지나치지 않다.

QPS는 여행 중독 유발 회사를 자처한다. QPSian들이여, 떠나라! 세계로 ~ 미지로~

21일간의 배낭여행 –
2개국, 4개주, 8개 거점, 16개 도시

컨설팅을 시작할 때 나는 딱 10년만 컨설팅을 하겠다고 결심했다. 그 이후 2년 정도는 해외로 나가 공부를 하고 이후 사업을 일으키자는 계획이었다. 그러나 애초 계획과는 달리, 10년이 아닌 13년간 컨설팅에 몸을 담았다. 내가 그리던 이상적인 조직과는 거리가 먼 현실적인 장벽에 부딪치면서 점점 지쳐가던 즈음, 사업에 대한 욕심이 나를 부추겼다. 다니던 컨설팅 펌을 그만두기로 결심한 후, 실행에 옮기기까지는 그리 오랜 시간이 걸리지 않았다.

북미 여행을 떠나기 위해 공항버스 탑승을 기다리며

대학 시절에는 배낭여행은커녕 해외에 나가 본 적도 없었기에, 배낭여행에 대한 환상이 컸다. 꼭 한 번은 배낭에 짐을 가득 싣고 정처 없이 해외로 떠나고 싶었다. 컨설팅 펌을 그만두면서 그 기회가 찾아왔다. 창업을 결심하면서 어떤 아이템으로 어떻게 사업을 영위해 갈 것인지에 대한 구상도 필요했고 또 한편으로는 사업 결심에 대한 나 스스로의 확신도 필요했다. 막상 회사를 그만두고 나니, 막연한 불안감과 걱정, 염려가 밀려왔고, 심적으로 약해진 나를 몰아붙이기 일쑤였다. 창업하기 전에, 스스로를 위해 로망이었던 선물을 주고 싶기도 했고 아무 생각 없이 발 닿는 곳으로 떠나고 싶은 마음도 많았다.

회사를 그만두고 해외로 배낭여행을 떠난다고 하자, 후배들이 45리터 등산용 배낭을 선물해 주었다. 가방에 차곡차곡 필요한 물건을 넣고 짐을 쌌다. 일단 캐나다 밴쿠버를 첫 목적지로 정했다. 그다음은 어디로 갈지, 언제 돌아올지는 나도 몰랐고 아무런 계획도 없었다. 일생의 중요한 변곡점이어서인지, 큰 결심을 앞두어서인지 아내도 홀로 떠나는 배낭여행을 이해해 주었다. 언제 돌아올지 모른다는 말을 남긴 채, 돌아오는 비행기

캐나다 국내선 탑승 시 내려다 보인 광경

티켓도 없이 배낭 하나 달랑 메고 캐나다를 향했다. 40대 중반에, 그것도 홀로 배낭여행을 떠난다는 것은, 지금 생각해 봐도 무모하기 그지없는 과감한 결정이었다. 그 결정이 나에게 어떤 것을 제공해 줄지에 대해서는 일절 생각하지 못한 채 밴쿠버행 비행기에 몸을 실었다.

캐나다 밴쿠버 공항에서 입국 수속을 밟는데, 뭔가 이상한 낌새가 느껴졌다. 입국 심사관이 리턴 티켓을 보여 달라고 하더니, 내가 예약하지 않았다는 사실을 확인하자 입국 허가 도장을 찍지도 않은 채 여권을 돌려주며 저쪽으로 가보라고 손짓했다. 뭔가 불길한 예감이 들어 옆쪽의 다른 사무관이 서 있는 곳으로 가보니, 대뜸 언제 돌아갈 거냐, 직업이 뭐냐, 캐나다에는 왜 왔느냐, 배낭 안에 무엇이 들어 있느냐, 결혼은 했느냐, 자녀가 있느냐 등 끊임없이 질문을 퍼부었다. '이게 무슨 상황이지!' 하며 가만히 생각해 보니, 나를 불법 체류자로 의심하는 듯했다. 리턴 티켓이 없으니 돌아갈 마음이 없는 불법 체류를 목적으로 캐나다에 왔다고 생각한 것이

다. 나는 명함을 보여주고, 카카오톡으로 아내와 대화한 내용도 보여주며, 아내와 딸들이 한국에 있기 때문에 반드시 돌아간다고 항변하고 어필했다. 듣는 둥 마는 둥 멀뚱멀뚱 쳐다보던 입국 사무관은 잠시 기다려 보라며 다른 곳으로 가버렸다. 20여분을 기다렸을까, 마침내 불법 체류 의심을 거두고 캐나다 입국을 허락했다. 지금 생각해도 아찔한 경험이었다. 불법 체류자로 오해받아 붙잡힐 뻔했으니 말이다. 시작부터 좌

캐나다 밴쿠버에서

충우돌이었지만, 그렇게 내 인생 최초로 나 홀로 배낭여행이 시작되었다.

　캐나다 밴쿠버에서 시작된 여행은 빅토리아, 나나이모, 뉴캐슬, 캘거리, 드럼헬러, 로즈버드, 로즈데일, 배드랜드, 밴프, 캔모어, 레이크 루이스 빌리지, 캠룹스, 새먼암을 거쳐 미국 시애틀, 포틀랜드까지 총 21일간 16개 도시로 이어졌다. 캐나다와 미국, 두 나라에서 캐나다의 브리티시 컬럼비아주와 앨버타주, 미국의 워싱턴주 그리고 오리건주까지 총 4개 주에 걸쳐 8개 도시에서 숙박하며, 16개 도시를 다녔다. 공교롭게도 2개국, 4개주, 8개 거점, 16개 도시를 여행했다. 여행을 마친 후에야 알게 되었지만, 미리 계획한 것이 아니라 그날그날 다음 여행지를 결정하고

캐나다 밴프에서

숙소를 예약했기에 더욱 신기한 결과라 생각되었다.

　배낭여행 중에는 인생에서 처음 경험하는 것들이 많았다. 조디악이라

는 보트를 타고 바다에 나가서 고래 보기, 캐네디언 로키산맥 오르기, 캐네디언 그랜드캐니언인 홀스슈캐니언 및 홀스씨프트캐니언 가보기, 세계 최대 공룡 박물관 가보기, 해외 무인도(뉴캐슬섬) 투어, 3일간 해외 1,500미터 이상급 산 연속 3개 등정하기, 캐나다인/밴프 사람도 안 해봤다는 걸어서 밴프 다운타운에서 스노우 피크산 오르기(총 6시간 소요), 캐나다 국내선 비행기 타보기, 미국 기차 암트랙 타 보기, 미국 시애틀 스타벅스 원조 1호점 카페 가서 커피 마셔 보기, 해외에서 독일인과 함께 등산하기, 실내에 화장실이 있는 장거리용 그레이하운드 버스 타 보기, 캘거리 유명 음식인 도끼 스테이크(토마호크 스테이크) 먹어 보기, 그 유명한 호수인 레이크루이스 가보기, 여행 중 모든 종류의 대중교통 타보기(택시, 버스, 지하철, 비행기, 열차, 페리, 조디악), 짧은 기간 중 가장 많은 도시를 여행하기(21일 16개 도시), 가장 오래 기차 타보기 8시간(시애틀~포틀랜드 왕복), 가장 오래 버스 타기 8시간, 시애틀 아마존 본사에서 무인 상점, 아마존 고 체험하기, 보잉사 항공 박물관 가보기, 타워 오르기(캘거리 타워, 시애틀 스페이스 니들) 등 할까 말까 고민스러울 때는 무조건 GO로 결정하고 실행했다.

캐나다 빅토리아에서

캐나다 뉴캐슬섬에서

그러다 보니 살면서 하기 힘든 다양한 체험을 하고, 많은 이색적인 장소를 가볼 수 있었다. 특히, 캐나다 빅토리아에서 바다로 고래 구경을 나갈 때의 그 흥분됨과 열정은 오래도록 기억 속에서 잊히지 않을 것이다. 고래들의 이동 시기라 범고래만 볼 수 있었지만, 그 순간 잠시 식었던 내 열정을 다시 끌어올려야겠다고 다짐했다.

우여곡절 끝에 시작된 배낭여행은 13년 간의 컨설팅 일상을 정리하는 차원도 있었지만, 크게 세 가지 목적을 염두에 두었다. 무엇보다도 일상을 벗어나 새로운 도전을 하고 싶었다. 새로움이 선사하는 자극을 온몸으로 느끼고자 했다. 두 번째 목적은 그동안의 삶을 되돌아보고자 했다. 40대 중반이 될 때까지 어떻게 살아왔는지, 무엇을 위해 살았는지, 앞으로는 어떤 목적과 의미를 위해 살아갈 것인지에 대해서 스스로의 생각을 정리해 보고 싶었다. 마지막으로는 다양한 체험에 기반한 관점 전환을 통해서 어떤 사업을, 어떻게 펼쳐 나갈지 구상하고자 했다.

당시 여행 3일 차에 갤럭시 폰 메모장에 써 내려간 글을 잠시 읽어 보면 그때의 심정을 알 수 있다.

캐나다에서 고래를 보기 위해 조디악에 탑승하기 전

캐나다에서 조디악을 타고 고래를 보러 가는 필자

캐나다 고래 투어 조디악 직원들과 함께

캐나다 세계 최대 공룡 박물관에서

"2018년 인생 1막을 정리하고 인생 제2막의 변혁을 준비하며 나선 여행! 나태와 안일에서 벗어나고자, 익숙한 것들과 결별하고자 자청해서 나선 나홀로 여행인데 모든 것이 계획대로 되고 있다. 물론 '무계획이 계획'인…. 특별한 계획 없이 그때그때 끌리는 대로 어디든 정처 없이 떠나는 여행! 결코 편치 않은 여행, 여행이 아닌 고행이지만 이렇게 익숙한 일상으로부터 탈출하는 것이 장기적 성장을 위해 쇄신과 변혁을 위한 큰 발판이 될 것임을 믿기에 힘들고 낯선 곳, 익숙지 않은 사람들 속에서의 불편함을 감수하며 더 깊고 낯선 곳으로의 여정과 긴장감을 즐긴다. 캐나다에서는 마리화나가 불법임에도 불구하고 거의 대놓고 피운다. 길거리와 버스 안에서도 마리화나 냄새가 많이 난다. 어제 길에서 걸인들이 마리화나를 피울 때 냄새를 맡았는데 어찌나 역겨운지, 냄새조차도 새롭고 낯설다. 이 곳에서는 그 어디에도 익숙한 일상을 찾아볼 수 없다. 3일 정도 되니까 심신이 조금씩 적응하기 시작했다. 역시 사람은 가끔은 뭔가 의도적인 불편함 속으로 자신을 몰아넣어 봐야 한다. 이로 인해 삶이 새로워지고, 그동안 별생각 없이 누렸던 평온한 일상이 얼마나 소중하고 고마운 것이었는지를 생각하게 된다. 그동안 당연하게 여겼던 우리의 평범한 하루하루의 삶 자체, 범사에 감사해야겠다. 나에게 주어진 하루하루 그 자체로 충분히 기적이다. 이 기적 같은 삶 속에서 사람들을 더 사랑하고 일상에 감사하며, 나누고 돕는 삶을 살아야겠다고 다짐한다."

캐나다 여행 동안 먼 거리를 이동하며 다니다 보니 배는 고프고, 일반 식당을 찾기도 어려운 상황에서 항상 눈에 띄는 카페가 있었다. 바로, 캐나다의 스타벅스라고 할 수 있는 '팀 홀튼(Tim Hortons)'이다. 캐나다 어디를 가더라도 팀 홀튼 카페가 있다. 더욱이, 매장에 들어서자 음식 가격대가 너무나도 저렴해서 놀라웠다. 아메리카노 커피가 1.5달러 정도에 미트볼이 잔뜩 든 수프는 맛도 좋았지만 가격도 한국 돈 3~4천 원 정도로 저렴했

캐나다 팀 홀튼에서 먹은 커피, 수프와 빵

다. 그래서 캐나다를 여행하는 동안 팀 홀튼을 자주 찾았고, 주로 커피와 수프로 끼니를 해결했다.

캐나다의 전설적인 하키 선수인 팀 홀튼에 의해 시작된 카페로 "캐나다인들의 아침은 팀 홀튼에서 시작된다"는 말이 있을 정도로 국민적인 사랑을 받는 카페다. 가격이 저렴하면서도 맛이 좋고, 양까지 푸짐해 부담 없이 배 부르게 먹을 수 있다. 그야말로 가성비 최고다. 또한, 맥도널드의 햄버거, KFC의 프라이드 치킨, 스타벅스의 커피, 던킨 도너츠의 도넛까지 다양한 먹거리가 있으며 24시간 영업을 하고 어디에나 있다. 놀라웠다!

"배고픈 서민들이 편하게 찾아 가서 부담 없는 가격에 원하는 메뉴로 배부른 식사 한 끼와 차를 마실 수 있는 곳"

이런 콘셉트로 만들어진 카페다. 얼마 전, 한국에도 팀 홀튼이 오픈한다고 해서 찾아가 봤는데, 2018년 당시 캐나다에서 경험했던 팀 홀튼과는 완전히 달랐다. 가격, 콘셉트, 메뉴 구성까지 모든 것이 달랐다.

팀 홀튼 카페를 다니면서 사업에 대한 영감이 떠올랐다.

"어렵고 문제 있는 기업들이 편하고 쉽게 찾아와 부담 없는 가격에 기업 운영 관련 문제를 해결하고 조직 역량 향상까지 얻을 수 있는 컨설팅 펌"

캐나다 팀 홀튼에서

국민 컨설팅 펌을 만들자는 아이디어였다. 즉, 저렴하면서도 확실한 임팩트를 제공하는 최고의 가성비 컨설팅 펌! 경쟁하지 않는 컨설팅 회사를 만들고 싶었다. 여행 내내 어떻게 하면 더 저렴한 비용으로 강력한 임팩트를 제공하는 컨설팅 펌을 만들 수 있을까에 대한 고민이 깊어졌다. 단기적인 컨설팅을 통해, 단순한 문제 해결만이 아닌 장기적 관점에서 조직의 문제 해결 역량이 향상되고 혁신 기반을 탄탄히 다지도록 도울 수 있는 방법이 뭔지를 구상하기 위해 애썼다. 팀 홀튼의 사업 모델 벤치마킹을 통해서 현재 QPS의 컨설팅 방법론을 정립하게 되었다. 그 핵심은 교육과 컨설팅의 결합이다. COE(Coaching for Operational Excellence)라는 이 방법론은, 저렴한 비용으로 교육과 코칭을 제공하여 고객사의 구성원들이 스스로 문제를 해결할 수 있도록 가이드하는 컨설팅 방식이다. 21일간의 배낭여행이 내게 준 가장 큰 선물이라 하겠다.

캐나다 밴프에서 등산 중에 만난 독일인 학생

캐나다에서 약 2주를 보낸 후, 남은 1주 동안은 미국을 여행하고 싶었다. 록키산맥이 있는 아름다운 낭만의 도시, 밴프에서 4박 5일간을 보내며 록키산맥의 산 3개를 오른 후 미국으로 가기 위해 다시 밴쿠버로 돌아왔고, 이때 리턴을 위한 비행기 티켓을 끊었다. 미국으로 입국 시에 또 잡힐 것이 뻔하기 때문이었다. 캐나다에서는 전혀 없었던 집에 대한 향수가 미국 시애틀로 건너가면서부터 찾아왔다. 시애틀의 우중충한 날씨도 내 기분을 가라앉히는

캐나다 그랜드캐니언이라 불리는 곳에서

데 한몫한 듯하다. 기분이 처지고 집에 대한 향수는 짙어졌지만, 다채로운 경험을 하고 사업 구상에 몰두하고, 홀로 대화하는 시간을 많이 가지다 보니 사업에 대한 의지는 점점 강해졌고 상대적으로 미래에 대한 불안감 그리고 걱정과 염려는 점점 수그러들었다.

21일간의 배낭여행은 사업 모델에 대한 아이디어를 제공해 주었을 뿐만 아니라 삶을 살아가는 데 꼭 필요한 많은 인사이트를 얻게 해주었다. 여행 후 정리한 23가지 인사이트를 다시 되새겨 본다. 다음은 그때 기록한 23가지 인사이트 중 두 가지 내용이다.

"캐나다에는 노인들이 많다. 노인들을 보며, 나도 언젠가는 저렇게 될 테니 더 늙기 전에 하고 싶었던 도전을 해 나가자. 늙어서 후회할 일은 없어야 한다. 그러기 위해선 반드시 하고 싶었던 일을 하지 않아서 후회하는 일은 없도록 해야 한다. 빅토리아섬에서 만난 그레이하운드 버스 직원이, 내가 고래를 보고 왔다고 말하자 자신은 단 한 번도 고래를 본 적이 없다면서 고래를 보는 것이 소원이라고 말하는 것에 놀라웠다. 서울 사람이 남산에 안

자유

가듯이 빅토리아 사람들이 고래를 못 봤다며 소원이라니… ㅎㅎ 뭐든 때를 놓치면 하기 어려운 법이다. 기회가 왔을 때 부딪치고 도전해야 한다."

"아마존 고에서 받은 충격! 위대한, 훌륭한 회사를 만들자. 직접 체험한 무인 매장, 아마존 고는 그야말로 혁신 그 자체였다. 물론 센서나 카메라 인식의 제한 때문에 인원수의 제한은 있지만 놀라운 기술이다. 높은 빌딩에 자리한 본사, 반려견과 출근하는 직원들, 시애틀 도시 환경을 위해서 유리 정원을 만들어 시민과 공유하고자 하는 철학! 대단하다는 말밖에 안 나온다. 기업을 일으킨다는 것은 바로 저런 거다. 세상 사람들이 놀랄 만한 일을 만들어 내고 감탄하게 만들고 그것이 사회에 선한 영향력을 미치고 긍정적인 자극이 되도록 하는 것! 이런 회사를 만들자. 퀀텀퍼스펙티브를 이런 회사로 만들어야 한다. 훌륭한 회사, 위대한 회사! 그저 먹고사는 데 만족하는 평범한 회사가 되어서는 안 된다. 직원들의 자긍심이 넘치는, 우리 회사를 바라보는 사람들이 기분 좋게 웃도록 만드는 건강하고 알찬 회사, 세상에 큰 기여를 하는 위대한 회사를 만들자."

캐나다 밴프, 설파산(Sulphur Mt.) 정상에서

배낭여행을 떠나기 전과 다녀온 후의 나는 완전히 달라져 있었다. 신념은 더욱 굳건해졌고, 심신은 예전보다 더 강인해졌다. 창업에 대한 구체적인 아이디어를 정립한 덕분인지, 의지와 열정이 되살아났고 뭐든 할 수 있다는 자신감으로 충만했다. 불확실함, 모호함, 불안감은 온데간데없이 자취를 감추었고 나의 뇌리 속은 온통 가능성의 세계로 가득 찼으며, '할 수 있다', 아니 '반드시 해낼 것이다'라는 긍정적 확신으로 가득 찼다. 그때 만약 내가 배낭여행을 떠나지 않고 사업 계획에만 몰두했다면, 지금의 QPS가 존재했을까 하는 의구심이 들 정도다. 21일간, 2개국, 4개주, 8개 거점, 16개 도시로의 나 홀로 배낭여행에서 돌아온 나는 그렇게 주식회사 퀀텀퍼스펙티브(QPS)를 창업하고 1인 기업가가 되었다.

미국 시애틀, 아마존고 앞에서

캐나다, 밴프에서 등산 중에

강제 의무 휴가 – 휴가 강요하는 회사

QPS는 독특한 휴가 제도를 운영한다. 연중 무제한으로 휴가를 낼 수 있는 제도인데, 실질적으로는 법적 휴가 일수조차 제대로 사용하지 못하는 경우가 많다. 이를 보완하기 위해 도입한 것이 근무 연수와 상관없이 부여되는 의무 휴가 25일과 여름과 겨울, 각 2주 간의 방학 제도다. 연간 총 휴가 일수를 계산하면 약 45일, 두 달이 휴가인 셈이다. 다들 이렇게 쉬면 누가 일하냐고 반문할지도 모른다. 맞다! 너무 논다. 그런데, 회사 일 하면서 좀 놀면 안 되나? 오히려 많이 놀아야 일도 더 잘할 수 있다. 일만큼이나 쉼은 매우 중요하다! 쉼을 통해서 일에 대한 의욕이 고취되고 심신 회복이 일에 대한 열정을 되살리기 때문이다.

나는 샤워할 때마다 폭풍처럼 아이디어가 샘솟는다. 샤워 도중 번뜩이는 아이디어를 적기 위해, 벌거벗은 채로 샤워 부스를 뛰쳐나온 적이 한두 번이 아니다. 마음 편히 쉴 때 창의력도

샤워 중인 필자

샘솟는다. 가끔 멈추고 비워야 한다. 비워야만 비로소 광활한 지혜의 원천과 연결될 수 있기 때문이다. 샤워할 때뿐만 아니라 여행 중에 또는 술자

리에서 창의적인 아이디어가 자주 떠오른다. 베트남 하노이에서 하롱베이로 가는 투어 버스 안에서 QPS의 사명이자 CI 슬로건인 'Innovaton & Growth'가 떠올랐다. 그저 멍 때리며 생각을 멈추고 비웠기 때문이다.

양자 물리학은 진공 상태, 즉 산소를 비롯해 아무런 물질도 없는 진공 상태에도 에너지가 활성화된다는 사실을 밝혀냈다. 이를 '양자 진공(Quantum Vacuum)'이라고 한다. 아주 짧은 시간 동안 입자와 반입자가 생성과 소멸을 반복한다고 한다. 마치 에너지가 요동을 치듯하여 '진공 요동'이라 하며, 이때 생성과 소멸을 반복하는 소립자가 바로 광양자이다. 이곳에는 우주를 탄생시킬 만큼의 막대한 에너지가 깃들어 있다고 한다. 이러한

에너지 장이 우주 전역에 존재한다는 가설을 '제로 포인트 필드(Zero Point Field, 영점장)'라 한다. 이곳에는 우주의 과거, 현재, 미래의 모든 사건과 정보들이 홀로그램 구조의 파동으로 기록되어 있다는 가설이다. 즉 가능성의 공간인 셈이다. 우리가 제로 포인트 필드에 접속할 수 있다면 과거 현인과 위인들의 지혜를 내 것으로 만들 수 있고 무한한 상상을 현실화시킬 수 있다.

어떻게 해야 접속할 수 있을까? 바로 무의식의 세계를 통해서다. 제로 포인트 필드는 이 무의식의 세계와 연결되어 있다. 즉, 내 마음 속 심연인 무의식의 세계로 들어가면 공간과 시간을 초월한 지혜의 보고에 접속하게 되는 것이다. 무의식, 잠재의식의 세계로 향하는 문은 멈추고 비울 때 비로소 열린다. 샤워, 여행, 쉼, 명상이 창의적인 아이디어를 발산시키는 이유다.

그래서 일할 땐 확실하게 몰입해서 일하고, 쉴 때는 팍팍 쉬어야 한다. 쉬는 것도 아니고 일하는 것도 아닌 애매한 상황은 오히려 성과를 저해한다.

나는 한때 심각한 워커홀릭이었다. 일 중독자, 휴가 안 내는 사람, 일만 생각하는 사람. 과거의 내 모습이다. 휴가를 내도 쉴 줄 몰랐다. 노는 게 재미없었다. 내 삶에서 일이 전부인 줄 알았다. 가족마저도 안중에 없이 평일, 주말 할 것 없이 일에 빠져 살았다. 후배들은 다 휴가 보내도 나는 회사를 지켰다. 그것이 미덕이라 여겼고 성실함의 표상이요, 회사에 대한 충성심의 발현이라 여겼다. 지금 생각해 보면 무지 어리석었다. 퇴사하는 날까지도 내 모습을 잘 몰랐으니 도대체 뭘 위해서 그렇게 산 건지 잘 모르겠다. 얼마나 힘을 주고 살았는지 창업하고 나서야 조금씩 알게 되었다. 마음의 여유가 생기면서 일하는 만큼 쉼이 중요하다는 것을 깨달았다.

모래를 많이 쥐려고 힘을 주면 줄수록 모래가 손가락 틈 사이로 빠져나가듯, 힘주고 일하면 일할수록 성과보다는 비효율이 높아진다. 모래를 많이 쥐려면 손에 힘을 빼야 한다. 힘을 빼야 많이 쥐고 오래 쥘 수 있다. 소중한 동료들이 하나 둘 늘어나면서, 마치 운명 공동체를 만난 듯한 느낌이 들었다. 그들이 나와 같은 과오를 범하지 말았으면 하는 바람도 생겼다. 일과 삶에서 적절한 조화를 찾으며 여유 있는 회사 생활을 하기를 바랐다. 그래야 오래 같이 일할 수 있으니까 말이다. 나는 우리 QPS 동료들과 건강하게 오래도록 함께 일하고 싶다!

대부분의 사람들은 워라밸(Work-Life Balance)을 강조하며, 일은 일이고 개인적인 삶은 별개라고 인식한다. 일 따로 개인의 삶 따로, 이렇게 일과 업무의 경계를 명확하게 분리하려는 경향이 있다. 이런 이분법적 사고는 많은 갈등과 문제를 초래한다. 다행히도 최근에는 워라하(Work-Life Harmony)라는 개념이 대안으로 떠오르며, 유연하게 일과 삶을 연결하고 시너지를 내야 한다고 주장한다. 맞는 말이다. 일과 삶은 떼려야 뗄 수 없는 밀착 관계이므로 연속선상에 있을 수밖에 없다.

일에 초집중하여 완전히 몰입하면, 의식에서 인지한 문제들이 무의식에 각인된다. 풀리지 않는 문제도, 풀어야 할 문제도 마음 깊은 무의식에 새겨진다. 그러다 우리가 쉬면서 멈추고 비울 때 비로소 무의식에 각인된 문제들이 풀리며 무한한 지혜의 보고인 제로 포인트 필드와 연결된다. 문제 해결을 위한 아이디어가 떠오르고 창의적인 발상이 가능해진다. 우리가 일과 삶을 분  리할 수 없는 이유, 우리가 반드시 쉬어야 하는 이유가 바로 여기에 있다.

처음 의무 휴가 제도를 도입했을 때는 대부분이 휴가 내기를 꺼렸다. 사실, 지금도 마찬가지다. 바쁜 업무 때문이기도 하지만 눈치가 보일 수밖에 없다. 진짜 휴가를 내도 되는 건지, 나만 휴가 내도 되는 건지? 그래서 우리는 휴가를 강요한다. 바빠서 갈 수 없는 상황이 이어지기도 했지만 그럼에도 휴가를 강제한다. 거의 2~3개월에 한 번씩은 COO가 전사 휴가 권장 공지를 낸다. 의무 휴가 25일 기준으로 휴가를 적게 낸 동료들은 강제로 휴가계를 제출토록 한다. 리더들이 모범을 보여야 하기에, 솔선수범하여 휴가를 내도록 했고, 실제로 리더 그룹이 휴가를 가장 많이 낸다. 리더 그룹과 연차가 좀 오래된 동료들일수록 편히 휴가를 낸다. 어느 정도는 정착된 듯하다.

휴가에 대한 결재 절차는 없다. 이메일로 신청만 하면 된다. 프로젝트 PM과 협의해서 업무에 지장이 없는 범위라면 얼마든지 휴가를 낼 수 있다. QPS에서는 휴가를 많이 내는 것이 문제가 되지 않는다. 아무리 가라고 해도 의무 휴가 일수를 지키지 않는 사람들이 부지기수다. 바빠서이기도 하지만 어쨌든 회사의 강제 의무 휴가 지침을 어기는 셈이다. 연말에 패널티를 주겠다고 엄포를 놓아도 잘 지켜지지 않는다. 그래서 만든 제도가 연말 QPS Awards 시상에 'Best 워라하 상'(Best Work & Life Harmony)을 추가한 일이다. 연중 휴가를 가장 많이 낸 사람에게 상패와 부상으로 소정의 상품권을 지급한다. 역대 수상자들을 보면 대부분 그 해 입사한 주니어분들이 받았다. 그만큼 눈치 보지 않고 휴가를 내도록 유도하려 한다.

'Best 워라하' 상패

여름(8월)과 겨울(12월)에는 각각 2주씩 회사 문을 닫고 쉰다. 신나는 방학이다! 어쩔 수 없이 급박한 일이 있는 경우, 못 쉬는 동료도 있지만 대부분은 쉰다. 매년 연말이 되면 그다음 해 방학 일정을 공지하고 고객사와 컨설팅 계약 시에도 각각의 방학 2주간은 계약에서 제외한다. 아무런 구애됨 없이 확실하게 쉬기 위해서다.

방학 일정을 사전 공지하면 해외여행을 계획하는 사람들은 미리 저렴한 항공권을 예약할 수 있다. 방학을 사전에 공지하는 이유는 해외여행을 장려하려는 의도도 내포되어 있다. 방학이면 다들 해외로 여행을 떠나거나 아무 생각 없이 쉰다. 가족, 지인들과 함께 여행을 가기도 하고, 혼자서 떠나는 동료도 있다. 밀린 운동을 하거나 취미 활동을 하기도 한다. 좀 그렇게 푹 쉬면 좋겠다. 일을 잘하기 위해 일만 해서는 안 된다. 역설적이지만

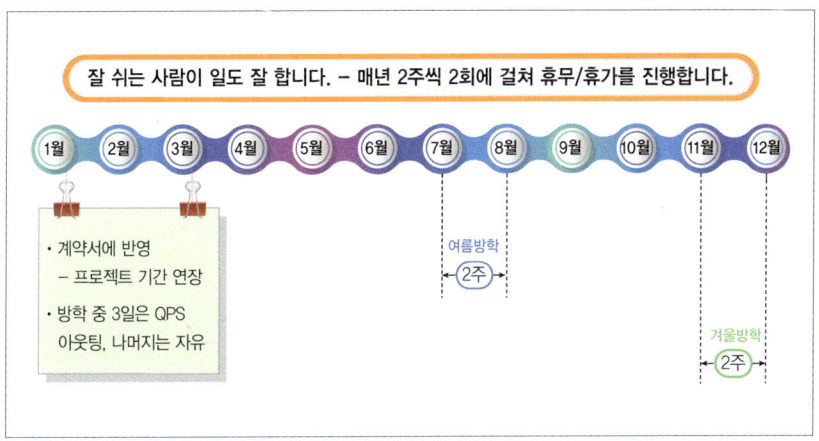

◈ QPS 여름 및 겨울 방학 일정

일을 잘하기 위해 쉬어야 하는 것이다. 무한한 지혜의 보고로의 접속, 손쉬운 문제 해결을 위해서 말이다. 그래서 오늘도 우리는 언제나처럼 휴가를 강요한다. 강제로 휴가를 보낸다.

일탈 예찬

나는 국가에서 설립한 기술 부사관, 기술 장교 양성을 위해 만든 군사 고등학교에 다녔다. 교내에는 RNTC 학군단(Reserve Non-commissioned Officer Training Corps)이 설치되어 있었으며, 내 이름으로 지급된 M16 소총도 있었고, 매주 8시간의 군사학 수업을 들어야 했다. 한 호실에 10여 명씩 배치된 기숙사는 마치, 군대 막사와도 같아서 문도 없이 복도와 옆 호실로 이어져 있었고, 매일 아침과 저녁으로 인원 보고와 함께 점호를 해야 했다.

고등학교 1학년 때 교복을 입고

매일 아침 6시에 기상해 단체 구보를 하고, 1시간씩 태권도를 하며 군인으로서 갖춰야 할 체력을 길렀다. 또한, 저녁 9시가 되면 어김없이 청소를 하고, 하루를 마감하는 인원 점검 및 점호를 했다.

2학년 어느 날, 운동장 잔디밭에 앉아서 망중한을 즐기던 3학년 선배들을 3층 교실 창 밖으로 바라봤다는 이유만으로, 늦은 저녁에 기계 실습장으로 불려 가서 밤이 새도록 선착순 뺑뺑이를 돌고 쇠막대기로 두들겨 맞기도 했다.

주말에 허용되는 외출과 외박을 제외하면, 학교 밖으로 나갈 수조차 없었

고등학교 2학년 때 기숙사에서, 좌측 제일 뒤에서 두 번째가 필자

고등학교 1학년 병영 생활 중, 좌측에서 네 번째가 필자

다. 심지어 1~2학년 때는 교내를 다닐 때 반드시 줄을 맞춰 팔을 흔들며 씩씩하게 걸어야 했고, 가방은 왼손으로만 들어야 했으며, 걸을 때 대표자가 상급생을 보면 힘찬 구호와 함께 경례해야 했다.

"단결!"

그때 가방을 왼쪽으로만 들어서일까, 내 왼팔이 오른팔보다 실다.

고등학교 1학년 여름 방학부터 매년 한 달간 군 부대로 입소해 군사 훈련을 받았다. 16세의

고등학교 3학년 때 전방에서 병영 실습 중, 뒷줄 좌측에서 두 번째가 필자

어린 나이였지만, 어른들처럼 철로 만든 무거운 철모를 쓰고(그 당시엔 플라스틱 소재의 방탄모가 지급되지 않았다.), M16 소총을 든 채 매일 산 중턱에 위치한 훈련장을 향해 1시간씩 행군하며 군사 훈련을 받았다. 그 무더운 8월의 여름 날, 군복에 철모를 쓰고 M16 소총과 군장을 착용하니 온몸이 땀으로 범벅이었다. 고등학교 1학년, 16세 때 군 사격 훈련장에서 M16 소총뿐만 아니라 M60 기관총 사격도 했다.

고등학교 3학년 때 전방에서 병영 실습 중, 제일 뒤쪽이 필자

군용 트럭을 통해 훈련장으로 배달된 식사는 깍두기 3개, 된장국, 반찬 한 가지, 보리밥과 우유가 전부였다. 훈련장이 있던 야산에는 식기를 씻을 곳조차 없어서 각자 남김 없이 식사를 해야 했고, 씻지 않은 식기를 걷어간 후, 저녁 식사 때는 누가 사용했는지도 모르는 식기를 다시 지급받아 그 위에 밥과 반찬을 배식받아 먹어야 했다. 그 상황에서는 허기진 배를 채우는 것이 우선이었기에, 식기가 더럽다는 생각 자체가 사치였다. 고등학교 시절부터 이미 군 생활 못지않은 경험을 하다 보니, 웬만한 남자들은 술만 마시면 군대 이야기를 하지만, 나는 묻지 않는 이상 절대 말하지 않는다. 아니 안 하고 싶다!

고등학교 1학년 때 병영 실습 중, 두 번째 줄 오른쪽 첫 번째가 필자

고등학교 3년 내내 계속된 군사학 이론과 훈련 그리고 매년 이어진 한 달간의 병영 생활은 나를 점점 규칙과 규율에 익숙한 사람으로 만들었다. 정해진 규칙이 있으면 반드시 지켜야 했고, 모든 면에서 군인처럼 반듯하고 바르게 생활해야 했으며, 기준에서 벗어나는 것을 부담스러워하는 성향으로 변해갔다. 모든 규칙과 규정을 따를 수밖에 없었고, 그렇게 통제된 일상사를 사는 것이 당연한 것이라 여겼다.

고교 시절 오토바이를 타고

그렇게 고등학교를 졸업하고, 이미 정해진 길인 장교가 되기 전까지 대학 1, 2학년 동안 2년여의 자유가 주어졌다. 3학년이 되면 고등학교 시절처럼 다시 통제와 규칙 속에 얽매이게 될 것을 알았기에, 구속에서 벗어나고 싶은 욕망이 일었다. 갑자기 주어진 자유가 낯설기도 했지만, 또 한편으로는 길지 않을 자유를 맘껏 누리고 싶은 강한 욕구가 솟구쳤다.

그렇게 내 인생에서 처음으로 방황과 일탈이 시작되었다. 중학교 때까지만 해도 말 잘 듣고 공부 잘하는 모범생이었고, 고등학교 때는 통제와 규율 속에 살다 보니 처음 일탈을 결심했을 때는 두려움이 밀려왔다.

'내가 이래도 되는 걸까?'

잠시 염려도 되었지만, 아버지가 작고하신 상황과 복잡한 가족사가 맞물려서 두려움마저도 쉽게 털어버릴 수 있었다. 일탈에 익숙한 친구들과 어울리고, 고교 내내 스포츠 머리로만 지내야 했던 것에 대한 반발 심리로 머리도 맘껏 길렀다. 당시 기준으로는 파격적이라 할 수 있는 퍼머도 하고 머리를 노랗게 물들이기도 했다. 담배나 술은 말할 것도 없다. 매일 두 갑 이상의 담배를 피우고, 매일 밤 삼삼오오 몰려 다니면서 소주를 퍼마시며 술에 절어 살았다. 사회적 규범과 기대를 벗어나 내가 하고 싶은 대로 맘

고등학교 3학년 때 전방에서 병영 실습 중

껏 누리며 살아 보기로 결심한 것이다.

그야말로 노는 게 뭔지를 제대로 경험해 보고 싶었다. 어쩌면 방황과 일탈 자체를 멋으로 여긴 듯하다. 막연했지만, 당시에는 이렇게 자유롭게 사는 것이 좋은 것이 아닐까 하는 생각도 들었다. 모범생이었던 내가 하루아침에 방탕한 생활로 변한 것이다. 6개월 이상 고향 집에 가지 않으며 연락을 두절했고, 친구 한 명과 함께 수업을 제친 채 갑자기 강원도로 여행을 떠나기도 했으며, 술집이나 나이트 등 이곳저곳을 누비며 여자애들을 꼬시려고 두리번거리기도 했다. 공부와는 담을 쌓은 채 그저 놀러 다니기 바빴다. 늦은 밤에는 우범 지역으로만 다니다 보니 지역 깡패들을 만나 시비가 붙어 맞을까 봐 멀리 도망쳤던 일도 있었다. 자취방에서 담배만 피우며 하루 종일 멍하니 보낸 날도 많았고, 내 일탈을 문제 삼던 친구와 주먹 다툼으로 싸우기까지 했다. 학교 공부는 등한시하여 F학점을 맞아도 아랑곳하지 않은 채 내 인생에서 단 한 번도 해보지 않았던 방황과 일탈을 1년여간 이어 갔다. 진짜 나쁜 짓 빼놓고는 다 해 본 듯하다.

1년여간 막무가내로 통제 받지 않는 자유를 맘껏 누리면서 두 가지 생각이 교차했다.

'이런 삶이 나랑은 전혀 맞지 않구나!'

'이렇게 사는 건 재미없는데!'

방황과 일탈에 대한 후회와 함께 찾아온 것은, 내가 무엇을 하며 살아야 할지, 어떻게 살 것인가에 대한 고민이었다. '이러면 안 되는데…!', '이렇게 살아도 되는 걸까?'와 같은 염려가 뇌리에 가득했지만 '그럼, 어떻게 살아야 하지?', '내가 뭘 하면서 살아야 재밌고 행복할 수 있을까?' 등 미래에 대한 고민도 점점 깊어져 갔다.

틀에 박힌 삶, 규율에 맞춰 살던 삶에서 벗어나고자 시작된 방황은 어쩌면 내 인생 최초의 자율적 선택이었다. 부모님 영향에 의한 것이 아닌, 내 주변의 생각이나 의견을 전혀 의식하지 않고, 오직 나 스스로의 자율 의지에 의해서 맘껏 살아 본 것이다. 내 멋대로, 내 마음 가는 대로, 닥치는 대로 살아보니 알겠더라. 내가 뭘 좋아하고 뭘 싫어하는지, 어떻게 살아야 하는지, 내가 어떻게 살고 싶은지를. 당시엔 모호함도 많았지만, 어느 정도 그 해답을 찾을 수 있었다.

©ChatGPT

그렇게 나는 1년여간의 일탈을 모두 접고, 내가 진정 원하는 인생의 목적을 향해 방향을 선회하여 지금까지 줄곧 내달려 올 수 있었다. 사회적으로 상식이라고 여기는, 나에게 주어진 상황과 환경이 제공하는 낭연한 규칙과 룰을 따르는 것이 어쩌면 당연한 것이 아닐 수 있다는 생각이 들었고, 이것은 내 사고의 범위를 한층 넓히는 계기가 되었다. 일탈과 방황이 내게 준 선물인 셈이다.

자연계의 모든 시스템은 시간이 지남에 따라 무질서한 상태로 변해간다는 엔트로피의 법칙이 있다. 1865년에 독일의 물리학자인 루돌프 클라우지우스에 의해 처음 주창된 개념이다. 즉, 질서 있는 상태는 불안정하고 시간이 지날수록 무질서가 증가하는 것은 자연의 이치라는 것이다. 내 삶을 돌아보니 과연 그러하다. 질서 정연한 삶이었지만, 결국 내 스스로 질서를 거부한 채 무질서를 끌어당겼고, 무질서한 삶으로 변해갔다.

다소 역설적이지만 반대로 무질서가 질서를 만든다고 한다. 우주의 빅뱅 이후 무질서한 상태에서 별과 은하가 형성되고, 생명체가 진화하는 과정은 모두 무질서 속에서 새로운 질서가 탄생하는 과정이라 할 수 있는데, 내 삶 또한 그러했다. 규율과 규칙적인 삶에서 방황과 일탈이 찾아왔고, 그 방황과 일탈이 내 삶의 Focal Point를 찾게 해 주었다.

사람은 누구나 방황할 수 있고 일탈에 빠지기도 한다. 아니 어쩌면 인간의 삶에는 일탈과 방황이 오히려 필요한 약일지도 모른다. 자유로운 삶, 일상을 벗어난 일탈을 통해 내 마음 속을 들여다보게 되고, 진정 원하는 것을 찾을 수 있기 때문이다. 만약 내 주변에 일탈하는 사람이 있다면 말리지 말지어다. 나쁜 것에 빠지지만 않는다면 오히려 일탈을 적극 권장하고 밀어주어야 한다. 그 자유로운 삶을 통해 새로운 사람으로 거듭날 수 있기 때문이다. 나아가 삶의 희망과 진정한 인생의 목적을 찾을 수도 있다. 내 젊은 시절 방황과 일탈이 없었다면 지금의 내가 그리고 QPS가 과연 존재했을까 싶다!

QPS에 입사하는 동료는 크게 두 부류가 있다. 컨설팅을 오랫동안 심사숙고한 끝에 평생을 컨설팅에 쏟고 싶어 입사하는 사람이 있는 반면, 호기심이나 커리어를 위해 한 번 경험해보자는 마음으로 입사하는 사람이 있다. 컨설팅에 진정으로 올인하고자 하는 동료들에 비해, 호기심이나 커리어를 위해 입사하는 동료들은 초기에 방황을 많이 한다. 불성실함을 보일 때도 있고, 업무에 올인하지 못하고 잡념이나 사적인 일에 몰두하는 경향도 있으며, 주변 동료들에게 퇴사하려는 마음을 피력하기도 한다. 업무적으로 보면 답답하기도 하고 손실이 발생하기도 하지만, 본인이 다른 마음을 먹지 않는 한, 그런 동료를 그저 기다려 준다.

"대표님, 그런데 저, 왜 안 자르세요?"

이런 말을 들은 적도 있을 정도로…. 나는 일탈 예찬론자다! 비록, 회사에 입사해서 일을 하고 있더라도 방황과 일탈은 얼마든지 있을 수 있다. 오히려 이를 통해 이 일이 정말 하고 싶은지 스스로에게 질문해 볼 수 있는 기회가 될 수 있기 때문에 일탈은 오히려 좋은 현상이다. 주어진 자유만큼 내가 어디에, 어떤 에너지를, 얼마나 쏟고 싶은지 스스로 고민하고 답을 찾을 수 있기 때문이다. 일탈과 방황을 통해 인생의 새로운 가능성을 발견하고 자아 정체성을 재확립할 수도 있다. 일탈은 내 안의 새로운 질서를 창조하고 기존의 틀을 벗어나는 성장의 기회를 만들기도 한다. 질서가 무질서를 부르듯, 무질서는 또 다른 질서를 만들기 때문이다.

나는 사람의 방황과 일탈은 개인과 사회 모두에게 새로운 가능성을 열어주고, 궁극에는 인생의 목적을 찾는 데 도움이 되는 고무적인 현상이라고 본다. 이를 통해 태어난 목적이나 인생의 큰 비전을 찾지 못하더라도 내가 진정 이 일을 원하는지, 정말 하고 싶은지, 또 그 이유를 찾으면 좋겠다. 나아가 인생을 통틀어 정말 이루고 싶은 것이 무엇인지 알아낸다면 더할 나위 없이 좋겠지만 거기까지 바라진 않는다.

그래도 QPS 생활을 통해 우리 동료들 모두가 인생의 목적과 삶의 의미를 찾길 바란다. 나이가 스무 살이든, 오십이 넘었든 인생의 목적은 반드시 찾아야 할 인생의 숙제이기 때문이다.

때로는 아무 생각 없이 마음껏 일탈의 세계로 빠져 보자. 내게도 뜻밖의 인생 선물이 찾아올지도 모르니까 말이다.

상상 대 의지 - 비전 보드

나는 술을 좋아한다. 물론, 혼자서는 거의 술을 마시지 않는데, 술보다는 사람들과 함께하는 술자리가 좋아서다. 거나하게 취하면 그동안 못했던 맘 속에만 담아 두었던 말도 하게 되고 오손도손 대화하며 서로를 나누고 정을 주고받는 술자리가 참 좋다. 나는 어떤 술이든 가리지 않는다. 내가 가장 좋아하는 술은 우리나라 전통주인 막걸리다. 막걸리 도수는 6도 내외로 맛이 부드럽고, 배가 불러 많이 마시기 어려워 적당히 취할 만큼만 마시게 되어 좋다.

동료들과 막걸리 한잔 중

예전에는 막걸리에 화학 첨가물을 많이 넣었기 때문에 막걸리를 마시고 취하면 뒤끝이 좋지 않다고 했지만, 요즘은 효모를 그대로 발효한 생막걸리가 나오면서 오히려 몸에도 좋다고 한다. 생막걸리에는 요구르트보다 100배 이상 많은 유산균이 들어서 장 건강에 좋으며, 다른 술에 비해 칼로리가 낮아 살이 찔 염려도 적다. 막걸리에는 글루타치온이 함유되어 있어 피부 미용에 좋으며, 비타민 B, 식이섬유, 미네랄 등 다양한 영양소가 함유

되어 있어서 면역력 증강에도 도움이 된다고 한다.

탁주를 걸러낸 윗 부분만을 마시는 동동주와 다르게 막걸리는 흔들어서 먹어야 가라앉은 쌀 침전물까지 함께 먹을 수 있고, 이것이 맛을 좌우한다. 뿐만 아니라, 이 쌀 침전물 속에는 '스쿠알렌', '파네졸'이라는 항암 물질이 들어 있어 건강에도 좋다고 하니 반드시 흔들어 마셔야 한다. 하지만 문제는 뚜껑을 따는 순간이다. 요즘 막걸리에는 탄산이 일부 들어 있기도 하고, 발효된 효모로 인해 뚜껑을 딸 때 거품이 넘쳐 나

노래방에서 동료들과 함께

온다. 막걸리 병을 세차게 흔든 다음, 거품이 덜 나오게 하려고 뚜껑을 따기 전에, 중지로 구슬을 치듯 막걸리 병을 세게 때리기도 하고 엄지손가락으로 병의 아래 부분을 힘껏 누르기도 한다. 그러면 거품이 덜 나오기 때문이다. 막걸리 병을 시계 방향으로 한참 돌린 후 따면 되기도 해서 이 방법으로 따기도 했다. 이런 방법이든 저런 방법이든 맛있는 막걸리를 먹기 위해서는 애를 많이 써야 하는데, 병 뚜껑을 따기 전에 힘을 많이 줘야 하고 이리저리 막걸리가 튀어서 옷을 버리기도 한다.

그런데 최근에서야 알게 된 사실은, 막걸리를 딸 때 아무리 세게 흔들더라도 병을 45도로 기울인 채 따면 넘치지 않는다는 것이다. 설마 하는 생각으로 시도해 보았더니 진짜로 그랬다. 예전에 그렇게 힘주면서 뚜껑을 열었는데 이렇게 쉽게 되다니, 너무 신기해서 과학적인 원리를 찾아보았다. 병을 45도로 기울이면 막걸리의 표면적이 넓어지고 기포들이 상승할 수 있는 공간이 더 많아져서 기포들이 한꺼번에 표면으로 몰려나오지 않고 천천히 분산되어 나오게 된다는 것이다.

또한 기포 간의 충돌은 기포가 더 크게 성장하고 합쳐지는 것을 촉진하

는데, 병을 기울여서 따면 기포들이 병의 벽면을 따라 이동하면서 다른 기포들과 충돌할 가능성이 줄어든다. 따라서 기포의 크기가 작게 유지되고 거품이 덜 발생하게 된다고 한다. 또 한 가지, 급격한 압력 변화는 기포의 팽창을 촉진시키지만 병을 기울여 따면 뚜껑을 열 때 발생하는 압력 변화가 상대적으로 완만해져 기포의 팽창 속도를 늦춰 거품 발생을 줄인다는 것이다. 결론적으로, 막걸리 병을 45도로 기울이면 흔든 막걸리 속에 갇힌 이산화탄소 기포들의 상승 속도를 조절하고 기포의 크기를 줄이며 압력 변화를 완화시켜서 거품이 넘치지 않게 된다.

기포 발생의 원리를 이해했다면 아주 간단하게 해결할 수 있는 문제인데 그동안은 별 생각 없이 구전되는 방법, 힘으로만 땄다. 개념이나 원리를 알면 쉽게 풀리는 일인데도, 모르니

그저 힘을 주고 열심히 하게 된다. 힘을 준다고 해서 문제가 풀리거나 성과가 나는 것도 아닌데 말이다. 대부분의 자기 계발서나 성공한 사람들의 자서전을 보면 남들보다 두 배, 세 배는 열심히 노력하라고 주문한다. 충만한 의지로 그저 열심히 살기만 하면 되는 걸까? 이렇게만 하면 누구나 성공하고 원하는 것을 얻을 수 있을까?

경영 컨설팅에서 기업 이슈를 해결할 때 Key-lever라는 방법을 활용한다. Key-lever는 경영 컨설팅에서 특정 문제를 해결하기 위해 가장 중요한 요소 또는 변수를 찾아 집중적으로 개선하는 것을 말한다. 마치 레버를 지렛대 삼아 최소한의 노력으로 최대한의 효과를 내는 것과 같이 성과에 가장 큰 영향을 미치는 핵심 요소를 파악하고 이를 개선함으로써 문제를 해결하고 목표를 달성하는 원리다. 복잡한 문제를 풀기 위해서는 파악된 핵심 요소들 간의 인과 관계를 분석하여 문제 해결에 가장 직접적인 영향을 미치는 요소를 선정하고, 그 핵심 Leverage를 중심으로 개선해 나가야 한다. 막걸리 뚜껑을 따야 하는 원리와 같은 맥락이다. 핵심을 파악해야 힘들이지 않고 문제를 해결할 수 있다.

뭘 하든 무조건 열심히만 하지 말고 원리를 알고 접근해야 한다. 문제를 해결하거나 일을 할 때는 먼저 개념과 원리를 파악하고 핵심 Leverage를 찾아야 한다. 뚜껑을 반드시 따겠다는 의지와 힘만으로 되는 것이 아니다. 원리를 이해하면 힘을 빼도 쉽게 뚜껑을 딸 수 있다. 우리의 의식도 마찬가지다.

원하는 일을 힘들이지 않고 수월하게 이루게 만드는 원리가 있다. 바로 상상의 힘을 활용하는 것이다. 구체적으로 상상하고 이미 이루어졌다는 감정이 솟아날 때 그 기억은 우리 무의식에 기록된다. "나는 반드시 거품이 넘치지 않게 뚜껑을 따야 해!"라고 의지를 가진다고 되는 것이 아니다. "거품이 나지 않도록 뚜껑을 열었다!"와 같이 의지보다는 상상의 힘을 활용해야 한다.

우리에게는 현실적인 의식과 잠재된 생각이자 무한한 힘의 근원이기도 한 무의식이 있다. 의식보다는 무의식을 활용해야 내가 원하는 것을 쉽게 얻을 수 있다. 무의식에 우리가 원하는 것을 새기는 것이 중요한데, 무언가를 열심히 해내겠다는 의지를 가진다고 해서 무의식에 기록되는 것은 아니다. 상상과 감정이 무의식에 기록을 남긴다. 무의식은 양자 물리학이 증명하고자 하는 가설이며 이 세상의 모든 정보와 지혜를 담고 있는 광양자의 세계, 제로 포인트 필드와 연결되어 있다. 우리가 무언가를 쉽게 이루려면 이 제로 포인트 필드에 접속하면 된다. 상상과 감정은 무의식에 기억을 각인시키고 이렇게 기록된 기억은 제로 포인트 필드와 연결되어 우리가 끌어

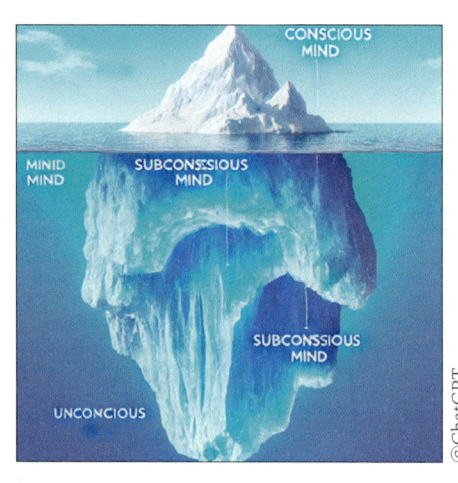

당기는 일들이 순조롭게 이루어지도록 만든다. 의지는 의식이며, 상상은 무의식이기 때문이다.

물론 단순히 노력하다 보면 문제가 해결되는 경우도 있고 그렇게 해서 성공할 수도 있다. 뭔가에 몰두해서 열심히 하다 보면 성취되기도 한다. 그것은 아마도 부정적인 걱정이나 염려, 의심, 두려움 대신 목표에만 집중한 결과일 것이다. 정작 의지를 가지고 열심히 해서가 아니라 부정적인 상상보다는 긍정적인 상상에 집중했기 때문이다.

우리는 일반적으로 뭔가 큰 목표를 세우기도 전에 두려움부터 밀려오고 스스로가 한계를 정해 놓고 의심부터 하기 쉽다. 그러면 당연히 일어날 일도 일어나지 않는다. 무언가를 이루겠다는 의지를 가지지 말고 여유를 가지고 상상부터 해야 한다. 구체적으로 상상할 때, 그것이 이루어졌다는 기분 좋은 감정을 느낄 때, 무의식에 기록되어 실제로도 그 일이 일어난다. 반대로 염려하는 일을 무의식에 새기면 그 또한 반드시 일어나기 마련이다.

힘을 주어 열심히 하고 의지를 가지기보다는 몸에 힘을 빼고 순리대로 행하되 상상부터 하자. 백 번 의지를 가지고 힘준다고 이룰 수 있는 게 아

❀ QPS 비전 보드

니다. 무의식이 의식을 이기고 상상이 의지를 이긴다. 의지를 가지고 열심히 하는 것과 상상하는 것은 정반대이며 힘준다고 되는 게 아니란 말이다. 한 치의 의심도 없이 상상의 힘을 활용하면 어떤 일이든 수월하게 이룰 수 있다. QPS는 이러한 상상의 힘을 활용한 'QPS 비전 보드'를 만들었다. 워크숍을 통해 우리가 함께 이루고자 하는 것들을 정하고 우선순위가 높은 우리들만의 꿈 14가지를 정했다.

선정된 꿈에 적합한 멋진 이미지를 찾고 모아서 비전 보드를 만들어 벽에 걸어 두었다. 이 비전 보드는 다 같이 노력해서 이루자는 의지가 아니라 미래에 대한 우리의 상상이다. 이미지를 보다 보면 자연스럽게 무의식에 새겨지고 우리는 결국 그 상상을 닮아간다. 비전 보드를 만든 지 벌써 4년이 되어가는데, 이미 우리가 만든 꿈인 비전 보드 내용들이 하나씩 이루어지고 있다. 다시 한번 QPS 동료들이 모두 모여서 업데이트해야겠다. Great QPS를 만들기 위해 오늘도 힘을 빼고 멋진 상상의 세계로 빠져 보자.

자 유

상상의 힘 1 – 상상의 나래

대학 시절, 건설 현장에서 막노동을 하던 중 아주 인상 깊었던 장면이 하나 있다. 대기업 건설사 막노동 현장 옆에는 가건물이 있었고, 그 가건물의 창문이 열려 있었다. 나는 좀 높은 곳에서 그 가건물의 회의실을 바라보고 있었다. 부장이나 임원으로 보이는 사람이 가운데 앉아 있고 회의 테이블 양쪽으로 팀원 4명이 함께 앉아 회의를 했다. 가운데 앉은 그 리더는 타이를 매진 않았지만, 단정한 차림으로 흰색 와이셔

츠를 입고 있었다. 팀원들과 토의하며 회의를 주재하고 뭔가를 지시하는 모습을 보면서 참 멋있다는 생각을 했다.

'나도 먼 훗날 저런 리더가 되어야지!'

한참 시멘트 포대를 들고 나르던 중이었지만, 머릿속은 온통 상상의 나래를 펼쳤다. 아직도 또렷하게, 아주 생생하게 기억이 나는 장면이 또 하나 있다. 대학 시절, 책 속 세상에 빠져 정해진 길을 벗어난 가슴 뛰는 미래를 꿈꾸던 시절, 내가 되고 싶은 모습이 어렴풋이 그려지며 마음 한구석이

쿵쾅거렸다.

　나는 장기간의 장교로서의 의무 복무를 마치고 어느 기업의 리더가 되어 있었다. 멋지게 양복을 입고 구성원들과 함께 열정과 진심으로 일했다. 구성원들과 함께 토의하며 문제를 해결하고, 솔선수범하여 변화에 앞장서 혁신을 이뤄가는 모습, 모든 구성원으로부터 존경받는 훌륭한 리더의 모습이었다. 비록 상상의 나래였지만, 그 설렘을 아직도 잊을 수가 없다.

　전역을 3년여 앞두고, 서울의 모 교육 센터에서 교육을 받고 집으로 돌아 가던 날, 우연히 잡지에서 보게 된 검정색과 금색 톤이 섞인 몽블랑 볼펜과 커프스 링크 세트 광고 사진을 보게 되었다. 뭔지 모를 전율을 느꼈다. '나도 멋지게 정장을 차려입고 몽블랑 볼펜과 커프스 링크를 차는 컨설턴트가 되어야지!' 하는 상상의 나래를 펼치며 돌아가는 내내 가슴 뛰었던 기억이 난다. 그 잡지 사진은 가위로 오려 당시 내가 들고 다니던 프랭클린 플래너에 바인딩해서 꽂아 두었고, 틈 날 때마다 펼쳐

장교 시절, 미래 상상을 하며 플래너에 꽂아 두었던 몽블랑 제품 사진

봤다. 당시엔 몽블랑 브랜드에 대해서도 잘 몰랐고 또 가격이 얼마인지조차 몰랐지만(5년여가 지나서야 가격을 알고 깜짝 놀랐다.), 내 미래 모습을 상상할 수 있는 기폭제 같다는 생각이 들어서 보고 또 보며 나만의 상상의 세계로 빠져들곤 했다.

　컨설팅 5년 차가 되었을 때, 반드시 사업을 하겠다는 오랜 다짐을 구체화하기 시작하면서부터는 수많은 상상의 나래가 다 펼쳐졌다. 회사의 상

징물은 무엇으로 할지, 회사의 이름은 뭘로 할지, 회사의 CI는 어떻게 디자인할지부터 무슨 사업을 할 것이며, 어떤 회사를 만들어 갈지, 조직문화는 어떤 모습으로 만들어 갈지까지 매일매일이 기분 좋은 상상의 연속이었다.

'회사를 만들면 매년 해외 아웃팅을 갈 거야!'
'회사를 만들면 가족처럼 따뜻한 회사로 만들어 가야지!'
'남들이 부러워할 만한 회사를 만들자!'

QPS 겨울 아웃팅, 체코 프라하성 앞

지방을 다니며 컨설팅 업무로 바쁜 나날의 연속이었지만, 상상의 나래를 펼치는 그 자체만으로도 너무 행복하고 기분이 좋았다.

컨설팅 10년 차가 되던 해에 창업을 해야겠다는 생각으로 다니던 회사를 그만두려 했지만, 우여곡절 끝에 3년 정도를 더 다녔다. 그 3년간 창업에 대한 상상을 단 한순간도 놓지 않았다. 본격적으로 창업을 결정하고 퇴사를 결심했을 때는 이런 상상들로 가득했다.

'회사명은 뭘로 할까?'

'교육과 컨설팅의 결합을 통한 가성비 컨설팅이 가능할까?'

'교육을 결합한 컨설팅 방법론의 네이밍은 어떻게 하지? 컨설트레이닝(Consultraining), 에듀설팅(Edu-sulting), 컨설케이션(Consulcation),

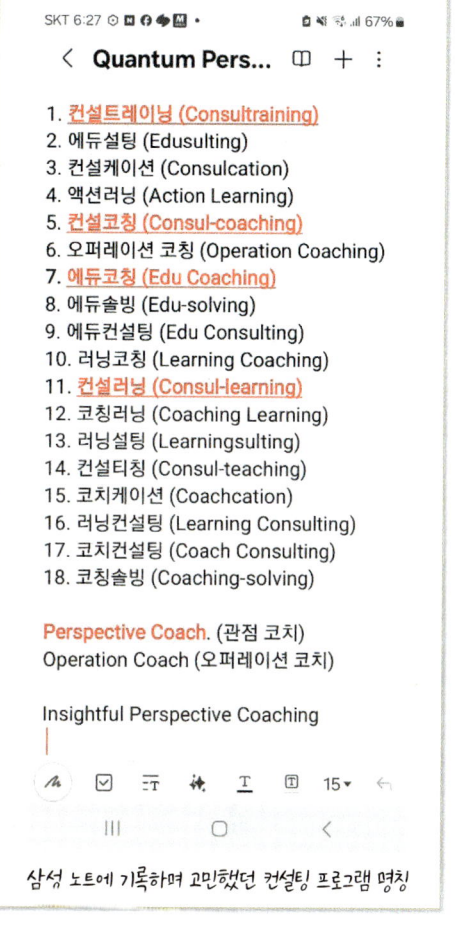

컨설코칭(Consul-coaching), 컨설러닝(Consul-learning), 뭐가 좋을까?'

'컨설팅 가격은 얼마로 책정해야 합리적일까?'

'세일즈는 어떤 방식으로 해야 하나?'

이때는 마음이 급해서였는지, 상상이 거의 전투 모드였다. 혼자만의 기분 좋은 브레인스토밍으로 머릿속이 그야말로 폭풍처럼 휘몰아쳤으니까 말이다.

비록 1인 기업가였지만, 창업을 하고 첫 홈페이지를 만들었을 때 멋진 회사, 많은 기업과 사람을 살리는 회사, 위대한 회사를 만들어 가야겠다는 상상에 빠져 기분이 붕 떴던 기억이 떠오른다. 동료들이 하나둘 합류한 후 제대로 된 두 번째 홈페이지를 개설했을 때의 감동은 아직도 생생하다. 밤이 새도록 잠이 오지 않아 밤새 미래 QPS의 모습을 그리며 상상의 나래를 펼쳤다.

'우리 동료들이 오래도록 함께하고 싶은 회사로 만들자!'

QPS 오피스 QPS 기 옆에서

'남들이 부러워하는 멋진 QPS를 만들 거야!'

'위대하고 영감을 주는 회사를 만들자!'

머릿속이 100%, QPS 미래 모습으로만 꽉 찼던 순간이다. 다른 잡념은 들어올 틈이 없을 정도로 멋진 미래를 상상하고 또 상상했다.

동료들이 늘어나며 사업이 성장 궤도에 올랐을 땐 우리 동료들의 성장과 미래 모습에 대해 상상했다.

'우리 파트너들은 언제, 어떤 과정과 직책으로 실질적인 리더 역할을 맡겨야 할까?'

'우리 동료들이 성장하기 위해서 어떤 시스템을 갖춰 나가야 할까?'

모 수석은 언제쯤이면 파트너 역량을 갖출 수 있을까?'

'조직의 전략 변화에 발맞춘 역할 변화는 어떤 식으로 만들어 갈 것인가?'

나 스스로에게 끊임없이 질문했고 구체적인 답변 또한 상상했다.

'이건 이렇게 해 보고, 저건 저렇게 해 보고, 그건 그렇게 하면 되겠다!'

비록 내 머릿속에서 펼쳐진 상상의 나래였지만, 실행했을 때의 여러 변수와 리스크도 모두 감당할 수 있다는 디테일한 설계도가 뇌리에 그려지면 이미 이뤄졌다고 믿어 버렸다.

베트남에서 모 기업의 수익성 개선 프로젝트를 진행하면서 하노이와 베트남 지방 지역을 이동하던 차 안에서는 QPS 해외 법인을 상상했다. 베트남, 인도네시아, 인도, 중국 중 어디를 먼저 진출해야 할까? 베트남에 방문할 때면 주말에 일부러 주변 국가로 투어를 다녔다. 인도네시아, 캄보디아, 라오스, 인도, 싱가포르, 말레이시아 등 여러 나라를 둘

QPS 베트남 법인, QPS VINA 창립 기념 행사

러보며 QPS 해외 법인에 대한 상상의 나래를 펼쳤다. 어디가 적당할까? 각 나라마다 글로벌 컨설팅 펌의 간판이 보이면 사진을 찍으며 우리도 저런 간판을 달아야지 각오를 다지며 상상하고 끌어당겼다. 베트남 법인은 당장이라도 설립할 수 있지 않을까? 어디에 법인을 설립할까? 상상만으로도 마음이 벅차오르고 웅장해졌다.

QPS가 한 회사로 성장하는 것은 여러 면에서 발전이 없을 것이라는 생각에 이르렀을 땐 QPS 계열에 대한 상상을 시작했다. QPS 사업과 관련된 다각화를 위해 어떤 회사를 설립할 것인가, QPS의 미래 모습은 어떤 형태여야 할까, QPS가 성장하면 나는 어떤 모습과 역할이어야 할까, QPS라는 브랜드는 어떤 이미지로 자리매김해야 할까, QPS는 어느 정도 조직/매출 규모를 갖춰야 할까, QPS 그룹이 나을까, QPS Alliance가 맞나? QPS 집단? QPS 정서에 가장 부합한 네이밍은 무엇일까? 이런저런 온갖 상상의 나래를 펼치며 생각을 점차 확장해 나갔고, 노트 패드에 대략적인 스케치를 해 보았다.

오랜 기간 사업에 대한 꿈을 꾸었다. 원래, 가장 먼저 하고 싶었던 분야는 교육 사업이었다. QPS 사업 초기, 컨설팅과 교육을 결합한 COE

(Coaching for Operational Excellence) 방식의 컨설팅을 만들어서 시작했던 것도 그 때문이다. 교육 및 코칭 사업은 오래전부터 꿈꿔왔다. QPS 설립 초기에는 QPS 내에 교육 센터부터 만들자고 상상했다.

'QPS 교육 센터를 설립하자. 목표 시점은 2022년경이다. QPS 내부 교육과 외부 교육을 진행하며, 동료들의 멘토링도 해보자.'

이러한 상상들이 점점 구체화되고 진화하면서 '양자 관점을 개념화하여 교육하는 회사를 만들자', '어려운 뇌신경학, 뇌과학, 분자생물학, 심리학 등의 용어나 개념을 컨설팅 차트처럼 비주얼하게 만들자', '사람들이 어려워하는 개념을 비주얼하고 쉽게 이해할 수 있도록 직관화해서 교육하자.', '세계인을 대상으로 초자아 및 잠재력 개발을 돕는 조직을 육성하자.'라는 방향으로 점점 바뀌어 갔다.

'Great QPS Allaince – 행복한 4조 원 회사를 만들기 위해 무엇부터 갖춰 나가야 할까?'

'QPS, QPS VINA(베트남 법인), QPS Advisory(M&A 자문사), QPS Brain(교육/코칭 회사) 외에 또 어떤 회사를 만들어야 할까?'

❀ QPS Alliance 각 CI

QPS Partners(경영 컨설팅 회사)는 언제 독립시킬 것인가?, QPS 브랜딩을 위해 당장 무엇을 해야 하나, Great QPS를 만들기 위해서 갖춰야 할 체계는 무엇인가?

나는 언제나 상상의 세계에 빠져 산다. 내 머릿속은 온통 QPS의 미래로 가득하다. 걱정이나 불안, 염려를 떠올릴 겨를이 없다. QPS의 밝은 미래와 비전을 이뤄가는 상상만으로도 머리가 터질 지경이니까.

나는 학벌도, 재산도, 배경도 사실 아무것도 제대로 갖추지 못한 사람이었다. 나를 처음 보는 사람들은 대부분 내가 귀한 집안 자식이고 금수저일 것이라 생각하지만, 나는 아주 평범한 가정에서 태어났고, 심지어는 아무것도 없던 사람이었다. 애초부터 부모로부터 물려받을 돈도 없었고, 결혼할 때는 400만 원이 전 재산이었으며, 그것마저도 차 구입에 따른 400만 원 채무가 있었으니 실질적인 재산은 0원이었다. 그렇게 무일푼인 직업 군인이던 나와 기꺼이 결혼해 준 아내에게 감사할 따름이다. 그러나 20대 초반부터 시작된 나의 상상의 나래는 그 상상을 대부분 현실로 만들어 놓았다. 내가 유일하게 지니고 있었던 세 가지의 자산이 만들어 준 선물이라 생각된다. 구체적인 상상력과 강력한 의도(믿음) 그리고 고집스럽게 이루어 내고자 했던 실행력이 그것이다.

이 세 가지가 지금의 나를 만들었고, 현재의 QPS Alliance를 만들었다.

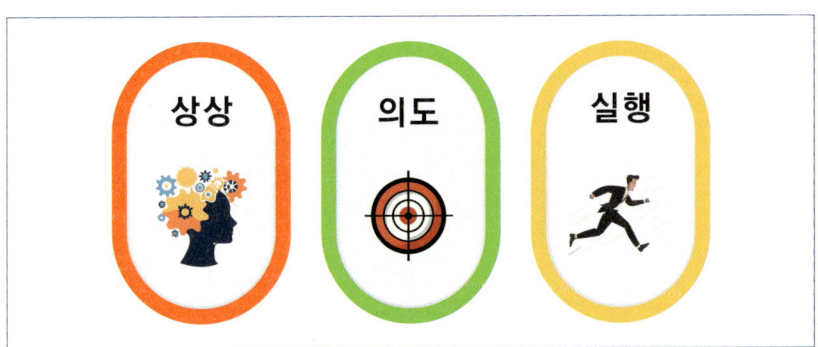

✧ 목표를 이루는 세 가지 방법

앞으로도 이 세 가지가 나와 우리 동료들, 그리고 QPS Alliance의 미래를 만들어 갈 것이다. 우리는 눈에 보이는 것만 믿으려는 경향이 강하다. 과학의 발전 탓일까, 과학이 실제 증명해 놓은 것은 10%도 안 되는데도, 우리는 눈에 보이지 않으면 믿지 않는다. 덕분에 상상력이 제한될 수밖에 없다.

하지만 실제 눈에 보이지 않는 세상에서 엄청난 기적과 같은 일들이 일어나고 있다는 사실을 알고 있는가? 인생은 상상력의 싸움이다. 상상력의 크기가 곧 인생의 크기다. 모든 인생 스토리는 상상의 씨앗에서 발현된다. 현재의 내 모습은 5년, 10년 전에 내가 상상했던 모습, 딱 그대로인 것이다. 앞으로 5년, 10년 후의 내 모습은 현재 내가 상상하고 있는 딱 그대로가 될 것이다. 내가 상상하지 못하는 것은 결코 이룰 수 없다. 구체적으로 상상해야 실질적으로 목표한 것을 끌어당길 수 있다.

"지금도 나는 조금 더 거칠고 과감하게 행동하며, 더 많은 위험을 감수하고, 더 많이 상상하지 못한 것을 아쉽게 생각한다."

피터 드러커와 톰 피터스 등 세계를 움직이는 50인의 사상가에 올라 있는 아일랜드 출신의 작가이자 철학자, 찰스 핸디의 저서 《삶이 던지는 질문은 언제나 같다》에 나오는 말이다.

상상의 힘 2 – 상상 근력 강화 운동 세 가지

나에게 아직 일어나지 않은 일이라도 뇌 신경망을 만들어야 한다. 뇌의 특성 중 하나는 상상과 현실을 구분하지 못한다는 것이다. 일어나지 않은 일이라도 그냥 상상하면 뇌 속의 신경망이 형성되고 마치 그 일이 일어난 듯한 진동과 파동이 생성된다. 단지 아령을 들고 운동하는 상상만으로도 뇌 부위가 활성화되면서 실제로 팔 근육이 형성되는 실험은 이미 여러 차례 입증된 바 있다. 뇌가 상상할 때 발화되는 신경 세포의 입자와 파동이 상상
하는 대상인 신체 세포의 입자 및 파동과 상호작용한 것이다. 레몬 즙을 먹지 않고 단순히 먹는 상상만 해도 군침이 도는 것과 같은 원리다.

디팩 초프라, 미나스 카파토스의 공저인 《당신이 우주다》라는 책에서 말한다.

> "모든 생각에는 신경 세포의 발화가 동반된다. 마음과 물질이 서로 매우 다르다고 여기지만, 실제로 마음과 물질은 같은 것의 다른 상태다. 물질은 의식에서 파생되었다. 마음이 물질을 지배한다. 의식이 양자 세계를 변화시킨다. 이 세계는 우리의 의식에 따라 그 현실이 달라지는 상대적 세계다."

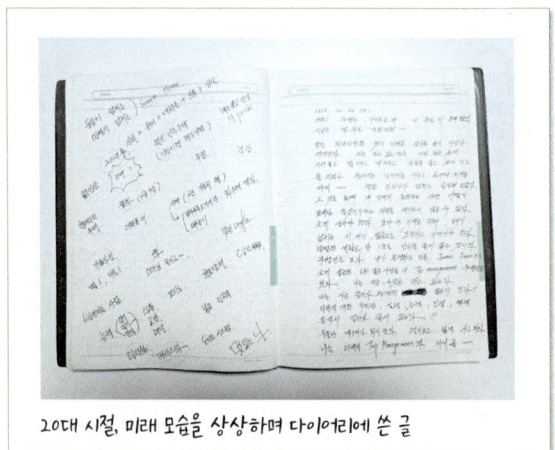
20대 시절, 미래 모습을 상상하며 다이어리에 쓴 글

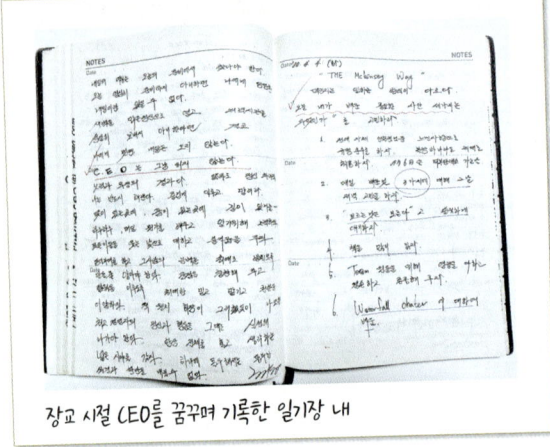
장교 시절 CEO를 꿈꾸며 기록한 일기장 내

상상 속의 뇌 입자와 물질 세계의 실체적 입자가 다르지 않다는 것이다. 생각이나 상상도 파동이면서, 동시에 입자인 에너지다. 상상을 통해 뇌 세포의 파동과 입자를 불러 일으키면 결국 물질적 실체인 입자도 파동으로 진동하고 존재한다. 과거의 내 생각이 현실에 반영된 것이 현재 내 삶의 모습이고, 현재의 생각과 상상이 곧 나의 미래가 되는 것이다.

인생의 크기는 상상력의 크기만큼 이뤄진다고 가정한다면 상상을 잘하는 것이 결국 내가 원하는 삶을 살 수 있는 방법이므로 우리는 꾸준히 상상 근력을 단련해야 한다. 특정 신체 부위 근력을 단련하기 위해서는 그 부위를 단련시킬 특정 운동을 해야 하듯이 상상력 또한 근력과 같아서 운동이 필요하다. 상상력을 키울 수 있는 특정 운동을 지속적으로 해줘야 상상 근력이 강화되고 좋아진다. 뇌 신경은 가소성을 지니고 있어 아무리 나이를 먹더라도 자주 쓰는 뇌 부위는 끊임없이 강화되고 확장되어 강한 활성화 상태를 유지하게 된다. 이제부터라도 상상 근력을 다지기 위한 세 가지 훈련을 꾸준히 실천해보자. 내가 지난 30여 년 동안 실천해 왔던 상상력 강화법이기도 하다.

첫째, 항상 새로운 것을 접하고, 배우며 체험해야 한다. 다른 말로 하면 관점을 넓혀야 한다. 내가 아는 것, 체험하고 경험한 것이 많아야 상상력도 좋아진다. 다양한 책을 읽거나 일기와 글쓰기를 통해 자신만의 이야기를 창작해 보자. 또는 예술 작품을 감상하며 창의적인 영감을 얻는 것도 좋은 방법이다. 대자연을 탐방하며 감탄사가 절로 나오는 멋진 풍경을 감상하는 것 또한 새로운 관점을 취하는 방법이다.

사무실에서 명상 중

다양한 분야의 사람들을 만나고, 새로운 환경이나 다양한 삶의 현장을 접하기 위해 세계 여행을 떠나고, 한 번도 해보지 않은 새로운 것에 도전해 보는 것도 상상 근력 강화에 도움이 된다. 명상을 하거나 멍 때리기도 좋고, 호기심을 가지고 끊임없이 질문하며 면밀하게 관찰하는 것도 좋다. 결국 이러한 새로운 지식과 정보 그리고 직접 경험이 내가 가진 관점의 스펙트럼을 넓혀 준다. 관점이 넓어지면 상상력은 더욱 구체화되고 커질 수밖에 없다.

내가 끊임없이 새롭고 다양한 책을 읽고 매년 10여 차례 이상 전 세계로 여행을 다니며 다양한 사람을 만나기 위해 노력하는 이유도 관점을 넓히기 위함인데, 관점이 넓어야 구체적인 상상을 할 수 있기 때문이다. 최근 노벨 문학상을 수상한 한강 작가의 책을 읽어 보면 두 가지 특징적인 부분이 있음을 알 수 있다. 첫 번째는 여러 화자의 관점에서 글을 풀어 나간다는 것이다. 주인공 입장에서, 제삼자 입장에서, 주변 인물 입장에서 등 여러 화자의 관점을 대입해서 상황을 해석하고 바라보게 한다. 두 번째는 매우 세밀한 상황 묘사다. 작가 스스로 실제로 경험하지도 않았을 상황일 텐데 매우 세밀하게 그 상황과 장면 하나하나 그리고 심리 상태까지 묘사한다. 어떻게 이런 다양한 관점으로 바라보며 세부적인 상상을 할 수 있을까 싶지만, 생각해 보면 결국 작가가 그동안 읽었던 책과 경험이 관점을 넓혀 주었을 것이고, 책에서 읽은 그 수많은 간접 경험 패턴들이 쌓여서 다각도의 관점으로 해석하고 세밀한 묘사를 하게 된 것이 아닐까 유추해 볼 수 있다. 결국 작가의 관점만큼이나 넓고 깊어진 상상력이 글을 구현해 냈다고 할 수 있겠다.

세부적으로 상황을 인식하고 구체적으로 상상하면 어떤 문제든 잘 풀어낼 수 있다. 만약 내가 배가 아픈 상황이라고 가정해 보자. 만약 내가 대장의 위치나 생김새 또는 모양을 상상하며 대장에서 어떤 일이 일어나고 있는지 구체적으로 상상할 수 있다면 그저 대장 속을 바라보고 관찰하는 상상만으로도 쉽게 배 아픔을 가라 앉힐 수 있다.

김상운 저자의 《왓칭, 신이 부리는 요술》이라는 책에 소개되어서 나도 자주 쓰는 방법인데, 놀라울 정도로 금방 자연스럽게 편안해진다. 배 아픔 뿐 아니라 대부분의 통증에도 적용할 수 있다. 나는 내 몸 구석구석을 구체적으로 인지하고 관찰하기 위해서 인체 해부도까지 구입해 장의 위치와 모양이며 장에 관한 모든 것을 연구했다. 같은 원리로 모든 문제 상황은 그 문제를 구체적으로 바라보고 관찰하고 상상하는 것만으로도 해결의 실마리를 잡을 수 있다. 내가 바라보고 인식하고 상상하는 것만으로도 엄청난 에너지 장이 형성되어 내 주변을 감싸고, 그 에너지 장이 널리 퍼져서 내가 인식하는 대상에 전달되어 복잡하게 꼬인 문제의 실타래를 아주 쉽게 풀어낼 수 있는 아이디어를 끌어온다. 양자 물리학의 제로 포인트 필드 가설에서 주장하듯 온 우주의 지식과 정보들이 집합되어 있는 제로 포인트 필드, 즉 광양자 우주 장에 연결되어 해답을 끌어오는 것이다.

지식과 정보를 습득하고 인식의 지평을 확장하기 위한 독서, 여행, 체험, 다양한 사람들과의 대화를 위해 노력해야 한다. 구체적인 상황 인식과 상상력 증폭이 가능토록 하기 위해서다. 우주를 공부한 사람 또는 우주에 직접 가 본 사람이 상상하고 인식하는 상상의 범위는 전혀 그러지 못한 사람 대비 천 배, 만 배까지도 증폭될 수 있다. 인식의 한계, 상상의 한계는 곧 관점의 한계다. 인식의 지평이 넓어지면 넓어질수록 우리의 상상력은 비례하여 커질 수밖에 없다.

무엇보다 체험이나 경험이 가장 강하고 오래된 기억을 만들어 뇌 세포를 활성화시킨다. 매사에 새로운 것을 경험하기 위해 노력해야 한다. 내가 QPS 동료들에게 항상 강조하는 것이 있다.

"매주 새로운 곳을 가 보고, 매주 새로운 사람을 만나고, 매주 새로운 음식을 먹어 보세요."

우리 미래에 일어나길 바라는 일을 구체화하고, 쉽게 상황을 묘사하고, 구체적으로 상상하기 위해서는 새로운 것을 많이 접하고, 많이 보고, 많이 읽고, 많이 알고, 많이 듣고, 많은 지식을 흡수해야 한다. 관점이 넓어야 상상력도 커진다. 그러니 상상 근력 강화를 위해서, 어떻게 하면 매주 새로운 것을 접하고, 배우고, 체험할 수 있을지를 고민하고 실천해 보자.

상상 근력 강화를 위한 두 번째 방법은 시나리오 플래닝이다. Visualization이라고도 할 수 있는데 내가 가장 많이 사용하는 방법이다. 이제는 거의 습관화되어서 매사에 모든 일과 행동을 함에 있어서 사전에 시나리오 플래닝하게 된다. 시나리오 플래닝이란 무슨 일을 하든 사전에 다각도로 시나리오를 짜보는 것을 말한다. 어떤 일을 하든 처음 시작 단계부터 끝 단계에서 일어날 일들을 미리 그려 보는 것이다. 각 과정에서 일어날 일들을 상상해 보고, 예상되는 돌발 변수를 감안하여 일을 예단해 보는 것이다. 예를 하나 들어 보자.

내일 잠재 고객을 첫 대면하는 점심 약속을 가정해 보면 가장 먼저 전반적인 식사 과정의 그림을 그린다. 몇 시에 만나서 무엇을 먹고 시작 시에는 어떤 대화를 할 것이며, 일 이야기는 어느 타이밍에 꺼내고 마무리 인사는 어떻게 하며, 헤어질 때 어떤 감정으로 헤어질 것인가에 대한 큰 윤곽을 시각적으로 그려 본다. 그다음 더 세부적인 시각화로 들어가서 대화 과정에서 있을 관심사나 Pain Point를 읽어내기 위한 질문을 고민한다.

어떤 질문으로 고객의 생각을 이끌어 낼 것이며, 고객의 고민거리를 알아내기 위해 어떤 질문을 던질지 미리 시각화하며 연습해 본다. 이때는 내가 질문을 던졌을 때 예상되는 고객의 반응과 내가 해야 할 대응까지도 시각적으로 예상한다. 그런 다음에는 돌발 변수를 하나씩 대입해 본다. 내가 늦을 수도 있고, 고객이 늦을 수도 있는데, 늦을 땐 어떤 반응을 할 것인지, 고객이 식사 메뉴가 맘에 들지 않을 경우 어떻게 대처할 것인지, 대화 중에 실리적인 이야기를 꺼낼 타이밍을 놓친다면 어떻게 할 것인지, 고객이 시니컬하고 부정적이면 어떻게 대응할 것인지를 시각화해 본다. 오늘 식사에서 있을 최대 리스크는 무엇이고, 그럴 경우 내가 잃은 것은 무엇인지 미리 계산해 보기 위해서다.

시나리오 플래닝을 할 때는 다양한 시나리오로 상황을 그려 본다. 이런 상황일 때 고객이 이런 반응을 보일 수 있고, 저런 상황일 때 저런 반응을 보일 수 있는데, 그럴 때 나는 어떻게 대응하는 것이 리스크를 최소화할 수 있는 것인가에 대해 사전에 구상해 본다. 시나리오상 변수나 리스크도 미리 따져 보는데, 어떤 돌발 상황이 생겨도 내가 감당할 만하다고 판단이 서면 뒤도 안 돌아보고 내가 생각했던 바를 강력하게 실행한다. 하지만 그렇게 마음먹기 전까지는 여러 상황을 그려 보고 충분히 고민한다. 물론, 리스크가 있더라도 실행하기로 결정했다면, 되돌릴 수 없는 결과가 나오더라도 과감하게 밀고 나간다.

Imagination과 Visualization은 비슷한 개념이지만 차이가 있다. 상상력인 Imagination은 현실에 없는 것들을 창조하거나 새로운 아이디어를 떠올리는 능력을 말한다. 보다 추상적이고 자유로운 사고 과정이라 할 수 있다. 반면 Visualization은 '시각화'라는 뜻으로 특정한 이미지를 마음에 그리거나 실제로 어떤 것을 시각적으로 표현하는 과정을 말한다. 주로 구체적이고 명확한 형상을 떠올리는 데 초점을 맞춘다. 시나리오 플래닝은 Visualization, 즉 시각화다. 어떤 행동을 취하기 전에 미리 마음 속으로 전체 과정을 그려 보는 시각적 상상을 말한다.

상상력을 강화하기 위해서는 모든 기획과 행농 선에 시각화해보는 훈련을 꾸준히 해야 한다. 행동부터 하고 기획하면 백전 백패다. 그렇다고 전체 시간의 90%의 시간을 시나리오 플래닝에 쏟으라는 말이 아니다. 전체 주어진 시간이 100이라면 그중 1%라도 사전에 충분히 시각화해 보자. 머릿속으로 전체 과정을 한 번 그려 보는 것만으로도 놓칠 수 있는 많은 팩트와 변수를 사전에 정립하고 예방할 수 있다. 스포츠 선수들, 특히 사격이나 양궁 선수들이 훈련 시 명상을 하며 백발백중 맞추는 상상 훈련을 하는 것도 이와 같은 원리라고 할 수 있다. 행동에 앞서 사전에 구체적으로 그려 보고 시각화하는 시나리오 플래닝을 생활화해야만 상상력 또한 증폭될 수 있다.

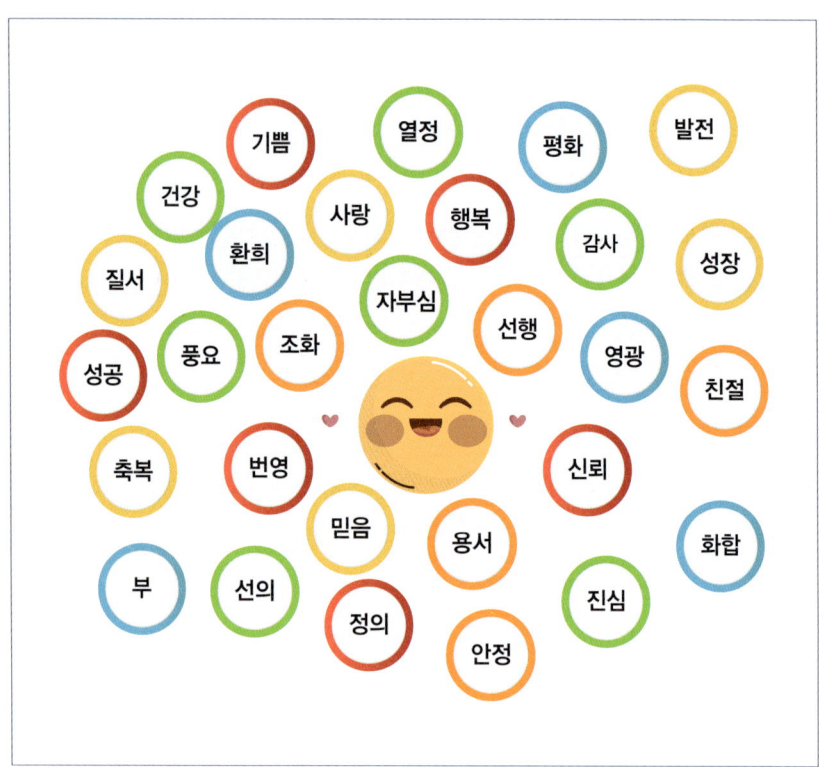

❀ 긍정적 미래 상상의 개념도

　세 번째 방법은 두뇌 속을 미래에 대한 상상만으로 채우는 것이다.
　어제의 걱정보다 내일을 상상하는 데 시간을 쏟아야 한다. 대부분의 사람들은 걱정이 많다. 이미 일어난 일에 대한 걱정, 하지 않은 일에 대한 후회, 해내지 못할 것에 대한 두려움이 머릿속을 가득 채운다. 마음속의 염려나 두려움은 내 자신도 모르게 습관처럼 패턴화되어서 내 인식에 자리 잡고 있다가 도전적인 상황이 찾아오면 불쑥불쑥 솟아오르는데, 이런 부정적인 감정이 상상력을 제한한다. 우리 스스로는 전혀 인식하지 못하는 가운데 걱정, 염려, 불안과 두려움이 상상력을 억누른다. 사실 부정적인 감정이 가득해서 미래 상상이 자리할 틈이 없다고 해야 맞는 표현일 것이다.
　염려, 걱정보다는 꿈꾸던 일을 이뤘을 때의 기쁨을 상상하고, 밝은 미래

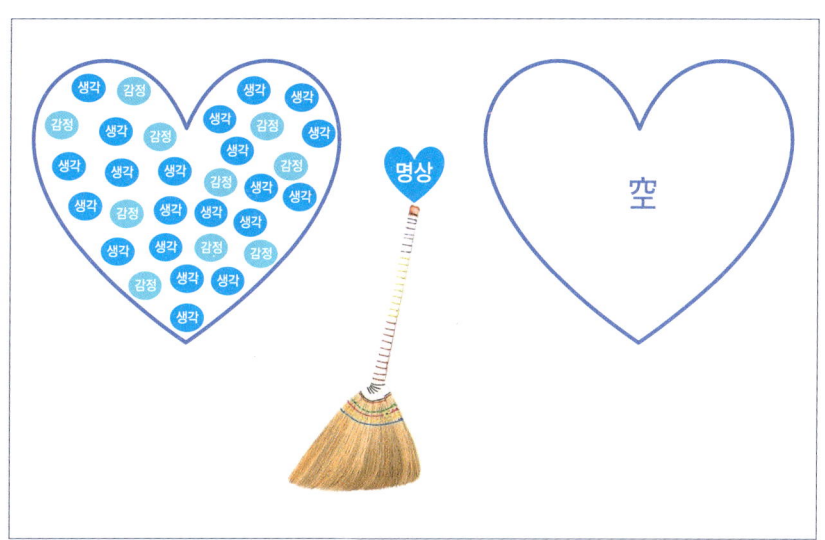

❀ 필자가 생각하는 명상의 개념

를 그리는 데 에너지를 쏟아야 한다. 우리는 어쩌면 누군가와 대화할 때도 미래에 대한 이야기보다는 과거에 이미 일어난 일에 대한 대화를 더 많이 한다.

"오늘 이게 문제였고…."

"생각해 보니까 그게 잘못되었고…."

"그걸 안 했어야 했는데…."

"그 사람이 문제인데…."

어쩌면 상상력을 키우는 것보다 더 시급한 것은 내 안에 습관처럼 자리 잡은 걱정과 염려, 두려움과 불안 그리고 공포의 감정을 완전히 몰아내는 것일지도 모른다. 무언가를 채우는 것보다 중요한 건 비우고 내려놓는 것이다. 불필요한 잡념을 없애야 미래 상상이 자리 잡을 공간이 생긴다.

모든 염려나 불안 그리고 두려움은 실체가 없다. 개에 대한 두려움, 뱀에 대한 두려움, 실패에 대한 두려움, 생각해 보면 아직 일어나지 않은 일에 대한 두려움이 우리 뇌에 자리를 틀고 앉아 있다. 사실은 실체 없는 허상이요, 그저 마음의 동요일 뿐이다. 우리의 생각들 그리고 마음 하나하나는 입자와 파동을 가진 에너지이며 주파수가 있어서 진동수를 가진 떨림이 있다. 두려움은 어쩌면 가장 낮은 파동을 가진, 잘게 진동하는 저주파 중 하나이다. 저주파는 우리 몸에 해롭다. 밝고 긍정적인 상상은 크게 진동하는 고주파다. 우리 생각과 마음을 고주파로 채우기 전에 먼저 두려움과 같은 저주파를 멀리하고 비워내는 일부터 선행해야 한다.

그래서 명상이 필요하다. 몸 속의 전자파를 어싱을 통해 중화하고 빼내듯이 우리 생각과 마음의 저주파를 몰아내기 위해 명상으로 비워내야 하는 것이다. 두려움이나 염려는 아직 일어나지도 않은 일에 대한 망상이요, 아무 실체가 없는 허상이며, 단순히 마음의 초저주파적인 동요일 뿐이니 그런 부정적인 생각과 감정을 멈춤으로써 몰아낼 수 있다. 두뇌 속을 미래 상상만으로 가득 채우기 위해서는 먼저 깨끗하게 비워야 한다. 무한 상상, 무한 가능성, 무한 풍요가 들어올 자리부터 마련하자.

나는 QPS를 경영하면서 걱정이나 염려보다는 QPS의 밝고 멋진 미래를 상상하는 시간이 훨씬 많다. 문제되는 상황이나 안 되는 일은 가급적 자주 떠올리지 않는다. 그런다고 해결될 것도 아니고 염려나 걱정으로 인해 상상의 자리를 빼앗길 수 있기 때문에 걱정을 하더라도 그 순간뿐이다. 짧은 순간 걱정을 하되, 바로 긍정 모드로 전환해서 나의 뇌리 속을 미래 상상으로 가득 채운다. 안 되는 것은 절대 떠올리지 마라. 되는 것만, 이미 이뤄진 모습만 상상하고 끌어당겨라.

물질 발현의 토대이자 씨앗인 상상! 우리 두뇌 속을 미래에 대한 구체적인 상상으로 가득 채우자. 지금 하는 상상이 내 미래의 모습이다. 작은 생각은 멀리 던져 버리고 거대하고 위대하고, 말도 안 되게 엄청나게 큰 상상으로 가득 채워 나가자.

상상 근력을 강화하기 위한 운동 세 가지는 내가 이미 오래 전부터 꾸준히 실천하고 있는 것이다. 꾸준한 훈련 덕분일까, 날이 갈수록 나의 상상력은 더욱 풍부해지고, 상상 파워는 강력해져 간다. 매일 새로움을 추구하며 관점을 넓히고, 시나리오 플래닝을 통해 시각화하고, 부정적 감정을 몰아내어 내 안을 온통 밝은 미래 상상으로 가득 채워 나가자.

QPS 오피스에서 미래 상상 중

원피스 이야기 3 – 꿈과 자유를 찾아서

애니메이션 《원피스》는 1편부터 내가 푹 빠질 만큼 인상적인 장면들이 이어진다. 그중에서도 특히 두 장면이 내 마음을 움직였다. 주인공 루피의 꿈은 해적왕이다. 그는 어린 시절부터 줄곧 해적왕을 꿈꾸었고 이미 그렇게 된 것처럼 말하고 행동한다. 추호의 의심도 없는 '꿈'에 대한 확신과 자신감에 찬 그의 말과 행동이 나를 움직인 첫 번째 장면이다. 가진 것도 없고 믿는 구석조차 없는, 아무런 뒷배나 지원이 없는 상황에서 혈혈단신 짐 하나 달랑 메고 해적왕

이 되기 위해 바다로 떠나는 모습에서 또 한 번 감탄했다. 이 장면에서 진정한 '자유'를 보았다.

원피스의 루피 해적 단원은 모두 각자의 꿈이 있다. 선장인 루피는 원피스를 찾아 해적왕이 되는 것이고, 검객 조로는 세계 제일의 검객이 되는 것이다. 요리사 상디는 모든 식재료가 있는 전설의 바다, '올 블루'를 발견하는 것이고, 항해사 나미는 세계 항해 지도를 그리는 것이 꿈이다. 저격

수인 우솝은 용감한 바다의 전사가 되는 것이고, 선의인 초파는 자신을 인정해 주는 동료를 찾는 것, 고고학자 로빈은 역사 본문인 리오 포네그리프를 찾아서 세계 정부에 의해 은폐된 100년의 진실을 찾는 것이다. 조선공 프랭키는 환상적인 배를 만들어 세계 일주하는 것을 꿈꾸었고, 음악가 브룩은 오래 전에 헤어졌던 고래, 라분과 만나기를 원하며, 조타수 징베는 세계 평화를 통해 어인섬을 지키려는 꿈이 있다.

단원들은 각자의 꿈을 이루기 위해 루피 해적단에 합류한다. 루피 해적단에 합류하면 자신의 꿈과 목적을 더 수월하게 이룰 수 있다는 확신으로, 자신을 둘러싼 굴레와 일상으로부터 과감히 벗어나 각자가 꿈꾸는 삶을 찾아 자유를 선택한 것이다. 꿈과 자유를 찾아서 떠난 루피 해적단! 그런데 여기서 '자유'라는 것은 무엇을 말하는가?

자유는 사전적 의미로는 '외부적인 구속이나 무엇에 얽매이지 아니하고 자기 마음대로 할 수 있는 상태', 즉 내 인생을 스스로 통제 및 주도하고 내 시간과 일을 마음대로 선택할 수 있는 자율의 정도를 말한다.

QPS는 룰이 있는 듯하면서 룰이 없고, 형식적인 듯하면서도 자유롭다. 강하면서도 부드럽고, 엄격한 듯하면서도 유연하며, 단단한 듯하면서도 부드럽다. 또 격이 있는 듯하면서도 수평적이고, 무질서한 듯하면서도 질서정연하다. QPS는 전문적인 문제 해결 집단으로서 Professional을 지향하지만, 진정한 '자유'와 '자율'을 꿈꾸는 조직이다. QPS는 '자유' 문화를 지향하는데, QPS 내에서는 실력이 향상될수록, 직급이 높아질수록 누릴 수 있는 자유의 범위도 그만큼 커진다. 일을 처리하는 능력이 높아질수록 일에 대한 통제권도 자유의 시간도 늘어나기 때문이다.

QPS는 고객 사이트에서 근무하는 경우를 제외하고 자율 출퇴근 제도를 운영하고 있다. 특정한 미팅이나 회의 등의 약속 일정이 없는 경우라면 9시에 출근하든 10시에 하든 오후 1시에 나오든 누구 하나 신경 쓰지 않는다. 퇴근도 마찬가지다. 개인적인 일이 있어서 조기 퇴근을 하든 10시에 출근해서 오후 1시에 나가든 아무도 뭐라고 하지 않는다. 아니 신경 자체를 별로 쓰지 않는다. 사람은 집중해서 일하고 싶은 때가 있고, 몰입이 잘 될 때와 집중이 잘 되는 시간대가 사람마다 다르다는 것을 알기 때문이다. 그래서 오히려 출근하는 것보다 재택근무를 권장한다.

약 3년여간 지속된 코로나 영향으로 전 세계적으로 재택근무가 유행했지만, QPS는 코로나 상황 이전부터 재택근무를 권장해 왔다. 재택근무할 때는 시간대별로 무엇을 했는지 묻거나 따지지 않는다. 늦잠을 잘 수도 있고, 개인적인 일을 볼 수도 있다. 알아서 일하고 내가 해야 할 일만큼을 제시간에 해내면 그만이기 때문이다. 입사 초년일 때는 재택근무가 가능한지, 출퇴근을 마음대로 해도 되는지 마는지 헷갈리기도 하고 눈치를 보기 마련이지만, QPS 내에서는 금방 적응한다. 왜냐고? 나부터 시작해서 모든 동료들이 그렇게 하고 있으니까 말이다. 우리는 동료들이 일을 함에 있어서 뭔가에 구속받기를 원하지 않는다. 사람들은 누군가에게, 또는 무엇인가에 구속될수록 창의성은 떨어지고 일의 효율 또한 무수히 저하되기 마련이다.

사람들은 자유롭기를 원하는 만큼 자신의 삶에서 통제권을 잃는 것에 대해 매우 두려워한다. 펜실베니아대학 마케팅 교수 조나 버거의 말을 빌려 보자.

"사람들은 자기가 선택하고 결정한 것에 주인이 된다. 사람들은 자신에게 통제권이 있다고 느끼고 싶어한다. 다시 말해 운전석에 앉고 싶어한다. 우리가 사람들에게 뭔가를 시키려고 하면 그들은 힘을 뺏긴 기분을 느낀다.

스스로 선택을 내렸다기보다 우리가 그들의 선택을 대신 내려주었다고 느낀다. 그래서 원래는 기꺼이 하려고 했던 일조차 싫다고 하거나 다른 짓을 한다"

인생과 일에 대해 나 스스로의 선택과 결정에 의한 것이라고 느끼는 통제감이 삶에 의미를 부여한다. 내 삶을 스스로 주도하고 통제한다는 느낌이 심신의 건강도 좌우하는데, 자동차보다 비행기를 탈 때 더 불안한 이유나 치과 진료가 겁나는 이유는 운전대와 치아 치료에 대한 통제권을 남에게 내어주고 있기 때문이다. 자유롭기를 원하지 않는 인간은 없으며 인간은 누구나 자유를 갈망한다. 그런데 좀 더 생각해 보면 과연 내 맘대로 선택할 수 있는 자율권이 생긴다고 행복해질까? 내 마음대로 다 할 수 있는 것이 진정한 의미의 자유인지에 대해서는 생각해 볼 여지가 있다.

대부분의 사람이 원하는 경제적 자립, 경제적 자유를 꿈꾼다는 것은 무엇인가? 결국 경제적으로 제한 없는 삶을 통해 내가 원하는 일을 맘대로 하고 싶은 것이다. 예를 하나 들어 보자. 우리가 나이가 들어서 은퇴할 경우, 돈과 시간이 풍족한 상황, 무한 자유가 주어지겠지만, 도대체 뭘 해야 할지 모른다면 그냥 자유롭게 시간을 쓰는 것이 마냥 좋기만 할까? 하루 종일 놀고 매일 여행을 다니기만 하면 우리가 꿈꾸던 대로 만족한 삶이 펼쳐질까? 진정한 자유로움을 느끼게 될까?

중국 태항산 여행 중 옌타이 해변

시간과 돈의 제약에서 벗어나 자유가 주어지고 전 세계를 누비며 자유롭게 다닌다고 해도 그것이 내 삶의 진정한 의미나 목적과 연결되어 있지 않다면 무슨 의미가 있을 것인가? 큰 재미가 없을뿐더러 설령 당장은 신이 날지언정 오래 가지는 못할 것이다. 자유가 주어졌더라도 어떻게 사는 것이 제대로 산 것인지, 자유를 통해서 무엇을 이룰 것인지에 대해 생각한 바가 없다면 자유의 의미는 퇴색되고 만다. 자유만큼이나 중요한 것은 주어진 자유에 대한 가치나 의미를 발견하는 것이다. 목적이나 의미가 없는 일이 즐거울 리 없고 더더군다나 행복으로 이어질 리 만무하다.

그러므로 진정한 자유는 제한이 없어서 뭐든 꿈꾸고 이룰 수 있는 자유여야만 한다. 진정한 자유란 내 삶의 통제권을 넘어 원하던 것을 이루면서 의미를 찾는 것을 말한다. 진정한 의미에서의 자유는 제약 없는 통제권을 통해 스스로의 꿈과 목적을 이뤄 나가는 것에서 의미가 더해진다.

꿈은 삶의 원동력이다. 꿈이 있으면 나아갈 방향이 정해지고 꿈이 있다는 것은 목표가 정해졌다는 것이므로 모든 것이 선명해지게 된다. 꿈을 갖지 않으면 인생의 중요한 목적을 상실하게 되어 삶의 의미도 잃고 만다. 인생의 의미는 꿈을 좇고 이루는 과정에서 빛을 발한다. 꿈을 좇는 과정에서 기쁨과 환희, 열정을 느끼게 되는 것이다. 꿈을 이루기 위한 자유가 진정한 자유라 할 수 있다.

QPS의 행동 강령인 '존성유지자' 5콕(COC, Code of Conduct) 중에서 '자유' 항목에는 '우리는 내 휴일은 내가 정한다.'와 '우리는 룰이 없는 것이 룰인 회사를 만든다.'와 더불어 '우리는 QPS의 비전을 하나된 마음으로 다 함께 이루어 나간다.'와 '우리는 각자의 사명과 비전을 수립하기 위해 노력하고, 이루어 나간다.'가 포함되어 있다. 내가 진정 좋아하고, 잘하고, 하고 싶고, 의미 있는 일을 할 수 있는 자유, 그리고 이 자유를 통해 궁극에는 꿈을 이루고 자아 실현을 해나가는 것의 중요성을 강조하기 위해서이다.

물론, 진정한 자유를 찾기 위해서는 내가 무엇을 좋아하고, 무엇을 잘하고, 내 인생에 있어서 무엇이 의미가 있는지부터 알아야 한다. 진정한 자유를 추구한다는 것은 그저 내 맘대로 할 수 있는 돈, 시간, 공간, 통제권의 자유가 주어진 것만을 말하지 않는다. 그만큼 자유롭다는 것, 자유를 찾는다는 것은 결코 간단한 문제가 아니다. 왜 사는지, 내 삶의 목적과 의미가 무엇인지를 알아야 내게 주어진 자유를 진정으로 누릴 수 있기 때문이다.

내 사명은 "진심으로 모든 사람의 리더십 성장과 발전을 돕는다."이다. 나는 오래전부터 내가 태어난 이유에 대해 생각해 왔다. 내 삶의 목적을 찾은 날부터 나는 누군가의 성장을 돕는 것을 사명으로 삼고 살아왔다. QPS를 운영하는 이유도 우리 동료들의 성장이 그 첫 번째 목적인 것과 맥을 같이한다. 내가 이루어 가고자 하는 사명을 위해서 나는 자유롭기를 바라고 또 그 자유를 추구하며 살고 있다. 아무런 목적 없이 주어지는 제약 없는 통제권은 삶에 있어 큰 의미가 없기도 하고, 방만으로 흐를 소지가 크다. 내가 세운 인생의 목적, 평생을 거쳐 이뤄가야 할 사명의 틀 내에서 주어진 자유여야만 진정한 자유로써의 의미가 생긴다.

내 사명과 꿈은 무엇인가, 내가 추구하는 삶의 가치와 의미는 무엇인가, 나는 무엇에 열정을 느끼는가, 무엇이 내게 영감을 주는가, 내 인생의 목표는 무엇이며 평생을 통해 이루고자 하는 사명은 무엇인가?

나는 QPS 동료들이 각자의 꿈을 찾기를 진심으로 바란다. QPS의 비전을 향해 함께 나아가는 것도 중요하지만, 그보다 더 중요한 것은 각자 스스로의 꿈과 삶의 목적을 찾는 데 있다. 우리 동료들이 QPS를 통해 각자의 꿈을 찾고, QPS를 발판 삼아 날아오르기를 기대하고 또 바라본다. 원피스 루피 해적단처럼 진정한 자유를 찾아서 말이다.

QPS 생활상

몰입을 위한 최상의 선택, QPS

유 일 한
Principal Consultant

QPS는 서로에게 진심으로 헌신하는 구성원들로 이루어져 긍정, 열정, 진정을 바탕으로 문제 해결을 위해 함께 몰입하는 조직입니다. 이러한 동료 간의 헌신과 업무적인 몰입은 QPS의 핵심 가치이며 성장 동력이기도 합니다. 프로젝트에 참여하면 우리는 빠르게 답을 찾기보다는 깊게 몰입하면서 다양한 시각과 이슈를 검토하며 문제 해결을 시작합니다. 짧은 시간 안에 관련 분야에 대한 깊은 이해를 해야 하고, 고객이 당면한 문제를 마치 내 문제인양 Deep Dive해 나가는 것은 체력적으로도 심리적으로도 고된 일입니다. 하지만 동료들이 한 마음으로 깊게 '몰입'함으로써 힘들고 어려운 시간을 '즐거움'으로 승화시키며 활발하고 깊은 논의를 바탕으로 최상의 결과를 도출합니다. 때로는 이러한 과정이 주말까지 이어지지만, 고객에게 진정으로 의미 있는 솔루션을 제공할 때는 그 무엇과도 바꿀 수 없는 보람과 긍지를 느끼게 됩니다. 우리는 서로에게 몰입하면서 유대감을 형성하고 서로를 지지하며 컨설턴트로서 함께 성장해 갑니다. 등산, 테니스, 밴드, 러닝 등의 동아리 활동을 통해 관심사 및 취미를 공유하고 공감대와 추억을 쌓아갑니다. 이렇게 쌓여가는 상호 몰입의 유대감을 바탕으로 업무적인 어려움을 극복하고 조금씩 성장해 갑니다. 특히, 매월 1회 진행되는 BBM(Big Bang Meeting)에서는 모든 업무를 내려놓고 서로에게 집중하며 QPS와 자신의 성장을 위한 시간을 보냅니다. 선임 동료분들이 직접 강의를 진행하는 등 사내외적인 여러 교육을 진행하고, 주니어들의 프로젝트 리뷰 발표, CEO Session을 통해 경영 철학과 방향을 공유하는 등 QPS가 나아가는 방향을 모두가 함께 공감하고 배움과 성장을 위해 온전히 몰입하는 시간을 만들어 갑니다. 저는 이러한 QPS의 '몰입'의 가치를 바탕으로 성장했습니다. 업무와 삶 모두에 깊게 몰입함으로써 새로운 가치를 발견하고, 그에 따라 삶의 우선순위를 명확히 설정하게 되었습니다. 이전에는 무작정 빠르게만 일상을 소화하던 것과는 달리, 지금은 주도적으로 선택과 집중을 하고 몰입하는 삶으로 변화되었습니다. 인생과 업무적인 삶에 있어서 진정한 '몰입'의 가치를 경험해 보고 싶으십니까? QPS는 최상의 선택이 될 것입니다!

QPS 생활상

다 함께 즐겁게
성장하는 터전

유 지 환
Senior Consultant

QPS에서 우리는 꿈을 꾸고 실현합니다. 이전까지 일에 큰 즐거움을 느끼지 못했지만 QPS에 입사해 꿈을 꾸게 되었고 꿈을 가진 동료들과 즐겁게 일하고 있습니다. QPS에서는 다양한 직업 중에서도 왜 컨설턴트인가를 스스로 반문하면서 컨설턴트로 일하는 이유가 명확해지기 때문에 짧은 시간 안에 전문가로 성장할 수 있습니다. 프로젝트를 진행하며 다양한 문제를 해결하는 과정이 쉽지 않지만, 앞서 꿈을 꾸고 실현해 온 선배, 동료들과 함께하기에 어려움을 공유하고 서로 격려하며 프로젝트를 즐겁게 해낼 수 있습니다. QPS의 동료들은 높은 역량과 끈끈한 유대감을 바탕으로 힘든 일도 함께 해결하며, 쉴 때에는 함께 즐겁게 놀며 힐링하는 시간을 보냅니다. QPS의 동료들과 함께하면 힘든 업무도 즐겁게 할 수 있습니다. QPS는 끊임없이 변화하고 발전하는 역동적인 조직이기에 하루하루를 기대하게 합니다. 최근 사업 분야를 지속적으로 확장하고 있는 QPS에 속해서 참여하며 많은 역할을 수행할 수 있다는 사실에 큰 자부심을 느낍니다.

QPS는 끊임없이 배우고 성장할 수 있는 환경을 조성합니다. 또한, 협력과 도움이라는 가치를 중시하는 조직문화를 통해 동료들과 함께 즐겁게 일할 수 있는 곳입니다. 만약 당신이 끊임없이 성장하고 싶고 즐겁게 일할 수 있는 곳을 찾고 있다면, QPS는 당신에게 최고의 선택이 될 것입니다.

창립 7주년 기념 소감

20년 지기를 넘어
50년 지기까지

김 훈 태
Head of management support division

　20년 전, 군에서 함께 열정을 불사르며 전역 후 회사를 차릴 테니 꼭 함께하자고 하신 약속을 오랜 시간 변함없이 기억해 주시고, 3년 전 함께할 기회를 주셔서 오늘 QPS에서의 삶을 누리고 있습니다. 함께 만들어갈 앞으로의 시간도 기대하며, 그 믿음과 인연에 진심으로 감사함을 표합니다. 또한, 존중, 성장, 유지, 지지, 자유라는 소중한 가치로 QPS를 성장시키시고, 긴 시간을 철저한 자기 관리와 성실함을 통해 말과 행동으로 보여주신 삶의 모습이 저에게는 단순한 교훈을 넘어 삶을 대하는 태도, 그 자체를 배울 수 있는 소중한 기회였습니다. 그리고 사랑을 담은 뜨거운 피드백과 격려로 기다려 주셔서 저 또한 성장해 가고 있습니다. 20년 지기를 넘어 50년 지기 이상으로 남도록 더욱 값진 시간을 만들어 가길 소망하며 제가 믿고 있는 하나님께 항상 기도하겠습니다.

창립 7주년 기념 소감

컨설턴트에서 리더로

김 성 훈
Vice President/COO

　QPS 창립 7주년을 맞이하며 처음 캡틴을 뵈었던 순간부터 지금까지의 여정을 다시금 떠올리게 됩니다. 컨설팅을 시작하면서 캡틴과 함께할 수 있었던 것은 저에게 커다란 터닝 포인트였습니다. 첫 프로젝트에서 캡틴이 강조하셨던 "작은 것 하나에도 정성을 다하고, 기본을 철저히 쌓아야 한다."는 가르침은 십수 년이 지난 지금도 제 마음 깊이 남아 있습니다. 그리고 캡틴이 이를 몸소 실천하시는 모습을 볼 때마다 저는 늘 초심으로 돌아가게 됩니다. 컨설턴트란 MBA를 다녀와야 할 수 있는 일이라 막연하게 생각했던 저에게, 캡틴과 함께한 프로젝트들은 컨설팅의 본질을 깨닫게 해주었습니다. 컨설턴트란 강단을 가지고 고객을 리드하며 혁신적인 성과를 창출해내는 사람이라는 것을 배웠고, 저 또한 캡틴처럼 멋진 컨설턴트로 성장하고 싶다는 목표를 가지게 되었습니다. QPS에 합류한 초창기, 캡틴, 감 대표님, 그리고 저, 셋이서 유비·관우·장비처럼 도원결의를 했던 순간이 떠오릅니다. 그때 저는 두 분을 믿고 따르기만 하면 된다고 생각했지만, '경영'까지 배우게 될 줄은 예상하지 못했습니다. 저는 단순히 컨설턴트로 성장하는 것만을 목표로 삼고 있었지만, 캡틴은 이미 동료들을 리더로 성장시키겠다는 철학을 가지고 계셨습니다. 그리고 지금, 저는 QPS호에서 '경영 수업'을 온전히 배우고 있습니다. '긍정·열정·진정'의 경영 이념을 세우고 '존성유지자' 조직문화를 만들며 Delivering Happiness 사업을 성장시키기 위한 깊은 고민들을 캡틴과 함께 나누는 과정이 너무나도 값진 경험이 되고 있습니다. QPS의 영향력이 점점 넓어지는 것을 보며, 저 또한 제 가족과 주변 사람들에게 긍정적인 영향을 지속적으로 전파하고 싶다는 비전을 가지게 되었습니다. 같은 배를 타고 같은 꿈을 꾸겠다는 맹세를 지키며 QPS호가 더 큰 바다로 나아가 Great QPS가 되는 그 날까지 최선을 다하겠습니다. 인생을 올인할 수 있는 멋진 기회를 만들어 주신 캡틴께 진심으로 감사드립니다

| Epilogue |

행복한 경영의 비밀 그 이후…

책장을 덮는 순간, 독자 여러분은 아마 이러한 질문을 마주하게 될 것이다.

"우리 조직은, 나는, 과연 행복한가?"

서두에도 말했다시피 이 책은 단순히 뜬구름 잡는 이상적인 이야기가 아니다. QPS의 실천 사례를 통해, 작은 변화들이 어떻게 조직 전체를 변화시키고 구성원들의 삶의 질을 향상시키는지 구체적인 방법을 제시했다. 성장과 행복을 기반으로 한 경영 철학은 조직문화의 혁신을 넘어 구성원 개개인의 삶에까지 긍정적인 영향을 미칠 수 있다. 《행복 경영의 비밀》을 통해 단순히 이윤을 추구하는 기업을 넘어, 구성원 모두가 행복하게 성장하는 조직 구현의 가능성을 엿보았기를 기대해 본다.

이 책이 제시하는 '존성유지자'의 다섯 가지 요소, 즉 존중, 성장, 유능, 지지, 자유는 행복 경영의 핵심 가치이다. 이 다섯 가지 가치를 조직문화 속에 녹여내고 일상 속에서 실천함으로써 우리는 더욱 행복한 조직, 더 나아가 행복한 세상을 만들어갈 수 있다. 하지만 '행복 경영'은 단순히 몇 가지 제도를 도입하는 것만으로 완성되는 것이 아니다. 진정한 행복 경영은 끊임없는 성찰과 실천을 통해 만들어진다. 리더는 구성원들의 목소리에 귀 기울이고 그들의 성장을 지원하며 함께 행복을 만들어 나가는 동반자가 되어야 하고, 구성원 또한 자신의 역할을 능동적으로 수행하며 동료들과 협력하고 조직의 발전에 기여함으로써 행복한 조직문화를 함께 만들어가야 한다.

책을 집필하는 4개월여간은 창업 이후 지난 7년여를 돌아보며 반성하는 시간이었다. 무엇을 잘했고 무엇을 못했으며 더 잘해야 할 것은 무엇인지 고찰할 수 있었다. 사실 책을 출간하는 시점이 다가올수록 우리 이야기를 세상에 꺼내 놓기가 꺼려졌다. 지금껏 그래왔듯이 앞으로도 내가 말한 바를, 우리가 말한 그대로를 멈춤 없이 지켜 나가야 하기 때문이다. 하지만 책을 쓰는 동안 삶을 통해 깨닫고 QPS를 통해 실천해 온 사업 철학을 재정립할 수 있었고 더 강한 자기 확신이 자리를 잡았다. 책을 완성해 갈수록 꺼려졌던 출간에 대한 마음은 점차 수그러들고 행복 경영에 대한 강한 확신과 신념이 강화되었다.

사업을 하다 보면 잘되는 순간만 있는 것은 아니다. 때로는 부침을 겪기도 하는데, 이럴 때면 내가 왜 사업하는가에 대한 내면의 목소리를 더 분명하게 깨닫게 된다. 어려운 순간이 찾아올수록 내가 사업을 하는 이유가 더 명확해졌다. 우리 동료들이 행복하게 성장할 수 있는 터전을 만들고 이를 더욱 확장하고 싶은 욕망이, 단순히 돈을 많이 벌어야겠다는 욕심보다 훨씬 우위에 있음을 알게 되었다. 나에게 수천억 원을 줄 테니 이 사업을 그만둘 것인가라고 질문한다면 나는 당연히 "No!"라고 답할 것이다. 나에게 QPS를 행복한 성장의 터전으로 만들어 나가는 것은 그 무엇과도 바꿀 수 없는, 매우 의미 있고 가치 있는 일이기 때문이다.

책 집필에 있어 많은 분이 도움을 주셨지만, 특히 사랑하는 QPS의 멋진 동료들에게 감사의 마음을 전한다. 이 책은 훌륭한 QPS 동료들이 없었다면 결코 쓸 수 없었을 것이다. 그들의 헌신과 노고, 지지와 열정이 있었기에 가능한 우리들의 이야기이다. 7년여간 QPS와 함께해준, 물론 앞으로도 함께할 우리 동료들에게 뜨거운 박수와 지지를 보낸다. 앞으로도 어떠한 경우가 닥치더라도 흔들림 없이 '행복 경영 존성유지자'를 지켜나갈 것임을 이 책을 통해 다짐하고 약속해 본다.

이 책은 완성이 아닌 또 다른 시작이다. 아직 작은 조직인 QPS의 외침은 세상에 미미하게 들릴지도 모르고, 우리의 변화에 그 누구도 주목하지 않을 수도 있다. QPS의 '존성유지자' 조직문화는 아직은 미완이며 갈 길이 멀지만, 더 이상적인 조직문화 구현을 위해 도전해 가는 ing 상태다. QPS는 평범하지만 특별한 조직이며, 특별하지만 또 아주 평범한 조직이다. 우리의 행복 경영 조직문화가 평범함으로 여겨지는 그날까지, 더 나아가 세상 모든 기업의 조직문화가 되고 그것이 상식적이며 평범함으로 인식되는 그 날까지 QPS는 '존성유지자'를 더욱 강화하며 다져 나갈 것이다. 이 책의 출간을 계기로, 우리는 '존성유지자 행복 경영' 조직문화를 세상 모든 기업에, 나아가 전 세계의 모든 기업에 전파하는 데 앞장설 것이다. 마치 작은 등불을 들고 어둠을 밝히듯, 우리 역시 이 문화의 가치를 널리 알리고, 더 많은 기업들이 행복한 조직문화를 만들어갈 수 있도록 돕는 '전도사' 역할을 자처할 것이다. 이 책에서 얻은 영감과 지혜를 바탕으로 독자 여러분 모두가 각자의 조직과 삶 속에서 행복 경영을 실천해 나가기를 바란다. 큰 조직이든 작은 조직이든 사람들 사이의 상호 작용은 크게 다르지 않다. 작은 실천들이 모여 큰 변화를 만들어내듯, 우리 모두의 작은 노력이 더 나은 세상, 더 나은 미래를 만들어낼 것이다.

Make the world a better place.

| 추천도서 100선 |

QPS의 조직문화인 '존성유지자'를 정착시키는 데 참고가 되었던 경영 철학, 리더십 및 조직문화와 관련된 100권의 책을 소개하며 일독을 권한다.

1. 토니 셰이, 《딜리버링 해피니스》, 북하우스, 2010
2. 지지엔즈, 《원피스식 인생 철학》, 지식여행, 2016
3. 데이브 로건, 존 킹, 헤일리 피셔-라이트 《부족 리더십》, 한울아카데미, 2020
4. 박상욱, 윤주희 《리더의 조건》, 북하우스, 2013
5. 랜디 코미사, 《승려와 수수께끼》, 이콘, 2020
6. 데니스 W. 바케, 《JOY AT WORK》, 얼라이브북스, 2021
7. 마이클 E. 거버, 《사업의 철학》, 라이팅하우스, 2015
8. 폴 마르시아노, 《존중하라》, 처음북스, 2013
9. 대니얼 코일, 《최고의 팀은 무엇이 다른가》, 웅진지식하우스, 2018
10. 페트릭 렌시오니, 《최고의 팀은 왜 기본에 충실한가》, 흐름출판, 2018
11. 크리스티나 워드케, 《OKR》, 한국경제신문, 2018
12. 존 도어, 《존 도어 OKR》, 세종, 2019

13. 어거스트 투랙, 《수도원에 간 CEO》, 다반, 2014
14. 나가마쓰 시게히사, 《왜 나는 이 사람을 따르는가》, 다산3.0, 2016
15. 패티 맥코드, 《넷플릭스 성장의 비결 파워풀》, 한국경제신문, 2018
16. 랜디 로스, 《앞서가는 조직은 왜 관계에 충실한가》, 현대지성, 2020
17. 요코타 히데키, 《회사의 목적은 이익이 아니다》, 트로이목마, 2016
18. 에릭 슈미트, 조너선 로젠버그, 앨런 이글, 《빌 캠벨, 실리콘밸리의 위대한 코치》, 김영사, 2020
19. 크리스틴 포래스, 《무례함의 비용》, 흐름출판, 2018
20. 리드 헤이스팅스, 에린 메이어, 《NO RULES RULES》, 알에이치코리아, 2020
21. 위베르 졸리, 캐롤라인 램버트, 《하트 오브 비즈니스》, 상상스퀘어, 2022
22. 아마노 아쓰시, 《행복을 파는 회사》, 더난출판사, 2011
23. 대니얼 M. 케이블, 《그 회사는 직원을 설레게 한다》, 갈매나무, 2020
24. 제인 더턴, 그레첸 스프레이쳐, 《포지티브 혁명》, 매일경제신문사, 2018
25. 도나 힉스, 《일터의 품격》, 한빛비즈, 2019
26. 크리스 주크, 제임스 앨런, 《창업자 정신》, 한국경제신문, 2016
27. 최인철, 《굿라이프》, 21세기북스, 2018
28. 밥 버그, 존 데이비드 만, 《THE GO GIVER 1》, 포레스트북스, 2020
29. 밥 버그, 존 데이비드 만, 《기버 2 : 셀 모어》, 포레스트북스, 2020
30. 에이미 에드먼슨, 《두려움 없는 조직》, 다산북스, 2019
31. 괴츠 W. 베르너, 《철학이 있는 기업》, 센시오, 2019
32. 팀 어윈, 《어떻게 최고를 이끌어 낼 것인가》, 미래의 창, 2018

33. 구기욱, 《반영 조직》, KOOFA BOOKs(쿠퍼북스), 2016
34. 스가하라 유이치로, 《사업을 키운다는 것》, 비즈니스북스, 2020
35. 한의상, 《사람만 남았다》, 한즈미디어, 2020
36. 이시즈카 시노부, 《불황을 이기는 힘, 자포스에서 배워라》, 시목, 2020
37. 사토 마사유키, 《경영자가 알아야 할 문제해결의 모든 것 아마존에서 배워라》, 센시오, 2020
38. 시드니 핑켈스타인, 《슈퍼 보스》, 문학동네, 2020
39. 사에구사 다다시, 《트랜스포머 CEO》, 오씨이오, 2018
40. 사에구사 다다시, 《CEO 켄지》, 오씨이오, 2010
41. 김성호, 《일본전산 이야기》, 썸앤파커스, 2009
42. 숀 아처, 《빅 포텐셜》, 청림출판, 2019
43. 애덤 그랜트, 《기브 앤 테이크》, 생각연구소, 2013
44. 데이비드 버커스, 《친구의 친구》, 한국경제신문, 2019
45. 잭 스택, 보 벌링엄, 《드림 컴퍼니 : 출근이 기다려지는 회사》, 김앤김북스, 2009
46. 나이젤 트래비스, 《챌린지 컬쳐》, 처음북스, 2018
47. 데이비드 브룩스, 《두 번째 산》, 부키, 2020
48. 보 벌링엄, 《스몰 자이언츠가 온다》, 넥스트북스, 2019
49. 미셸 레더먼, 《아는 사람의 힘》, 유노북스, 2019
50. 제임스 리, 《레드 헬리콥터》, 위즈덤하우스, 2024
51. 안상헌, 《사장의 철학》, 행성B, 2021
52. 가재산, 《왜 행복 경영인가》, 행복에너지, 2016
53. 김종훈, 《우리는 천국으로 출근한다》, 21세기북스, 2010
54. 제임스 오트리, 《러브 매니지먼트》, 열음사, 2008

55. 조지 베일런트,《행복의 조건》, 프런티어, 2010
56. 데이비드 R. 카루소, 피터 샐러비,《하트 스토밍》, 이지출판, 2008
57. 마틴 셀리그만,《긍정 심리학》, 물푸레, 2014
58. 버틀런드 러셀,《행복의 정복》, 사회평론, 2005
59. 아시아경제 중기벤처부, (사)행복한성공,《스몰 석세스》, 2022
60. 존맥스웰, 짐도넌,《존맥스웰의 위대한 영향력》, 비즈니스북스, 2010
61. 산조 게야,《이익을 내는 사장들의 12가지 특징》, 센시오, 2019
62. 브라이언 스쿠다모어,《청소 차를 타는 CEO》, 예미, 2019
63. 스티븐 코비, A. 로저 메릴, 레베카 R. 메릴,《소중한 것을 먼저하라》, 김영사, 1997
64. 스티븐 코비,《원칙중심의 리더십》, 김영사, 2001
65. 하세가와 가즈히로,《사장의 노트》, 서울문화사, 2010
66. 램 차란, 스테픈 드로터, 제임스 노엘,《리더십 파이프라인》, 2011
67. 데이비드 코트렐,《8일의 기적-먼데이 모닝 리더십》, 한언출판사, 2017
68. 돈 소너퀴스트,《위대한 리더의 조건》, 베이스캠프, 2007
69. 워렌 베니스,《워렌 베니스의 리더십 원칙》, 좋은책만들기, 2003
70. 워렌 베니스,《새로운 기술을 배우든가, 아니면 떠나라》, 좋은책만들기, 2003
71. 버트 나누스, 워렌 베니스,《리더와 리더십》, 황금부엉이, 2006
72. 브레인 리,《지도력의 원칙》, 김영사, 1999
73. 스티븐 아터번,《사명. 돈. 의미》, 낮은울타리, 2000
74. 로빈 S. 샤르마,《티벳 수도승이 전해준 리더십의 8가지 지혜》, 산성미디어, 2002

75. 존 해기아이, 《폴 마이어스와 베풂의 기술》, 김영사, 1996
76. 고두현, 《독서가 행복한 회사》, 21세기북스, 2006
77. 데이비드 브룩스, 《사람을 안다는 것》, 웅진지식하우스, 2024
78. 제임스 M. 쿠제스, 배리 Z. 포스너, 《리더십 챌린지》, 물푸레, 2004
79. 안병민, 《사장을 위한 노자》, 센시오, 2021
80. 이기동, 《논어 강설》, 성균관대학교출판부, 2005
81. 이기동, 《맹자 강설》, 성균관대학교출판부, 2005
82. 이기동, 《대학중용 강설》, 성균관대학교출판부, 2010
83. M. 스캇팩, 《아직도 가야할 길》, 율리시즈, 2023
84. 릭 워렌, 《목적이 이끄는 삶》, 디모데, 2003
85. 새뮤얼 D. 리마, 《셀프 리더십》, 생명의말씀사, 2003
86. 하이럼 스미스, 《성공하는 시간관리와 인생관리를 위한 10가지 자연법칙》, 김영사, 1998
87. 하이럼 스미스, 《인생에서 가장 소중한 것》, 김영사, 2002
88. 짐 콜린스, 《좋은 기업을 넘어... 위대한 기업으로》, 김영사, 2005
89. 제리 포라스, 짐 콜린스, 《성공하는 기업들의 8가지 습관》, 김영사, 2002
90. 제임스 C. 헌터, 《서번트 리더십》, 시대의창, 2002
91. 마르타 브룩스, 쥴리 스타크, 사라 케이, 《리더십 유산》, 넥서스, 2005
92. 켄 블랜차드, 셀든 보울즈, 《경호》, 21세기북스, 2016
93. 켄 블랜차드, 셀든 보울즈, 《하이 파이브》, 21세기북스, 2016
94. 켄 블랜차드, 《1분 리더십》, 청림출판, 1994
95. 마쓰시타 고노스케, 《사업에 불가능은 없다》, 청림출판, 2013

96. 밥 버포드, 《하프 타임》, 낮은울타리, 2000
97. 밥 버포드, 《하프 타임 2》, 낮은울타리, 2002
98. 윌터 C. 라이트 Jr., 《관계를 통한 리더십》, 예수전도단, 2002
99. 노엘 티시, 《리더십 엔진》, 21세기북스, 2000
100. 대니얼 골먼, 리처드 보이애치스, 애니 맥키, 《감성의 리더십》, 청림출판, 2003

행복 경영의 비밀
존성유지자

행복 경영의 비밀 - 존성유지자

초판 1쇄 인쇄　2025년 4월 10일
초판 1쇄 발행　2025년 4월 15일

저　자	최동규
펴낸이	임순재
펴낸곳	(주)한올출판사
등　록	제11-403호
주　소	서울시 마포구 모래내로 83(성산동 한올빌딩 3층)
전　화	(02) 376-4298(대표)
팩　스	(02) 302-8073
홈페이지	www.hanol.co.kr
e-메일	hanol@hanol.co.kr
ISBN	979-11-6647-555-9

- 이 책의 내용은 저작권법의 보호를 받고 있습니다.
- 잘못 만들어진 책은 본사나 구입하신 서점에서 바꾸어 드립니다.
- 저자와의 협의 하에 인지가 생략되었습니다.
- 책 값은 뒷표지에 있습니다.

행복 경영의 비밀
존성유지자